广播电视学实务系列教材

实用传播学简明教程（第二版）

SHIYONG CHUANBOXUE
JIANMING JIAOCHENG

车南林 编著

四川大学出版社
SICHUAN UNIVERSITY PRESS

项目策划：徐　燕
责任编辑：宋　颖
责任校对：张伊伊
封面设计：墨创文化
责任印制：王　炜

图书在版编目（CIP）数据

实用传播学简明教程 / 车南林编著. — 2版. — 成都 : 四川大学出版社, 2021.4
广播电视学实务系列教材 / 冉光泽主编
ISBN 978-7-5690-2732-7

Ⅰ. ①实… Ⅱ. ①车… Ⅲ. ①传播学－高等学校－教材 Ⅳ. ①G206

中国版本图书馆CIP数据核字(2021)第068777号

书名　实用传播学简明教程（第二版）

编　　著	车南林
出　　版	四川大学出版社
地　　址	成都市一环路南一段24号（610065）
发　　行	四川大学出版社
书　　号	ISBN 978-7-5690-2732-7
印前制作	四川胜翔数码印务设计有限公司
印　　刷	郫县犀浦印刷厂
成品尺寸	170mm×240mm
插　　页	2
印　　张	16.25
字　　数	310千字
版　　次	2021年7月第2版
印　　次	2021年7月第1次印刷
定　　价	52.00元

◆ 读者邮购本书，请与本社发行科联系。
电话：(028)85408408/(028)85401670/
(028)86408023　邮政编码：610065
◆ 本社图书如有印装质量问题，请寄回出版社调换。
◆ 网址：http://press.scu.edu.cn

四川大学出版社
微信公众号

修订说明

从事传播学教学十余年，从2007年到2014年，我一直使用中国传播学专家的教材，这些专家包括中国传媒大学胡正荣老师、中国人民大学陈力丹老师等。同时，在讲课的过程中，我也融合林之达老师、郭庆光老师、邵培仁老师、张国良老师等传播学老前辈的一些观点，因为老师们在传播学方面的思考确实为中国传播学发展奠定了较好的基础。在教学过程中，我发现，在实践应用型高校的传播学专业学生中，普遍存在一种对传播学理论感到困惑、对个别教材难以及时消化、对考研信息较为重视等现象。于是，在学校领导的支持和帮助下，我大胆建构了上一版《实用传播学简明教程》的内容，并希望通过简单的案例、通俗化的语言将一些理论说清楚。遗憾的是，囿于本人知识和见识的浅薄以及时间的有限，本教材难免存在一些不足。

2015年拿到出版的第一版教材后，我发现了一些欠妥的地方。此后，在教学过程中，基于对中国新闻传播学后起理论的学习、对考研学生的了解、对在业界工作的学生的了解，我就有了要重新修订本教材的想法。加之四川大学出版社2020年也提出要修订此书的建议，就最终促成了此次第二版的修订，但需要说明的是，不管是上一个版本还是本次修订版，我都把它叫做“目录”。所谓“目录”，自然是引导之意，引导大家沿着教材中所提及的概念、所提及的人物、所提及的案例去深入。当然，也是因为传播学着实是一门如浩瀚海洋一样的学科，有太多的研究者、太多的理论，加之传播业界的日新月异也促进着传播理论的不断更新，此教材要穷尽所有人、所有理论，显然不现实。基于此，不管是谁拿到这本教材，我都希望他/她把此教材当作“目录”，希望这个“目录”能够指引他/她沿着自己的兴趣爱好去深入学习和广泛拓展。

此修订版与上一版相比，主要是调整了部分结构，更新了部分数据，增加了部分内容，修改了部分表述欠妥的地方，但遗憾的是，由于时间紧张、精力有限、人力不足等，本书还存在应该予以细化而未能细化、应该拓展而未能拓展、应该增添而未能增添的地方。传播学，是我非常喜欢的学科；新闻传播实践，是我非常愿意深入的活动；新闻传播教育事业，是我终生愿意扎根的事业。唯愿，未来有充足的时间再来调整此教材以及其他作品。在此，对于教材中的不足之处，也恳请各位专家、学者、朋友、学生能不吝赐教。

对于这本教材的完成与修改，要感谢四川传媒学院以马洪奎校长、张书玉副校长、冉光泽副校长等为代表的各位校领导，感谢四川传媒学院以康庆良老师、乐树林老师、王银民老师、何芳老师等为代表的老师，感谢以何倩老师、曾瑶尧老师、陈臻老师、张继成老师、魏雄老师、左巍老师等为代表的各位朋友；感谢四川大学以邱沛篁教授、蒋晓丽教授、朱天教授、蔡尚伟教授、操慧教授、王彦龙教授等为代表的各位老师；感谢成都大学以王清远校长、杨玉华副校长等为代表的各位领导，感谢成都大学传媒研究院以欧阳宏生教授、李立副教授、刘茜副教授、朱婧雯副教授为代表的各位同事，感谢成都大学文学与新闻传播学院以谭平教授、谭筱玲教授、张建峰教授、陆烨副教授、彭涛副教授等为代表的各位领导和同事；感谢我的家人，感谢他们所有人的理解、关心与支持，感谢！2006 级到 2020 级的学生、四川大学出版社徐燕主任、宋颖女士及其他编辑老师，为本教材的完成与修改，也付出了诸多精力，一并表示感谢！

总 序

进入21世纪，作为国内传统媒体主要组成部分的广播电视继续保持发展势头，同时，也面临着传播环境的急剧变化。

新媒体的广泛应用在向传统广播电视媒体发起挑战的同时，又为广播电视媒体的信息传播提供了新的渠道、新的载体，并赋予其新的形式。数字电视提供了更多的频道和更丰富的节目服务；网络音频和网络视频节目与通过移动终端传播的音频视频节目，不但使广播电视节目的传播渠道更为多元化，而且以互动性颠覆了传统的视音频节目传播模式；移动电视、大型户外显示屏则把视频节目送到城市的每一个聚集注意力的角落；至于环绕立体声广播、高清电视、3D视频，则对广播节目和电视节目的生产提出了更高、更新的要求。

以网络论坛（BBS）、博客（Blog）、社会化网络服务（SNS）、微博、微信等为代表的依托移动互联网的“自媒体”的诞生，冲击着新闻从业人员的专业地位，促使各类社会主体不再完全依靠新闻媒体而开始进行信息的“自主传播”。这一方面对包括广播电视工作者在内的专业传播人员提出了新的业务要求，另一方面又在更广阔的范围内创造了广泛的对传播专门人才的需求缺口。

不但如此，受政策利好的刺激，文化产业的发展也以强劲的势头推进。这对广播电视产生了深刻的影响，具体表现在：

第一，属于公益部分的广播电视新闻传播和公益信息服务被纳入文化大发展的总体部署，继续受到重视；

第二，具有赢利功能的影视产业、视听产品出版业、动漫游戏产业、演艺产业等作为文化产业的具体支撑门类步入了蓬勃发展的快车道，为广播电视节目的制作和传播开拓了新的疆域，提供了新的机遇。

受上述两方面变化的直接影响，广播电视的制播主体、制播方式、节目形态、传播模式等，都发生了显著变化。

这种巨大变化促使广播电视从业人员深深思考，我们将怎么适应？如何应对？而作为广播电视领域的高等院校教育工作者，我们也在思考同样的问题。

教育部于1998年颁布的本科专业目录中有“广播电视新闻学”“广播电视编导”等专业；2012年，“广播电视新闻学”调整为“广播电视学”。多年来，我们一直在上述专业领域从事教学和科研，根据我们掌握的信息，我们的毕业生有在中央、省一级新闻机构工作的，但更多的是在市、区、县新闻机构和社会文化企业，以及政府机构、大型企业的宣传推广部门从事传播工作。从我们广泛收集的来自不同层面的反馈信息可以发现，针对毕业生的能力素质，用人单位有一个共同要求，即：学生必须具备一定的理论功底，具备较高的文化素养，尤其需要具备很强的实战能力。只有这样的毕业生才能受到用人单位的欢迎。

但目前我们高等教育的现状与来自用人单位的要求相比，还有一定的差距。正因为如此，《教育部关于全面提高高等教育质量的若干意见》（教高［2012］4号文）才就优化学科专业和人才培养结构提出“加大应用型、复合型、技能型人才培养力度”的要求，针对创新人才培养模式提出“探索科学基础、实践能力和人文素养融合发展的人才培养模式”的要求。从广播电视领域和新媒体音视频信息传播领域的实际情况来看，主要为这些领域提供高级专门人才的“广播电视学”“广播电视编导”等专业，无疑应该按照教育部要求的精神积极推进教育教学改革。

改革涉及多个方面，但教材改革显然居于重要地位。这套“广播电视学实务系列教材”，就是作者按照上述精神而编撰的。在这套教材中，《实用传播学简明教程》是传播学教材的实用缩略版，它将传播学的基本理论与传播学的若干重要实际应用结合起来，形成了针对应用型、复合型人才培养的传播学课程体系；《媒体通论简明教程》则体现着这样的尝试：把原来分开讲授的平面媒体基本原理、广播电视概论、新媒体概论等课程进行整合，形成一门涵盖传统媒体与新媒体的概论性课程。这两本教材所对应的课程均属于专业基础课程的范畴。另外6本教材则分别从不同的角度构建了有特色的核心专业课程。《全媒体写作实用教程》顺应传播环境的变化，根据社会对人才能力的需求，将报刊文稿、广播文稿、电视文稿、网络文稿、移动终端文稿等不同种类文稿的写作教学结构进行了新的、科学的安排，吸取最新研究成果，遴选最新成功案例，构建出培养学生全媒体写作能力的实用课程体系；《新闻采访实务》在现有新闻采访教材的基础上，权衡利弊、取长补短，融入新媒体传播平台的采访等内容，构建出具有与时俱进意义的采访教学课程体系；《电视策划实务》从培养学生具备电视领域的一般策划能力出发，对应电视界的工作现状安排教学内容，按照突出针对性和实用性的要求设计教学程序，具有明显不同于国内现有电视策划教材的特点；《纪实节目叙事实用教程》旨在顺应电视领域和网络视频领域纪实（非虚构）节目故事化叙事的国际潮流和市场需求，综合经典叙事学、后经典叙事学和好莱坞实用叙事教学的理论精华与成功经验，结合国内电视（视频）节目生产实际，构建出培训学生既掌握必要的叙事基础理论，又掌握纪实节目故事化讲述基本技能的实用课程体系；《新媒体应用实务》则从"深入认识新媒体""熟练掌握新媒体""综合运用新媒体"三个层面安排教学内容，重点培养学生在传播应用、商务应用、危机处理等方面的新媒体应用能力；《新编摄像实用教程》在传统摄像教材的基础上，增加了高清数字摄像、3D摄像等内容，以及"模拟项目"摄像教学和练习等部分，具有针对性、实用性和前沿性。

从上面的简介可以看出，这套教材体现着编撰者培养应用型、实用型、复合型人才的理念和追求。由于这套教材的主要作者都曾经在电台、电视台、报社从事过数十年的新闻采编或节目制作工作，从事过广播电视和报纸的管理工作，又在广播电视本科教学领域从事过多年教学、科研工作，所以他们对传媒界和广播电视教育界都非常熟悉，对广播电视领域究竟需要什么样的人才，对培养出能满足有关职业和岗位要求的合格毕业生需要采用什么方式、使用什么样的教材，都非常清楚。多年来，他们一直在寻求能够完全符合自身教学理念的理想教材，但暂时未能如愿。于是，经过反复研究磋商，最后决定自己编写一套合意的读本，于是就有了这套"广播电视学实务系列教材"。这套教材虽然有着现在这个名称，但并不意味着它只适合广播电视学专业；其实，广播电视编导、新闻学等本科专业，新闻采编与制作等高职高专专业，也完全可以采用。甚至，各类传媒机构、社会文化公司、政府机构和大型企事业单位的宣传推广部门，也都可以利用这套教材进行在职培训。总之，这套教材的针对性、实用性、可操作性、前沿性保证了它可以满足上述种种方面的需要。

虽然编撰者们非常认真地对待自己的工作，力求在撰写过程中精益求精，但出于水平、能力、视野等种种因素的限制，这套教材一定还存在不少疏漏和错讹，诚望各位读者不吝赐教，给予批评指正。

最后，我要对四川大学出版社表示衷心感谢，对语言与教育编辑室的徐燕主任和各位责任编辑表示衷心感谢。没有他们的辛勤付出，这套教材是难以顺利出版的。

编撰出版各类能够满足应用型、实用型、复合型高级人才培养需求的教材，是我国高等教育领域一项非常有意义的工作。如果我们的努力能够对这项工作有所贡献，我们将感到非常荣幸；如果我们的努力能够引起更多的同道与我们共同关注、共同投入到这项工作中来，则幸之甚也。

是为序。

冉光泽

2014 年 8 月于成都

目 录

上篇 传播学基础理论

中篇 传播学在实践中的运用

下篇　考研精华荟萃

上篇　传播学基础理论

第一章 传 播

社会是各种关系的总和，社会各种关系的联系总是共享着某种信息。同时，这些信息又是对人类所做的各种事情的表述。因此，我们通常探讨的是人与人之间如何通过面对面和非面对面的沟通、交流某种信息从而建立某种关系的，这就是本书所探讨的“传播”。“传播是工具，社会之所以成其为社会全依靠传播这一工具。传播（communication）和社区（community）的词根相同并非偶然现象。没有传播就不会有社区，没有社区也不会有传播。人类传播的特征是使人类社会有别于动物社会的主要特征。”① 很难想象没有传播的人类社会将是何等野蛮，因此，为了更好地传播，就有必要清楚其概念、功能、类型、模式等。

第一节 传播的概念与功能

在了解传播的概念之前，有必要对一些传播现象进行分析、梳理。四川省社会科学院研究员林之达先生曾在硕士研究生课堂上，让同学们写下读完元代散曲家马致远《天净沙·秋思》的感受②，散曲如下：

枯藤老树昏鸦，
小桥流水人家，
古道西风瘦马，
夕阳西下，断肠人在天涯。

---

① 威尔伯·施拉姆、威廉·波特著，何道宽译.《传播学概论》（第二版），中国人民大学出版社，2010年版，第2页。

② 林之达：《传播心理学新探》，北京大学出版社，2004年12月版，第218页。

有的同学写下的感受为：

在一个寒冷的深秋傍晚，夕阳西下，刺骨的西北风呼呼地吹，一只乌鸦站在一棵老树的枯藤下，被寒风吹得凄惨地叫着。有一位骨瘦如柴的流浪者，骑着一匹瘦马迎着西风在一条古道上缓缓向前走着，突然，他停下来，凝视着老树下的一户人家，这人家门外有一条小溪，小溪上有一座小桥，桥下清澈的溪水哗哗流淌着。啊，这情景多像美丽的故乡，多像我温暖的家啊！可是，我却在天涯漂泊，回不了家。想到这些真令人心酸，真叫人肝肠寸断。

通过分析，我们看到马致远的《天净沙·秋思》里一没有时间，二没有人物，更别说故事情节了，可是在传播给同学们之后，他们不仅补充了残缺的信息，还抒发了自己的情感，为什么呢？用心理学术语来解释，这叫“自我传播”。

再来看一个现象：

2012 年 12 月 14 日晚上，湖南卫视《女人如歌》节目正在热播。屏幕前，一对青年夫妇因为看电视而引发了一场争论。

丈夫：关了关了，这么无聊的节目，大半夜的还守着干吗？

妻子：你懂什么？《女人如歌》有多少动人的故事啊？

丈夫：动人？不就是丈夫跑了，女人离婚了，单身妈妈独自带着孩子嘛。

妻子：俗！俗！俗！你真是无药可救！你看看她们多坚强，多用心地生活着啊！

丈夫：忽悠你的你也信。

妻子：不信？人家花那么多钱请朱丹，请嘉宾，人家疯了？

丈夫：演戏的是疯子，看戏的是傻子。

妻子：你……

这对夫妻在做什么？聊天？吵架？沟通？用传播学术语解释，他们正在进行人际传播。

继续看一个现象（如图 1-1）：

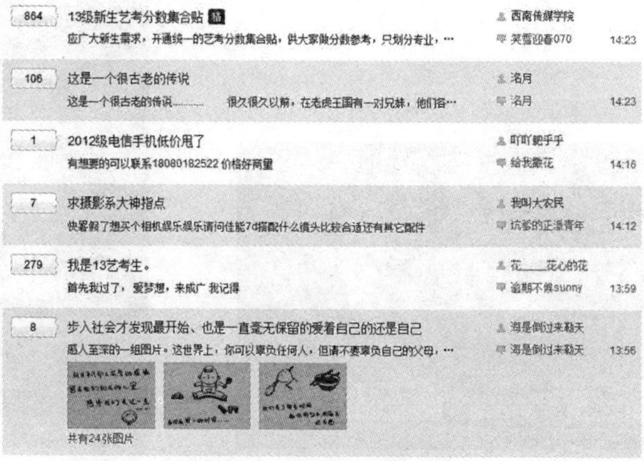

图 1－1　成都理工大学广播影视学院贴吧

他们在干什么？人际交往？诉说心声？这些似乎都有道理，但若用传播学术语解释，则可以说，他们是在利用网络进行群体传播。还有一个现象（如图 1－2，图 1－3，图 1－4，图 1－5）：

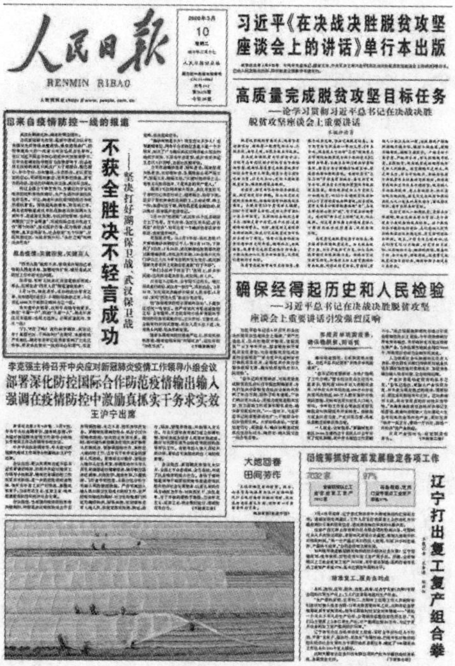
人民日報
RENMIN RIBAO

习近平《在决战决胜脱贫攻坚座谈会上的讲话》单行本出版

高质量完成脱贫攻坚目标任务
——论学习贯彻习近平总书记在决战决胜脱贫攻坚座谈会上重要讲话

来自疫情防控一线的报道

不获全胜决不轻言成功
——坚决打好湖北保卫战、武汉保卫战

确保经得起历史和人民检验
——习近平总书记在决战决胜脱贫攻坚座谈会上重要讲话引发强烈反响

李克强主持召开中央应对新冠肺炎疫情工作领导小组会议
部署深化防控国际合作防范疫情输出输入
强调在疫情防控中激励真抓实干务求实效
王沪宁出席

大地回春
田间劳作

辽宁打出复工复产组合拳

图 1－2　《人民日报》报纸版面截图

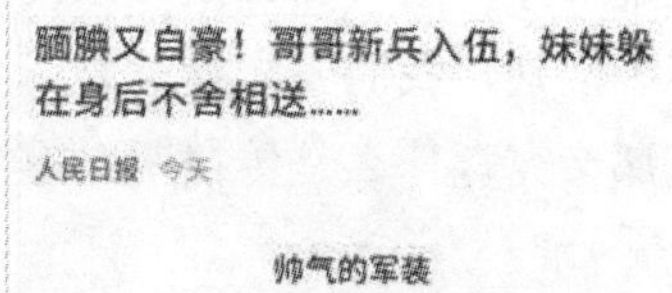

图 1－3《人民日报》微信公众号文章截图

图 1—4　中央电视台综合频道《新闻联播》截图

图 1—5　中央电视台《主播说联播》短视频截图

与前面的现象不同，这是大家众所周知的现象了，即大众传播。但即使同为大众传播，对于不同媒体来说，依然有区别。为了弄清楚什么是自我传播，什么是群体传播，什么是大众传播以及不同媒体之间的大众传播策略、形式、内容等区别，我们要先弄清楚，什么是传播。

那么究竟什么是传播呢？有没有一个准确的概念呢？

一、传播的概念

传播一词的英语是“communication”，但是此词本身就有三个意思：给予或告知（giving or imparting）、迁移或传输（transfer or transmission）、交换（exchange）。传播学之父威尔伯·施拉姆（Wilbur Schramm）在《传播学概论》中对“communication”一词做了一些界定：一是时间分界线，二是复合术语分界线。时间分界线是 20 世纪 20 年代，此前的“communication”基本上翻译为“交流”，亦可考虑翻译为“传播”，但断不会翻译为“传播学”。20 世纪 20 年代以后，“communication”的翻译则视情况而定，最多的译法是“传播”“交际”“交流”。然而在复合术语中，“communication”多半被翻译为“传播”，如“传播理论”“传播学”“大众传播”“信息传播”“传播界”“传播工具”“传播技术”“传播研究”“传播行为”“传播渠道”“传播对象”“传播媒介”等。① 不难发现，即使是威尔伯·施拉姆也并没有详细地解释到底什么是传播。

相比之下，中国学者似乎更喜欢对某一个词做详细的解释，这样的好处就在于，能够准确把握人类社会信息传播的客观规律与脉络。不妨先看看我国学者对“传播”一词的不同定义：

事实上传播是信息在时间或空间中的移动和变化。

——戴元光、邵培仁、龚炜《传播学原理与应用》

所谓传播，即社会信息的传递或社会信息系统的运行。

——郭庆光《传播学教程》

传播就是人们进行信息交流的活动。

——徐耀魁《大众传播学新论》

传播是信息的双向流动过程，包括人际传播与大众传播两大类型。

——李彬《传播学引论》

传播，是双向、共享意义上信息、知识的流动过程。

——陈力丹《传播学是什么》

传播，就是信息的流动过程。

——胡正荣《传播学总论》

传播，是一定社会结构与社会关系中的信息传递与知识共享行为。

——刘海龙《中国语境下“传播”概念的演变及意义》

综合来看，以上各学者的定义皆有共同之处。他们首先强调信息，无论是社会信息还是个人信息；其次，强调信息的流动，无论是单向流动还是双向流动。

如果说以上学者从学术的高度对“传播”的概念下了一个定义，那么对传播究竟要如何深入人心有着多年研究经验的学者林之达先生则将传播的概念讲得深入浅出，他认为：“传播就是人们使用感觉器官可感触得到的与别人已有共识的符号系统，相互间表达、交流看不见摸不着的思想感情的活动。”② 先生的概念算是一种突破、一种独创，既告诉读者传播是一种活动，又告诉读者

① 威尔伯·施拉姆、威廉·波特著，何道宽译：《传播学概论》（第二版），中国人民大学出版社，2010年版，第3页。

② 林之达：《传播心理学教程》，北京大学出版社，2012年版，第3页。

传播活动必须要依赖具有一定共识的信息符号系统，还告诉读者这是一种互动的过程。

在自媒体如此发达的今天，学界对于传播的定义，似乎更加强调双向互动。鉴于此，本书讨论的“传播”一词所指的即是传受双方利用达成共识的符号系统进行信息交流的过程，这一过程是双向的，互动的。信息是传播的基本材料，而信息的载体——达成共识的符号（包括语言符号和非语言符号）是传播的另一个重要材料。

对传播的定义有了基本了解之后，我们势必得问：传播的功能是什么？传播是怎么产生的？人类传播是如何发展的？我们今天的传播主要有哪些类型？对人类又有什么影响？这种影响是正面还是负面的？在后文中我们将重点回答以上几个问题。

二、传播的功能

《现代汉语词典》对“功能”和“作用”作为名词使用时做了比较详尽的解释。所谓“功能”是指事物或方法所发挥的有利作用，所谓“作用”是指对事物产生的影响。因此，使用功能倾向于“有利”，使用“作用”则比较中庸。基于此，分析传播学者关于大众传播对社会影响的学说，不难发现他们基本上倾向于“功能”。最著名的莫过于哈罗德·拉斯韦尔（Harold Lasswell）在《传播在社会中的结构与功能》一书中提到的三功能说，即监视环境、联系社会和传承遗产。后来查尔斯·赖特（Charles Wright）在《大众传播：功能探析》一书中从社会学的角度对三功能说做了部分解释并加入了“娱乐”功能，使得传播的功能变成了“四功能说”。后来梅尔文·德弗勒（Melvin DeFleur）在其著作《大众传播理论》中对他们的学说做了一些补充，但并没有从本质上改变这些范畴。传播学之父威尔伯·施拉姆（Wilbur Schramm）在其著作《传播学概论》中将上述学者关于传播功能的描述做了非常清晰的总结。

以上学者在对传播的功能进行分析时，有个共同点，即都重点提到大众传播的功能，却忽视了诸如人际传播、组织传播、群体传播等功能。事实上，无论是何种传播，都始终离不开人的活动，人与人之间总是要将看不见摸不着的思想感情与别人沟通，因此，传播是每个人赖以生存和发展的不可或缺的手段，它对人的重要作用仅次于空气、食物和水。林之达先生在给研究生上课时特别提到“人离开了传播就活不下去，至少活得很艰难；人因传播而变得聪明，如果人不会传播，一个个就会变成傻瓜；人不会、不善于传播，就处理不好任何社会关系，就承担不了任何社会角色”。这一论断，算是从根本上解释清楚了传播于人的意义。

表 1－1 传播的社会功能[①]

政治功能	经济功能	一般社会功能
监测（收集情报）	关于资源及买卖机会的资讯	关于社会规范、角色等的资讯；接受或拒绝这些规范、角色等的资讯
协调（解释情报，制定、宣传和执行政策）	解释以上资讯，经济政策的制定，市场的运作与控制	协调公众的理解和意愿，市场控制的运行
社会遗产、法律和习俗的传承	经济行为的洗礼	关于向新社会成员传承社会规范和角色规矩
		娱乐功能（休闲活动、从工作与现实问题中得到解脱，无意为之的学习、社会化）

结合各学者的观点，本书认为传播的功能至少可以从个人、组织和社会三个方面做一个小结。

第一，帮助个人生活得更幸福，包括获得信息、交流感情、娱乐身心。

第二，帮助组织分工、协作、应对内外环境的变化，高效达到目标。

第三，帮助社会监视环境、传承文化、协调关系，维持社会和谐发展。

第二节 传播的产生与发展

一、人类传播的产生

一直以来，我们都在思考，人为什么要进行传播呢？是为了获取信息？抑或是为了达到某种目的？但不管如何，人毕竟是社会动物，总要在社会中生存，也总需要获得别人的同情、理解、支持和帮助。但是，人类要想获得某种同情、理解、支持和帮助（这些毕竟是存在于个体脑海中的思想感情），则应

① 威尔伯·施拉姆、威廉·波特著，何道宽译：《传播学概论》（第二版），中国人民大学出版社，2010 年版，第 31 页。

如何把这种思想感情向别人表达清楚呢？聪明的人类想出的办法就是用一系列感觉器官可感触得到的符号来指代或描述那些头脑中看不见摸不着的思想，如图 1－6 所示。

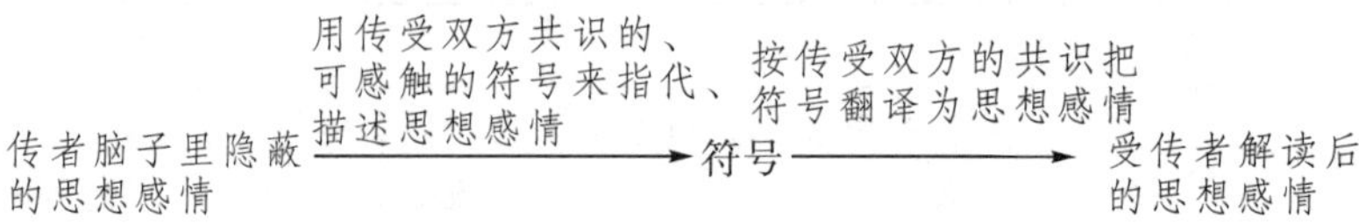

图 1－6　传播的基本示意图[①]

正是基于交流、沟通感情的需要，人类才发明了具有共识性的符号，无论是手势、表情、身体姿态还是语言、文字甚至盲文，如此种种。在发明这些符号的过程中，人类经历了不同的时代。

二、人类传播的发展

事实上，人类社会进步和发展的历史就是人类不断发明和使用新媒介传播信息的历史。这部历史与整个人类的科技、经济发展直接相关。在欧洲大陆，人类从灵长类动物进化到克罗马农人，已经能说话了。但这个过程是相当缓慢并且艰难的，主要原因在于人类的大脑还不够发达，唇舌喉等器官还不像现在这么健全且分工明确。因此，当时人类的交流活动主要使用符号和信号进行传播。即使是使用简单的符号和信号传播，一定程度上也使得人类的大脑更加开化，因此人类开始真正思考改造自己的生存环境和改善自己的生活，从而发明了钻木取火，开始吃熟食等。

随着人类的不断进化，人类的发音系统健全了，语言交流成为人们最常见的一种信息交流方式。语言的产生在一定程度上加速了人类的进步，使人们认识世界、改造世界的能力越来越强。当然，在漫长的语言交流过程中，人类发现，只单纯依靠大脑去记住一些内容，恐怕会使一些值得纪念的东西逐渐遗失，为了便于记录和保存，文字应运而生。

伴随文字产生的除了龟壳、兽骨、丝帛、青铜器、竹简等媒介之外，纸张的运用也是值得大书特书的。文字及其媒介的产生在一定程度上加速了人类社会的进步，人们传播信息的速度逐渐提高、运用信息的能力也不断增强，诸如报纸、广播、电视、互联网、手机等大众媒介逐渐被人类所掌握，用来传播各

① 林之达：《传播心理学教程》，北京大学出版社，2012 年版，第 2 页。

式各样的信息。

综上所述，在人类进化到现阶段的历史进程中，大致经历了符号和信号传播时代、口头语言传播时代、手抄媒介传播时代、印刷媒介传播时代、大众传播媒介时代和新媒体传播时代。

（一）符号和信号传播时代

传播学之父威尔伯·施拉姆有个著名的“最后7分钟”的比喻：

如果把人类的历史当作共有100万年，假设这100万年等于一天，人类的发展速度如下：

1天=100万年

1小时=41666.67年

1秒钟=11.57年

那么这一天中，人类文明的进展如下：

晚上9点33分，出现了原始语言（10万年前）

晚上11点，出现了正式语言（4万年前）

晚上11点53分，出现了文字（3500年前）

午夜前46秒，古登堡发明了近代印刷术（1450年）

午夜前5秒，电视首次公开展出（1926年）

午夜前3秒，电子计算机、晶体管、人造卫星等出现（分别为1946年、1947年、1957年）

从以上“7分钟比喻”可以看出，人类正式语言的产生是一个极其漫长的过程。有学者指出，在这个漫长的过程中，人们主要还是依靠符号和信号来传播信息的。其中，符号主要是非语言符号，包括视觉的非语言符号如手势、表情、肢体语言等，听觉的非语言符号如吼叫、类语言等，主要使用的信号包括非洲的鼓点，中国古代的烽火、狼烟等。非语言符号在语言产生以后直至今天仍在使用，并且帮助语言传达出更加丰富的信息。而信号，在人类语言产生之后也使用过。《兵部烽式》一书特别指出：“寇不满五百，放烽火三炬；寇满五百不到一千，放烽火四炬；寇满一千及以上，放烽火五炬。”这实际上就是通过光信号传达具体信息的例证。是不是只有我们中国古代才使用烽火来传递信息呢？不是。公元前700年左右，古希腊诗人荷马在他的《伊利亚特》里就说道：“这样，在某个遥远的、四面楚歌的岛屿上，战士们终日固守城墙，孤注一掷，杀得昏天黑地；但太阳一落山，一串烽火的火焰升起，射入云霄，以向邻近的岛民报警，使援军乘船赶来。”① 在非洲南部居住的当地人也会通过专门的信号来传达信息，如鼓点。

在今天看来，这个时代发展的速度的确是相当慢的，但是就是在如此艰难的岁月里，人们依然长期从事着生产生活活动。同时，在这样洪荒的时代里，人们在无意间带着些许希望和犹豫发明了语言。

（二）口头语言传播时代

事实上，语言究竟是如何产生的，依然是一个谜。不同的社会对于语言的产生历史有不同的解释。当然，此处我们探究的并不是语言产生的过程，而是在漫长的口头语言传播的时代里，人类是如何通过信息的交流，逐渐走出自己的生活圈子去认识世界并改造世界的。比如人们从无数互不相通的语言逐渐减少到今天的约 3000 种，且英语、西班牙语、法语、中文等成为主角。究其原因，也许是由于人类旅行范围的扩大，贸易和商业的发展，城市的兴起，城邦和国家的建立，开疆拓土和帝国的成形，以及权力、意识形态的形成等。语言的演变过程使人有必要寻找一种共同的语言，一种走向全球的世界语言，当然此间必然经过一个漫长的过程。

使用口头语言是人类与动物的区别之一。因为人类使用语言这种符号系统进行传播，不仅可以利用语言概念进行思考，甚至记忆、传送、接收、理解信息，而且可以利用它进行分类、抽象、分析、综合及推测。于是，随之而来的就是人们认识世界、改造世界、适应世界的能力逐渐得到提高，从而使社会进步成为必然。

在人类使用口头语言传播的时代里，语言传播的范围十分有限，后人把这样的生活时代叫作部落化时代，无数个部落有无数种语言，因此部落与部落之间的沟通和交流就有一定难度。除此之外，口头语言传播也具有明显的缺点，比如，传播的距离短，只能面对面交谈，因此受到空间的限制；口头语言传播过程中，声音发出后就消失了，信息无法储存，无法反复利用，因此受到时间的限制；口头语言传播容易失真，容易以讹传讹，等等。

为了减少信息在传播过程中的损耗，扩大信息传播的范围，延长信息传播的时间，人们试图通过一种简便的方式来记录自身的发展，这便有了文字。

---

① 李彬：《全球新闻传播史（公元 1500—2000 年）》，清华大学出版社，2005 年版，第 47 页。

（三）手抄媒介传播时代

如果说人类将声音符号与其所指对象分离开，抽象出来的便是语言。那么之后，人们将声音同发出声音的人分开则促进了文字的产生。文字媒介，便于携带，便于传播，所以文字符号使得口头语言所要表达的意义传达得更为久远。

回顾文字产生的历程，大约5000年前，古巴比伦、埃及、中国就已经有了文字。而文字的滥觞大约是在公元前4000年，象形文字是这个时期最能表达一个观点、事物和概念的符号。公元前1700年，苏美尔人的楔形文字能够用一个符号来代表一个具体的声音，这种文字的优点在于只需要少量的符号代表组成音节的声音。这是文字从象形走向表音的进步，极大提高了人们的识字率。希腊第一套完整的字母文字系统就是典型的字母表音文字。在文字进化的历史中，真正进步的文字还是我国的甲骨文。大约在3500年前，这种文字就已经有了严格的规范，有象形、形声、假借、会意等区别。

由此可见，文字的产生并不局限于某一地区或某一国家，在人类社会不断进步和发展的过程中，人类一直思考着如何将语言符号保存下来，并使其便于携带，利于传播。书画同源是大家都一致认同的说法，也证明文字是在人们生产活动大量增加，为提高沟通效率而将图画简化、规范化的历程中逐步形成的。

伴随着文字产生的还有媒介。在纸张被发明以前，人们大多使用竹简、丝帛、龟甲等书写文字。袁军和哈艳秋所著的《中国新闻事业史教程》一书中记载，以书面形式传播新闻始于汉代，当时主要是以颁发诏书的形式，即公元前125年左右，汉武帝因封萧庆而向全国发布公告。类似的记载在西方也存在，公元前59年，古罗马的《每日纪闻》（*Acta Diuma*）开始了人类文字传播新闻的历史。《每日纪闻》是世界上最早的定期手抄新闻，实际上可以说是政府公报。[①] 随后，古罗马的“新闻信”、威尼斯的“手抄新闻”等专门传播官方信息、商业行情、航海信息的手抄传播媒介，纷纷问世，并广为流传。

文字及其媒介的产生与发展，对人类而言确实是件大事。它们改变了语言转瞬即逝的缺点，记录了社会的种种变革，更在此基础上产生了一些新鲜词汇及词汇所对应的事物，如图书馆、特定阶层、国家的产生和发展等。当然文字最大的功劳还在于使得宗教盛行和世世代代的文化积累。伴随文字及其媒介产

---

① 郭亚夫、殷俊：《外国新闻传播史纲》（第二版），四川大学出版社，2006年版，第1页。

生的，还有权力阶级和暴力机关对社会的管理和大规模控制。

（四）印刷媒介传播时代

人类社会确实有别于动物社会。在逐渐意识到在竹简、龟壳、兽骨、丝帛等媒介上书写存在极大弊端的时候，人类开始研发新的媒介。

首先改变的就是纸张。从莎草纸、羊皮纸到东汉蔡伦改进造纸术并制造出纤维纸，人们逐渐找到了不仅适宜手写，而且还适宜印刷的纸张。

其次改变的就是印刷术。450 年（南北朝宋文帝时），我国出现了雕版印刷术。868 年，唐朝印刷的《金刚般若波罗蜜经》是世界上现存最早的雕版印刷书籍。北宋庆历年间，毕昇发明活字印刷术，大大推进了信息的复制效率。随后，该技术由蒙古人传入欧洲。1450 年，德国的美因茨发生了一件大事，一个名叫约翰·根斯弗莱施的人把已经普及的印刷材料和方法综合起来，印制了多种宗教文本，且每种均印制许多副本；他更广为人知的名字叫约翰内斯·古登堡（Johannes Gutenberg）。大约在 1456 年，他印制了第一部机印版 42 行《圣经》。从此人类进入了印刷时代。1476 年，威廉·卡克斯顿（William Caxton）将第一台印刷机引入英格兰；到 1490 年，欧洲每个大城市都至少有一台印刷机在使用中。[①] 而后，世界各国出现了大量的印刷书籍及报纸。我们从以下年表可以看出人类真正进入印刷时代的一些端倪。

1457 年，世界上第一张印刷新闻纸诞生于德国的纽伦堡。

1605 年，世界上第一份新闻期刊《安特卫普新闻》诞生。

1609 年，周报《通告——报道或新闻报》出版，每期只有一页，每页只有一条新闻，是世界上现存的最早出版的定期印刷报纸。

1615 年，爱格诺尔弗·艾莫尔（Egenolph Emmel）创办《法兰克福新闻》，每期刊登多条新闻，是世界上第一份持续出版的新闻周报，被视为世界上第一份真正的报纸。

1663 年，《莱比锡新闻》从创刊时的周报改为日报，被视为世界上第二张日报。

之后英国也开始发行印刷周报或日报，给整个欧洲甚至世界带来了天翻地覆的变化。1702 年，马利特（E. Mallct）在伦敦创办的《每日新闻》（*Daily Courant*），是英国最早的日报；1726 年，阿姆赫斯特等人创办《手艺人报》，到 1731 年，该报的广告收入占总收入的半数以上，是世界上最早实现以广告

---

① 郭亚夫、殷俊：《外国新闻传播史纲》（第二版），四川大学出版社，2006 年版，第 123 页。

为主要收入来源的报纸。当然，英国最有影响力的报纸当属《泰晤士报》（*The Times*）报。该报由沃尔特（John Watter I）1785 年 1 月 1 日创办于伦敦，其最大的特点在于迅速、全面地刊登当时的各种情报，如国会辩论、各国动态、商业金融行情等，被称为英国国民的风向标。到 1793 年，该报的发行量已达到 4000 份。

哥伦布发现美洲大陆后，英国的探险家们迅速移民美洲，他们把英国的各种进步事物带入新大陆。当然，这些探险家们带来的不光只有技术，更多的还有文艺复兴时期的先进思想。也许正是这些思想的引入才带来了报业更加明显的变化。1833 年 9 月 3 日，本杰明・H. 戴（Benjamin Henry Day）在纽约创办了第一份成功的便士报——《纽约太阳报》（*The Sun*）。这是一份四页小型日报，售价为一个便士。该报从内容、版式到经营策略都给当时的传媒行业带来了巨大的变化。6 个月后，它的发行量就达到了 8000 份。而 1835 年 5 月 6 日，詹姆斯・戈登・贝内特（James Gordon Bennett）在纽约创办的《纽约先驱报》（*The Herald*），其内容、版式、发行几乎完全模仿《纽约太阳报》，到 1860 年，该报的发行量就达到 60000 份。

1870 年到 1900 年间，美国一般性英文日报从 489 份增加到 1967 份，发行量从 260 万份增加到 1500 万份。同一时期，周报数量增加两倍，由约 4000 份增加到 12000 份。[①] 此时的报纸注重市场地位，拥有层出不穷的编辑技巧和噱头，影响着美国国民和社会发展。

即使是报业相对落后的中国，在百日维新期间即 1895 年，由康有为、梁启超、麦孟华等人创办的《万国公报》，其发行量也已达到约 3000 份，影响甚大。“报开两月、舆论渐明”“识议为之一变”“渐知新法之意”。[②]

从以上报业发展的一系列情况和对社会的影响来看，印刷术的发明给世界带来了巨大变化。

首先表现在规模上，即报纸数量急剧增加。其结果就是增加了一大批专业的办报人员，并促进了印刷技术不断进步。

---

① 郭亚夫、殷俊：《外国新闻传播史纲》（第二版），四川大学出版社，2006 年版，第 158 页。
② 《康南海自编年谱》，光绪二十一年。

表1-2　印刷技术的发展[①]

年份	排字速度（每小时）	印刷速度（每小时）	时间消耗（每张报纸）
1440年	手工排字（铅字）（1500个字符）	手工印刷（35个双面印张）	—
1886年	机器排字（铅字）（6000个字符）	高速轮转印刷（72000份双面报纸）	约5小时
1932年	电传铸排机（TTS）（9000个字符）	高速轮转	约3小时
1954年	电传铸排机，计算机辅助造字（3万个字符）	高速轮转	约1小时
1963年	照相（500万个字符）和激光（3000万个字符）屏幕排字	高速/胶印轮转	约1分钟或更短

其次表现在影响上。印刷术的使用与不断进步，使报纸、杂志、书籍迅速普及，从而促成了社会、文化、家庭和工业的变革，推动了当时宗教和科学的革命，甚至是文艺复兴。时至今日，我们很难讲明白到底是文艺复兴、维新变法等事件导致了报业的迅猛发展还是报业的迅猛发展促使了文艺复兴、维新变法的发生。但不得不承认，印刷术的普及降低了文化的门槛，使得知识下移，打破了特权阶级独享文化的局面，让普罗大众能够获得文化知识。因此，诸如反对印花税、反对集权主义、反对封建统治等争取出版自由、言论自由的活动也就发生了。而这一切，带来了人类文明的新曙光，人类迅速进入大众传播媒介时代。

（五）大众媒介传播时代

实际上，有人认为，从印制宗教文本的1450年到古登堡把铸字盒、冲压字模、洗铸铅合金活字、印刷机及印刷油墨综合起来，发明一种切实可行的印刷术的1456年，是大众传播媒介产生的年代。但就今天我们对大众传播概念的理解来看，当时只是产生了大众传播媒介，而职业的传播者和受众都还不是特别成熟，所以，那个年代也就还不能算作真正的大众媒介传播时代。我们认为，真正的大众媒介传播时代是以报业发达，电子传播媒介、网络媒介的迅速发展与繁荣为代表的。这个时代的显著特征就是传播媒介和受众的多样化，以

① 胡正荣、段鹏、张磊：《传播学总论》（第二版），清华大学出版社，2008年版，第59页。

及社会影响力的加大，具体表现在以下几个方面。

第一，大量印刷报纸和通讯社的蓬勃发展。

从1903年意大利社会党在热那亚创办《劳动报》，到20世纪80年代初《晚邮报》的日发行量高达75万份；从1945年《法国日报》总发行量为1500万份，到1984年发行量缩减为953万份；从1906年全美最大报业集团甘尼特公司成立，到2001年甘尼特公司旗下的《今日美国》在全球发行量达到95000万份，我们似乎看出报业的一些变化。随着两次工业革命影响的深入，尽管在兼并与集团化的过程中，报业出现了不景气的现象，但总体而言，报业得到了真正的实惠，这不仅表现为报纸数量增加，采编人员逐渐增多，编辑技术愈加成熟，经营模式更加多样，而且表现为报纸受众大幅度增加。

报业集团化、资本化、受众多样化成为显著特征，而这一切使得一种新兴事物——通讯社应运而生。

通讯社是专门为其他新闻媒介和各类用户服务，以提供消息为主的新闻传播机构，俗称消息总汇。通讯社通常都拥有庞大的新闻记者网、广泛的信息来源、先进的通信技术，能够大量采集和加工新闻、图片、资料等，主要提供给报社、杂志社、电台、电视台及网站等媒体，大量的信息被这些媒体采用后才能与广泛的受众见面。因此，在那个特殊的年代，资本主义对外扩张的强烈需要和报社对信息的急切需求促进了世界上第一家通讯社——哈瓦斯通讯社的产生。从此，通讯社在信息的传播过程中起着越发不可忽视的作用。

百余年风雨兼程，许多世界性的通讯社活跃在新闻传播的第一线，诸如美联社、路透社、法新社、合众国际社、塔斯社、新华社、埃菲社、沃尔夫社、德新社、安莎社、共同社等。以上通讯社都有着新闻企业的共同特征，但经济来源不同决定了各通讯社在所有制和管理上稍微有一些不同。大致分为私营通讯社，如美国的合众国际社；公共合作企业性质的通讯社，如美联社、路透社、法新社、安莎社、共同社等；国有通讯社，如俄通社－塔斯社。随着政治格局的变化和技术的进步，通讯社在体制和管理方面也发生着变化，表现为通讯社的管理权和所有权分离，一般采取股份制形式，实行董事会－总经理－各业务部门三级管理架构；电台、电视台、新媒体股权比重逐渐增大，会员数量增加；企业规模不断扩张，形成“多媒体”“全媒体”“一体化”的趋势。

第二，广播电视的普及。

广播电视是科学技术发展到一定高度的产物，是无数科学家、工程师、技术人员经过长期探索、实验而成的新兴媒介。

首先，广播的产生、发展和普及。

1864 年，英国科学家詹姆斯·克拉克·麦克斯威在电磁波理论中提出无线电波存在的设想。

1888 年，德国物理学家海因里奇·鲁道夫·赫兹通过实验证实电磁波的存在。

1895 年，俄国的波波夫和意大利的马可尼分别研制出世界上最早的无线电接收机。1897 年马可尼在英国的索里兹伯里和巴斯两个城市之间成功完成了无线电波信号的发射和接收实验。他发明的“天地线”增加了信号发射距离。他发明的电报收发速度为每秒钟 15 个字。

1906 年，美国的雷金纳德·奥布里·费森登教授在马萨诸塞州布兰特岩城首次进行了无线电有声传播。

1910 年，德弗莱斯特和费森登合作在福斯特从纽约的大都会歌剧院转播了恩里科·卡鲁索的歌唱演出，并播送了报纸要闻，成为世界上最早的广播简讯。

1919 年，苏联下新城（现高尔基城）的无线电广播实验室研制成功一台无线电广播发射机。

1920 年 8 月 31 日，美国底特律建立了一家试验性电台，播送州长竞选新闻，被认为是世界上首次进行的新闻广播。

1920 年 11 月 2 日，美国匹兹堡业余无线电爱好者弗兰克·康拉德建造的商业广播电台开始播音，呼号为“KDKA”，它被称为世界上第一座广播电台。随后，美国的汽车零售商、制造商、出版商、银行，甚至服装店、家具店等都纷纷向有关当局申请营业执照办起广播电台。到 1922 年，从美国商业部取得营业执照的商业广播电台就达 500 多座。① 截至 1925 年，10％的美国家庭平均每家拥有一台收音机；截至 1930 年，收音机的平均拥有率达到 46％；1940 年，达到 82％。与此同时，收音机的平均使用时间达到每天 4 个半小时。② 由此可见，广播在美国的普及率极高，听众很多，且听广播的时间也比较长。

创办广播电台的热情蔚然成风，席卷了全球。1921 年，法国邮电部门建立第一座广播电台，随后出现了国家台和私营台；1922 年英国广播公司（BBC）建立，到 1927 年英国已经拥有 21 座广播电台，覆盖 80％的人口居住区；1925 年德国帝国广播公司成立，据 1981 年材料显示，联邦德国有收音机

---

① 欧阳宏生主编：《广播电视学导论》（第三版），四川大学出版社，2007 年版，第 13 页。

② E. M. 罗杰斯著，殷晓蓉译：《传播学史——一种传记式的方法》，上海译文出版社，2005 年版，第 233 页。

2300万台，全国98%的人能收听到广播[1]；1925年3月22日日本广播协会（NHK）成立。

在研究广播发展的进程中，不得不提及第二次世界大战，正是第二次世界大战推动了整个广播事业的进步。美国从20世纪20年代的500多座广播电台发展到50年代后期的3380多座。像中国这样的社会主义国家和第三世界国家也开始发展自己的广播事业。进入20世纪60年代，广播技术不断发展，节目内容更加丰富多彩，受众日益增加，其影响也深入社会生活的各个领域。据不完全统计，当时全世界的收音机有14亿台以上，平均每3人就有1台。[2]

20世纪70年代以后，电视开始在全世界各国普及，因此，广播的受众逐渐被分化，收听率也发生了一定的变化。面对电视的挑战，广播界人士八仙过海各显神通，开始了拯救广播行动。他们主要是通过加强广播的时效性、针对性传播，创办专业台和利用新媒体等手段使进入21世纪的广播能够面对电视和网站的双重考验，并与它们并驾齐驱，瓜分整个市场蛋糕。

其次，电视的产生、发展和普及。

1817年瑞典科学家永斯·雅各布·贝采利乌斯发现的硒元素和1873年英国科学家约瑟夫·梅发现硒元素的“光电作用”奠定了电视的基础。因此，电视同广播一样，当然也是科学技术的产物。

1926年1月26日，“电视之父”约翰·洛克·贝尔德在前人研究成果的基础上，制造出第一台真正实用的电视传播和接收设备。他的试验成果表明了电视的真正诞生。

1930年，英国广播公司和贝尔德合作，进行广播声音和电视图像同时播出实验，该实验成功转播舞台剧《口含一朵鲜花的勇士》，这也是人类历史上第一个声画合一的电视节目。

1934年，德国在柏林建立实验电视台；1936年11月2日，世界上第一座电视台在英国伦敦亚历山大宫成立。随后世界各国在成功进行电视研究实验之后，相继创办电视台，传播本国事宜。第二次世界大战，对于全世界人民来说是苦难，但对于广播电视事业的推动作用却是不可忽略的。第二次世界结束以后，世界各国的广播电视事业得到了恢复和迅猛发展，因此，电视在全球范围内开始普及。尤其是20世纪50年代以后，彩色电视节目开始在一些国家播出

① 欧阳宏生主编：《广播电视学导论》（第三版），四川大学出版社，2007年版，第13页、37页。

② 欧阳宏生主编：《广播电视学导论》（第三版），四川大学出版社，2007年版，第14页。

并普及，电视成为传播者传播信息、人们获取信息的主要渠道。比如，1952年，美国有108家电视台，家庭电视机的普及率为34%，1962年，美国电视台增加到541家，家庭电视机普及率上升到90%。[①] 同在1962年，美国发射了地球同步卫星“电星1号”（Telstar 1），开始利用太空通信卫星进行远距离传播，这标志着电视由此进入了太空时代，同时也开创了全球广播电视传播的新纪元。

20世纪70年代到90年代是全球电视高速发展的时期，即使在直到1958年5月1日才开始试播电视的中国，电视在此期间都有极大的发展。1983年3月11日，第十一次全国广播电视工作会议在北京召开。时任广播电视部部长的吴冷西在工作会上做了《立志改革，发挥优势，努力开创广播电视新局面》的报告，提出实行“四级办广播、四级办电视、四级混合覆盖”的方针，该方针改变了“两级办”的广播电视发展模式，全国兴起“办台”热潮。截至1994年年底，全国共建成县级以上无线电视台982座、有线电视台1202座、教育电视台942座，总数超过美、俄、日、英、法等11个电视业大国的总和（2606座）。[②] 广播电视台数量的增加导致对节目数量的需求加大。日益丰富的广播电视节目满足了受众迅速增长的物质文化需要。进入90年代，电视在我国的影响力日益增强。1997年，中央电视台总编室组织部分省、市电视台进行了第三次全国观众抽样调查。这次调查结果表明，中国电视从1992年到1997年五年间，取得了超常的发展。“截至1997年6月，我国电视观众已达到10.94亿人。全国拥有电视机3.17亿台，城市平均能收看到的节目套数达15套，农村平均能收到6套。我国电视覆盖区域内已有34.5%的家庭加入了有线电视网。”[③] 调查还表明，“电视是人们获知新闻信息的主渠道，人们对三大传媒的接触率高低排序依次为电视、报纸、广播。在人们的闲暇时间里，时间占的最多的是看电视”[④]。由此可见电视在中国的影响范围极大。

当以美国为首的西方传媒在不断走传媒集团化的时候，具有社会主义特色的中国电视传媒依然在稳健发展。20世纪70年代到90年代，我国不断进行电视更新和改革。其中，1993年5月1日中央电视台大型评论性栏目《东方时空》开播，它与当时只有20分钟的《早间新闻》一起，构成了60分钟的新闻节目版块。中国人也第一次开始早晨看电视。

① 郭亚夫、殷俊：《外国新闻传播史纲》（第二版），四川大学出版社，2006年版，第215页。
② 哈艳秋、苏亚萍：《我国广播电视制播分离研究》，载《现代传播》，2010年第10期，第83页。
③ 雷跃捷：《媒介批评》，北京大学出版社，2007年版，第209～210页。
④ 雷跃捷：《媒介批评》，北京大学出版社，2007年版，第210页。

如果说在1992年所做的全国观众调查中发现“娱乐消遣”是大众收看电视节目的首要动机的话，那么5年之后的1997年，电视观众的收看心理已发生了急剧的变化，“了解国内外时事”已超过“娱乐消遣”“增长见识”而成为当时观众收看电视节目的首要动机。据统计，1998年《焦点访谈》中舆论监督的内容在全年节目中所占比例是47%，当年每天有3亿中国人收看《焦点访谈》。[①] 同是1997年，因为对邓小平同志追悼会、香港回归、中共十五大召开和长江三峡顺利实现大江截流的直播，该年也被称为中国电视史上的“中国电视直播年”。由此可见，从传播者思想的改变到受众收视习惯的改变，20世纪中国电视发展也相当迅猛。

进入21世纪，我国电视虽然受到互联网的冲击，但整体还是呈现务实奋进、繁荣发展之势。根据《中国电视收视年鉴（2012）》的最新统计，截至2011年年底，全国共批准设立电视台213座，其中国家级电视台有中央电视台和中国教育电视台，每个省、自治区、直辖市，每个地级以上城市至少有一座电视台。全国有电视转播发射台15397座，有线电视网络370万公里，全国电视人口综合覆盖率达97.82%。全国有线广播电视用户数为2.03亿户，数字电视用户数为1.15亿户，付费数字电视用户数为1761万户。2011年全年制作的电视节目时间为295万小时，全年公共电视节目播出时间为1675万小时。[②] 电视机在中国的普及率也证明了这一点。2011年CSM媒介研究全国收视调查网基础研究数据显示，我国家庭电视机拥有率达98.3%，拥有两台及以上电视机家庭的比例已达31.0%，平均每百户居民家庭的电视机拥有量已高达136.9台。[③] 中国电视以有线电视为主，数字电视、IPTV也成为趋势。当欧美国家的电视继续坚持垄断化、资本化发展，中国电视则在保证党性与人民性统一的前提下，不断汲取各家之长，将西方优秀的电视节目逐渐引入中国，进行本土化创新，并逐渐走出自身特色，当然中国电视也并没有故步自封，而是在不断与世界接轨。

早在1967年，加拿大传播学家麦克卢汉（Marshall McLuhan）在他的《理解媒介：人的延伸》一书中就首次提出“地球村”的概念。这一概念在今天已经变成了现实。在麦克卢汉看来，“地球村”的主要含义不是指发达的传媒使地球变小了，而是指人们的交往方式以及人类社会的文化形态发生了重大

① 方汉奇主编：《中国新闻传播史》，中国人民大学出版社，2009年版，第400页。

② 王兰柱主编：《中国电视收视年鉴（2012）》，中国传媒大学出版社，第3页。

③ 王兰柱主编：《中国电视收视年鉴（2012）》，中国传媒大学出版社，第3页。

变化。“城市不复存在，唯有作为吸引游客的文化幽灵。任何公路边的小饭店加上它的电视、报纸和杂志，都可以和纽约、巴黎一样，具有天下在此的国际性。”麦克卢汉觉得，此时时间和空间的区别变得多余。这种新兴的感知模式将人类带入了一种极其融洽的环境之中，消除了地域的界限和文化的差异，把人类这个大家庭结为一体。旧的价值体系面临崩溃，新的体系正在建立，一个人人参与的、新型的、整合的地球村即将产生。事实上，这种地球村已经产生。通过电视我们现场看到了米歇尔·奥巴马在为奥巴马做街头演讲，我们感受到了异域文化中的深情与深刻。

再次是网络的厚积薄发。20 世纪 40 年代诞生的电子数字计算机（简称计算机）是 20 世纪最重大的发明之一，是人类科学技术发展史上的一个重要里程碑。如果说 1946 年美籍匈牙利科学家冯·诺依曼（John von Neumann）教授设计的第一台“存储程序式”计算机使得个人能够迅速地计算和处理数据的话，那么 1969 年，美军在 ARPA（阿帕网，美国国防部研究计划署）制定的协定下将美国西南部的大学 UCLA（加利福尼亚大学洛杉矶分校）、Stanford Research Institute（斯坦福大学研究学院）、UCSB（加利福尼亚大学）和 The University of Utah（犹他大学）的四台主要计算机连接起来，则代表着多人能够同时迅速处理数据，而 1989 年蒂姆·伯纳斯-李（Tim Berners-Lee）和其他在欧洲粒子物理实验室的人提出的“World Wide Web”协议，则标志着人类能够真正进入互联网时代。正如麦克卢汉所强调的，无论我们身处何地，世界触手可及。

由于最早的互联网是由政府部门投资建设的，因此它最初只限于研究机构、学校和政府部门使用。除了直接服务于研究机构和学校的商业应用之外，其他的商业行为则被绝对禁止。直到 20 世纪 90 年代初，独立商业网络的出现才打破了这种局面。因此，从一个商业站点发送信息到另一个商业站点而不经过政府资助的网络中枢成为可能。之后，全球各国迅速接入互联网，开始走具有本国特色的网络经济道路。

材料 1：

CNNIC 第 47 次报告[①]

2021 年 2 月 3 日中国互联网络信息中心（CNNIC）在京发布第 47 次《中

① 材料有删减，全文请参见第 47 次 CNNIC《中国互联网络发展状况统计报告》，www.cnnic.net.cn/hlwfzyj/hlwxzbg/hlwtjbg/202102/P020210203334633480104.pdf。

国互联网络发展状况统计报告》(以下简称《报告》)。《报告》围绕互联网基础建设、网民规模及结构、互联网应用发展、互联网政务发展、产业与技术发展、互联网安全六个方面,力求通过多角度、全方位的数据展现,综合反映2020年我国互联网发展状况。

第47次《中国互联网络发展状况统计报告》主要数据如下:

截至2020年12月,我国网民规模达9.89亿,较2020年3月增长8540万,互联网普及率达70.4%,较2020年3月提升5.9个百分点。

截至2020年12月,我国手机网民规模达9.86亿,较2020年3月增长8885万,网民使用手机上网的比例达99.7%,较2020年3月提升0.4个百分点。

截至2020年12月,我国农村网民规模为3.09亿,占网民整体的31.3%,较2020年3月增长5471万;城镇网民规模为6.80亿,占网民整体的68.7%,较2020年3月增长3069万。

截至2020年12月,我国网民使用手机上网的比例达99.7%;使用电视上网的比例为24.0%;使用台式电脑上网、笔记本电脑上网、平板电脑上网的比例分别为32.8%、28.2%和22.9%。

截至2020年12月,我国IPV6地址数量为57634块/32,较2019年底增长13.3%。

截至2020年12月,我国域名总数为4198万个。其中,“.CN”数量为1897万个,占我国域名总数的45.2%。

截至2020年12月,我国即时通信用户规模达9.81亿,较2020年3月增长8498万,占网民整体的99.2%;手机即时通信用户规模达9.78亿,较2020年3月增长8831万,占手机网民的99.3%。

截至2020年12月,我国搜索引擎用户规模达7.43亿,较2020年3月增长1203万,占网民整体的75.1%;手机搜索引擎用户规模达7.41亿,较2020年3月增长1466万,占手机网民的75.2%。

截至2020年12月,我国网络购物用户规模达7.82亿,较2020年3月增长7215万,占网民整体的79.1%;手机网络购物用户规模达7.81亿,较2020年3月增长7309万,占手机网民的79.2%。

截至2020年12月,我国网络支付用户规模达8.54亿,较2020年3月增长8636万,占网民整体的86.4%;手机网络支付用户规模达8.53亿,较2020年3月增长8744万,占手机网民的86.5%。

截至2020年12月,我国网络视频(含短视频)用户规模达9.27亿,较

2020 年 3 月增长 7633 万，占网民整体的 93.7%。其中短视频用户规模为 8.73 亿，占网民整体的 88.3%。

截至 2020 年 12 月，我国在线政务服务用户规模达 8.43 亿，占网民整体的 85.3%。

从传播信息的角度来讲，互联网的兴起在方便人们获取信息的同时，也给传统媒体带来了巨大挑战。在经济全球化、全球信息化、信息技术化的时代背景下，互联网成为推动时代进步的核心力量。互联网正在改变着人类的行为方式、思维方式、生活方式、交流方式等。最重要的是互联网给传统媒体带来了严重的冲击，因此，怎样应对互联网对传统媒体的冲击，成为传媒学界与业界的一个重要问题。

（六）新媒体传播时代

关于新媒体的概念依然众说纷纭。美国《连线》（*Wired*）杂志对新媒体的定义是："所有人对所有人的传播。"清华大学新闻与传播学院熊澄宇教授对新媒体的定义是："在计算机信息处理技术基础之上出现和影响的媒体形态。"上海戏剧学院陈永东副教授对新媒体的定义是："新媒体是相对于传统媒体而言的媒体及各种应用形式，目前主要有电子菜谱媒体、互联网媒体、掌上媒体、数字互动媒体、车载移动媒体、户外媒体及新媒体艺术等。"新传媒产业联盟秘书长王斌对新媒体的定义是："新媒体是以数字信息技术为基础，以互动传播为特点，具有创新形态的媒体。"实际上新媒体是个相对的、发展的、时间的概念。比如广播台相对于报社就是新媒体；电视台相对于报社、广播台又是新媒体；网站相对于报社、广播电台又是新媒体；微博、微信相对于之前的所有媒体也是新媒体。在未来当然也会有更新的媒体将前面的所有媒体融合。综上所述，本书的新媒体是指利用新媒介进行信息传播活动的机构、组织或个人。

新媒体种类繁多，但一般以网络新媒体、移动新媒体、数字新媒体等为主。首先，依托网络的新媒体主要有门户网站、搜索引擎、虚拟社区、RSS、电子邮件/即时通讯/对话链、博客/播客、维客、电子书、网络杂志/电子杂志、网络广播、网络电视、微博、微信、抖音、Bilibili 等；其次，依托移动终端为主的新媒体包括手机短信/彩信、手机报纸、手机电视/广播、微信以及各种其他应用（APP）等。再次，新型电视媒体数字电视、移动电视、楼宇电视、数字电视等。最后，其他新媒体形式有隧道媒体、路边新媒体、信息查询媒体等。

虽然新媒体种类繁多，但当下最时尚、用户数量最多的新媒体，在传播方面也呈现出一些共有的特点：

1. 传播主体自主化、平民化、普泛化

与传统媒体传播主体要求职业化相比，新媒体的传播主体呈现明显的自主化、平民化、普泛化特征。

“自主化”主要指新媒体的传播主体更加自由地去传播自己想要传播的信息，转发、评论等都变得很自主、自发。

“平民化”主要指新媒体的传播主体源于民间，普通个人草根性比较明显，传播适合普通百姓、普通用户的信息，满足他们的普通信息需求。

“普泛化”主要指新媒体的传播主体具有普遍性，并不一定要具备多么专业的技术、设备或素养。

2. 传播信息交融化、碎片化、定制化

与传统媒体专题报道、系列报道、深度报道相比，新媒体传播的信息呈现明显的交融化、碎片化、个性化特征。

“交融化”主要指新媒体传播的信息融合了报纸、期刊、杂志、广播、电视、网络等媒介的传播特点，综合了文字、图片、声音、视频等多媒体展现信息的方式。

“碎片化”主要指新媒体传播的信息并没有成块、成系列，而是为了满足受众在任何时间、任何地点，以任何方式获得精彩信息的需求，信息变得非常短小、简单，如碎片，不能真正引起人们对某些问题的深层次思考。

定制化主要指基于云计算、大数据、LBS 等新技术的运用，传播者能够充分了解用户的个人情况，从而针对用户的个人情况推送符合其需求的信息，提供其需要的种种服务。

3. 传播方式交互化、随性化

传统媒体尤其是报纸、广播、电视的信息发布者向受众传播信息而受众被动接受，二者之间没有信息的反馈，为一种单向传播。“交互化”主要指与这种单一的传播方式相比，新媒体传播方式具有明显的双向性。传统的信息发布者和受众现在都成了信息的发布者，而且可以与受众进行互动，双方之间的角色随时都在发生转换。

传统的报社发布信息总是定时、定点通过报纸这种形式传播信息；传统的广播、电视传播信息也类似。因此，“随性化”主要指新媒体的传播可以不用定时、定点，而是可以随时、随地发布想发布的任何信息。

4. 传播媒介多样化、融合化

传统媒体如报社主要通过报纸传播信息；电台通过广播传播信息；电视台通过电视来传播信息；网站也主要利用电脑传播信息。但新媒体的传播媒介则明显的多样化、融合化。

“多样化”主要是指同一信息可以用多种多样的媒介形式去传播。在某种意义上说，“万物皆媒”。

“融合化”主要是指新媒体传播媒介呈现你中有我，我中有你的格局。比如一台手机融合了报纸、广播、电视、电脑的所有传播形式与特征。利用手机既可以看报纸、杂志、书籍，又可以看电视。

5. 传播速度适时化

传统媒体传播信息总是有时间上的差异，而传播技术的发展使得信息传播不再需要复杂的排版、烦琐的剪辑和华丽的后期包装。此外，新媒体界面操作的简单便捷使信息能够在全球实现实时传播，不存在任何时差。信息发布者一旦发出信息，信息接收者就能够及时做出反应，或评论或转发。

6. 传播空间移动化

新媒体真正实现了人们在任何时间、任何地点获得任何想要的信息的目标。比如看电视，以前一般要在客厅、卧室或者大广场才能进行。但是随着无线移动技术的迅猛发展，尤其是 3G 的普及、4G 的推广和 5G 的研发使新媒体传播和接收信息的移动性大大增强。现在，信息接收者可以在公交车、出租车、地铁上用手机看报纸、看杂志、听广播、看电视、上网等。

7. 传播对象用户化、圈群化

报纸的受众为读者，广播的受众为听众，电视的受众为观众，电脑的受众为网民。但是，新媒体的受众我们往往称为用户，其兼具所有传统媒体受众的特征。随着微信、微博、抖音、Bilibili 等平台的普及，新媒体用户往往以特殊的强弱关系形成特定的朋友圈、朋友群、社交圈、社交群。所以新媒体的用户呈现了明显的“圈群化”现象。

第三节　传播的主要类型

理解传播概念以及人类传播发展进程之后，我们势必要知道在新媒体如此发达的今天，传播具有哪些类型？每种传播类型有什么特点？人们如何利用不同的传播类型？本节将重点解决这些问题。

人作为独立的个体生活在社会上，每天生活中90%以上的内容都是在进行传播，不管是我们自言自语还是和家人朋友聊天，抑或是看书、学习、看电视、听广播、上网、发微博、发微信、发抖音等，传播无处不在。一般而言，我们把传播分为自我传播、人际传播、群体传播、组织传播及大众传播几种类型。

一、自我传播

（一）自我传播的概念

在了解自我传播之前，我们首先来看一段话：

早上醒来，阳光洒进房间，窗外树上的小鸟叽叽喳喳地叫个不停。我轻轻推开窗户，一阵微风吹来，凉爽极了。我尽情呼吸了几口清新的空气，感觉似乎嗅到一股花香，于是猜想这花香大概是从不远处的花园里飘来的。还记得，花园里种满各种鲜花，现在也许都已开了。今天正值休息，我便盘算着去花园玩，多么惬意啊！我是一个很喜欢花的人，但是因为工作忙碌，都好多天没去花园了。忽然，我想起自己电视台节目的串词还没有写完，可今天就要交稿了。想到这里，我便很快收拾了一下，吃过早饭就开始写稿了。

仔细一分析，整个段落中涉及的主人翁只有“我”一个人。“我”没有与任何人交流，而只是自己在享受美好的早晨的同时，下定决心去花园看花，又因为工作没完成而最终放弃的心理过程。这段话深刻地解释了什么叫自我传播，很显然，自我传播涉及的个体只是自己一个人，信息的传播者和接受者都是自己。我们每一个个体都需要内省思考、需要自我欣赏、需要自我发泄、需要自我安慰、需要自言自语，等等。我们有自己的一片小天地，并通过这个小天地，把外界所发生的一切转化为思维与行动。正是因为有了这个过程，我们的工作才能够顺利完成，和家人的关系才会越来越好，也才能够实现自己的人生目标，因此，自我传播是我们其他活动得以进行的前提条件。

美国心理学家詹姆斯（William James）在《心理学原理》一书中将自我分为“主我”（I）和“客我”（me）两个方面，他还特别将“客我”（me）分为“物质的自我”（material self）、“社会的自我”（social self），和“精神的自我”（spiritual self）三个部分。因此，自我存在双重性。所谓“主我”（I）是主动地、积极地知觉和思考的自我，所谓“客我”（me）是被注意、思考或知觉的客体。基于此，我们就不难对自我传播做一个简单的定义了，所谓自我传播指的是“主我”（I）和“客我”（me）之间进行的信息交流活动，这种交流活动只发生在一个个体身上。因此，发生在自己身上的如感知、理解、思维、情感、意志等都属于自我传播。

（二）自我传播的过程

自我传播的过程首先是自我认识，其次是自我情感，再次是自我控制。社会心理学家时蓉华在《现代社会心理学》中专门阐述了三者与物质的自我、社会的自我和精神的自我的关系①，如表 1—3 所示：

表 1—3　自我传播与自我的关系

	自我认识	自我情感	自我控制
物质的自我	对自己身体、外貌、衣着、风度、家属、所有物等的认识	自豪感或自卑感	追求身体外貌的美和物质欲望的满足，维持家庭的利益等
社会的自我	对自己在团体中的名望、地位、自己拥有的亲友及经济条件等的认识	自豪感或自卑感	追求名誉地位，与他人的竞争、争取得到他人的好感等
精神的自我	对自己的智力、性格、气质、兴趣等特点的认识	自豪感或自卑感	追求信仰、注意行为符合社会规范、要求智慧与能力的发展

由表 1—3 可以看出，每个个体通过自我观察、自我反省、他人评价与反馈以及社会比较等方式进行自我认识，从而产生强烈的自尊和自信、控制感和无助感、成功感和失败感、自豪感和羞耻感以及内疚等情绪，最后通过自省转化为一种自我控制能力。

一般而言，个体在进行自我传播的过程中都是先从认识物质的自我开始的，如身体外貌等，当认识到自己比别人好的时候就会产生一种强烈的自豪感，并产生自我欣赏的情绪，反之则会产生自卑感或挫败感。不同的是，当个体认识到自己的不足时，则往往会通过各种手段去试图改变，以期得到内心的满足。每个个体都是生活在社会中的个体，因此，要去认识自己的社会自我，

① 时蓉华主编：《现代社会心理学》，华东师范大学出版社，2013 年版，第 142 页。

以对自己的为人处世有一个深刻的认识。

自我传播经历着认识－情感－意志的过程，即我们常说的知、情、意。

（三）自我传播的特点

第一，自我传播的传播者和接收者都是个体本身。

第二，整个传播过程都是在个体内部发生的，但也会外化为一定的语言或行为。

第三，自我传播一般是有组织有结构的，个体往往把与自己有关的信息进行分类、组织并赋予其一定的意义，这些信息以有组织、有结构的方式存在于个人的认知系统内。

第四，每个个体的自我传播行为因思维方式不同而呈现出多样化的特点。

二、人际传播

《礼记·曲礼》上说："太上显德，其次务施报。礼尚往来，往而不来，非礼也，来而不往，亦非礼也。人有礼则安，无礼则危，故曰：礼者不可不学也。"本段所要表达的意思就是：礼尚往来，是人与人交往的一条重要准则，是保持交往延续的重要手段，使交往在平等中形成良性循环。"施"是给予，"报"是回馈，有施有报，就是"礼"，反之就是"非礼"。礼仪的掌握与否，关系到个人和社会的安危。学习礼仪，践行礼仪，对于提高个人道德修养，增进人际关系和谐，养成社会文明风气，有着积极的作用，而这一切的真正实现，还需要良好的人际传播。

（一）人际传播的概念及分析

关于人际传播的概念，胡正荣先生在其《传播学总论》中是这样定义的："人际传播是在两者或者两者以上之间进行的面对面的或凭借简单媒介如电话、书信等非大众传播媒介的信息交流活动。可分为面对面的直接交流和依赖一定媒介的非面对面的交流。"这是一个比较准确的概念了，只是需要把"凭借简单媒介如电话、书信等"扩展开来，因为在新媒介如此发达的今天，人们所使用的媒介呈现出多样化的状态。

从定义上看，人际传播涉及的个体超出了自我传播的范围，而一般涉及两个或两个以上的个体，传播的方式可以是面对面的直接交流，也可以是非面对面的、使用一定媒介的交流。关于面对面的交流，使用的传播工具主要是语言、符号、面部表情或肢体语言符号；关于非面对面的交流，使用的传播工具则主要是书信、电话、微信、微博、QQ、人人网等，一般表现为非直接的信息传播。

（二）人际传播的动机

首先，人际传播是为了自我呈现以及情感沟通。

每个个体都会给别人留下一定的印象：或天真烂漫，或老练世故，或富于想象，或反应迟钝，或温文尔雅，或脾气暴躁。但不管出于什么目的，个体的兴趣则往往集中于一定程度上去控制他人的行为，尤其是他人在交流中对待自己的方式。也就是说，每个个体都想通过与他人的交往来呈现良好的自我形象。

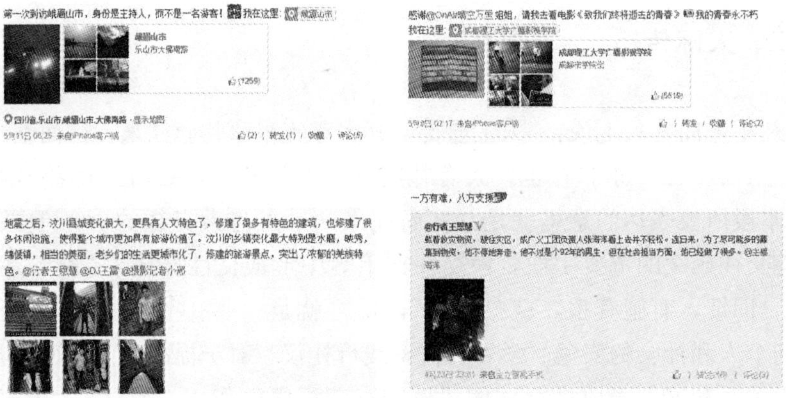

图 1—7　具有鲜明人际传播特色的微博内容举例

当然，个体是有感情的动物。每个个体都希望通过与他人沟通在彼此之间建立一种和谐的情感纽带。而不同时期、不同个体、不同年龄层次之间，其情感又是不同的，或因为新到某地而兴奋，或因为通过考试而喜悦，或因为久别重逢而诉说，或因为恋爱受挫而失落，或因为亲友远走他乡而伤心，等等。

其次，人际传播是为了进行良好的社会交换。

正如前面《礼记》所述“来而不往非礼也”，个体在交往的时候还存在着一种“报偿”和“代价”的思想。比如，一个人在社会交往的过程中给予别人的多，他也许就会期待从对方那里获取一些东西作为报酬，力图保持一种心理上的收支平衡。双方在进行社会交换的过程中，只有维持一种对等状态，才能使双方的关系维系下去。

第三，人际传播是为了维持一种强关系或弱关系。

美国社会学家格兰诺维特（Mark Granovetter）提出了强关系和弱关系理论。在该理论中，他强调人际关系网络可以分为强关系和弱关系。“强关系”指的是个人的社会网络同质性强，即交往的人群从事的工作，掌握的信息都是趋同的，人与人的关系紧密，有很强的情感因素维系着人际关系；“弱关系”指的是个人社会网络异质性较强，即交往面很广，交往对象可能来自各行各业，掌握的信息也是多方面的，人与人的关系并不紧密，也没有太多的情感因素去维系人际关系。

人们通过面对面的聊天或通过简单的媒介如书信、电话来维持强关系；人们通过社交工具来维护和加强已有的关系以维持强关系，同时他们也用这些工具去结识不认识的人，取得强关系外的弱关系，以拓展自己的人脉。无论使用何种方式，人们进行人际传播在一定程度上都是为了维持一种强关系或弱关系，如图 1－8 所示。

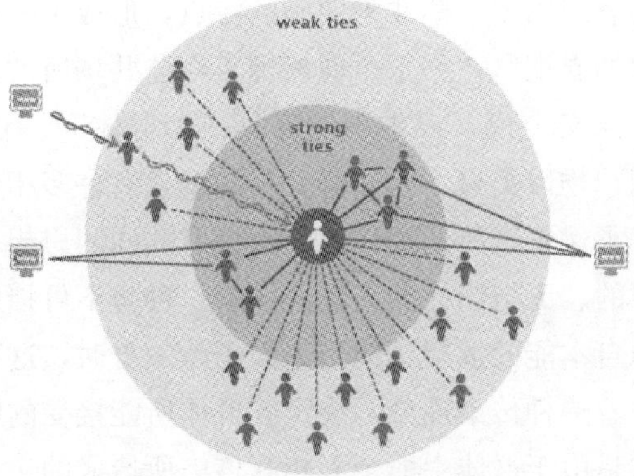

图 1－8 人际交往中的强关系与弱关系示意图①

最后，人际传播是为了保持与他人的一致性。

个体始终是一个社会性动物，每当自己意见或观点的正确与否并无确定的衡量标准时，个体总是习惯于将周围其他人的观点、态度、意见或行为作为一个暂时性判断的依据，其最终的目的就是要让自己的认识与周围人保持一致。尤其在媒介相当发达、信息如此众多的今天，人们更需要通过人际传播维持一致性。

① 图片来源：http://it.sohu.com/20120118/n332601634.shtml。

三、群体传播

（一）群体

1. 群体的概念

关于群体的介绍，最完整、最权威的书籍莫过于法国社会心理学家古斯塔夫·勒庞（Gustave Le Bon）的著作《乌合之众》（*The Crowd*）了。在这本书中古斯塔夫·勒庞对群体做了相当详细的阐述，他说“在某些既定的条件下，并且只有在这些条件下，一群人会表现出一些新的特点，它非常不同于组成这一群体的个人所具有的特点。聚集成群的人，他们的感情和思想全都转到同一个方向，他们自觉的个性消失了，从而形成了一种集体心理。这无疑是暂时的，然而它确实表现出了一些非常明确的特点，形成了一种独特的存在，并受群体精神统一律的支配”，“一千个偶然聚集在公共场所的人，没有任何明确的目标，从心理学意义上说，根本不能算是一个群体”[①]。由此看来，法国人的群体概念和中国“物以类聚、人以群分”的概念有许多相似之处。据此，群体的概念也就一目了然了，所谓群体就是因拥有共同的思想、目标、情感或行为规范而聚集成群的、无组织性的人。群体有一种势不可挡的力量，使得群体中的人敢于发泄源自本能的欲望，但当人们孑然一身时，这种欲望往往是被限制的；群体中存在着一种传染现象，决定着群体所能接受的倾向；群体中的人易于接受暗示，这是由于群体中的个人相互传染所造成的。

2. 群体的分类

美国社会学家库利（Charles Horton Cooley）根据群体在个人社会化过程中所起作用的直接和间接程度，将群体分为初级群体和次级群体；德国社会学家韦伯（Max Weber）将群体中是否存在管理主体或机构作为分类标准，把拥有管理组织系统的群体成为“团体”，其他则属于一般群体；另一位德国社会学家威泽（Leopold von Wiese）也依据组织性的强弱，将群体分为组织群体和非组织群体两类；法国社会心理学家勒庞在《乌合之众》一书中将群体分为异质性群体和同质性群体；我国社会心理学家时蓉华在其《现代社会心理学》一书中则将群体分为正式群体与非正式群体、大型群体与小型群体、成员群体

① 古斯塔夫·勒庞著，冯克利译：《乌合之众》，中央编译出版社，2005年版，第11～12页。

和参照群体等。不同学者有不同分类，本书认为有组织的群体就是组织，而非组织的群体，就是我们常说的群体。

3. 群体与组织的区别

除依靠是否有组织来区分“组织”与“群体”之外，还可以从以下几个方面进行区分：

首先，就规模而言，群体没有组织规模大。群体成员之间一般采用面对面的交流方式，这就在一定程度上限制了群体的规模，哪怕是今天利用QQ或者微信建立起来的一些群，其规模依然受到限制；而组织的规模则可以随着层次的增加而不断扩大。一般而言，组织的规模可以很大，也可以很小，但群体的规模始终是有限的。

其次，就人与人之间的关系而言，群体中人与人之间强调社会关系、情感关系，这种关系可能是无序、无组织、无目的的；组织中人与人之间则侧重职务关系、工作关系甚至利益关系，因此组织更加强调分工、协作，强调有组织、有目的。

第三，就管理方式而言，群体的管理方式侧重心理上的沟通，往往“动之以情，晓之以理”，因此，群体成员之间的情感是最重要的纽带；组织的管理方式则侧重完整的管理制度、规章和一系列管理技术，往往认同“制度是保障”的原则。

当然，组织为了完成某项工作，也可能依靠一定的群体。群体的功能有时也是为了完成组织上分配下来的任务和履行所规定的职责，以保证组织目标的实现。

（二）群体传播

社会是由无数个个体形成的，而个体又分属于不同的群体。无论哪种群体都要进行群体交流，且受到群体规范与群体压力的影响。群体与群体之间，群体内部成员之间的信息交流，便形成了群体传播。同属一个群体的两个人在交流的时候，可能进行的是人际传播；大型群体的信息交流往往需要借助大众媒介来进行。因此，传播学者经常提到的“群体传播”，多指小群体进行的信息交往，排除了人际传播和大众传播。[①] 本书所指的群体传播也有“小群体”的意思，但要特别强调其无组织性。

① 胡正荣、段鹏、张磊：《传播学总论》（第二版），清华大学出版社，2008年版，第103页。

（三）值得思考的群体传播现象

首先我们来看以下事件：

2012年12月3日，新浪网友“羚羊早安说”等人发微博称：“科学家终于确定：从2012年12月21日起地球会有连续3天是黑夜，是地球的换纪时刻……”

12月4日，是双流县九江镇的“赶场天”，一些听信流言的市民在集市上疯狂抢购白蜡烛和火柴，造成白蜡烛脱销。

有相当一部分人对这些说法将信将疑，表示自己买蜡烛只是为了以防万一。几十名当地人反映，他们是在街上、牌桌上、大巴车上等地点，与人闲聊时听到这种说法的。传播这一说法的多为老年人，或乡镇居民。[①]

仔细一分析这个莫名其妙的“抢购蜡烛”事件，就会发现，群体传播其实起到了一个至关重要的作用，因为群体传播过程中容易出现“流言”。

1947年，美国社会学家奥尔波特（Gordon Allport）和波斯特曼提出了一个流言公式：R=I×A。R是“Rumour”（流言），I是“Importance”（重要），A是“Ambiguity”（模棱）。一般而言，一个事情引起流言，说明这件事情本身就有一定的重要性，当然，由于信息传播的不及时，又可能存在模棱两可的情况。随着传媒种类的多样化和人们思想的变化，研究者又把流言公式改为：

$$\text{Rumour（流言）}=\frac{\text{Importance（重要）}\times\text{Ambiguity（模棱）}}{\text{Critical Ability（批判能力）}}$$

用文字叙述，便是：公众越认为重要，同时又越感到模棱两可的讯息，其传播就越快越广；公众的批判能力越强，讯息的传播越少。[②] 由于社会与传媒的不断发展，传播的信息多样化，形成了人们多元化的思想和批判意识。人们逐渐站在不同的角度去分析判断同一事情，因此，批判能力越强的人对流言抵抗的能力就越强。

在Web 3.0信息环境普及开来的情况下，新的研究思路使流言产生的条

---

① 详细参看：http://www.gucheng.com/hot/2012/2228892.shtml。

② 陈力丹：《流言、意见的流通与Web 2.0环境》，载《现代传播》，2011年第12期，第110页。

件变成了以下四点：

一是“好奇”（Curiosity）。亚里士多德说，好奇是引发议论的开端。以“人们对外界的变动始终怀有好奇心”为前提，把流言传播看作是一种寻求解释的过程，这是流言研究中一个被认可的核心观念。

二是“不安”（Anxiety）。这是流言传播的心理条件，由于人们对生活的预期被一些突发事件或未预料的结果所打破，消息越是复杂，人们越需要制造些说法来化解不安，它包含着对即将发生的或正在发生的事情的理解。

三是“不确定性”（Uncertainty），原来是“模棱”（Ambiguity，又译“含糊”）。对流言的进一步观察发现，“模棱”其实是由对澄清事实的信息源不信任引发的。对“澄清”本身的质疑，可能进一步增加消息的不确定性。这里出现的问题实际上是关于对“证据是否确实”的判断，是对消息来源的信任问题。因此，在新的研究中一般用“Uncertainty”代替。

第四个心理因素是“相关程度”（Involvement），而原来是“重要”（Importance），这是一个综合的心理判断，它依赖个人的即时感受。流言传播开来，其实就默认了这个信息“值得谈”，这个价值判断其实包括了重要性、趣味性、好奇心等多种界定。

因此，近年来的研究，倾向于把“I”定义为“个人感觉对这个事件或者这种情况的卷入程度”，即“Involvement”（相关程度）。其研究者将重点放到了个体分辨能力上，从而提出了新的公式：

$$\text{Rumour（流言）}=\frac{\text{C（好奇）}\times\text{A（不安）}\times\text{U（不确定）}\times\text{I（相关程度）}}{\text{C（批判能力）}}$$

这样，流言的传播就有两种后果：如果流言能完全填补人们的信息空白，消除不确定性，那么它可能起到控制不安的作用；否则，就会引发新的更大的不安和恐惧，使人们寻求新的解释和举措，流言传播中的“滚雪球”效应就来源于此，流言控制的难度极大也在于此。除非有决定性的证据或者不安心态得到消除，否则，流言极难消失。①

利用该公式对“抢购蜡烛”事件进行分析，我们就完全可以理解人们为什么要听信流言了。首先，票房火爆的电影《2012》引发了人们强烈的好奇心理，到底2012会怎么样，会出现什么情况？由此，人们对2012的所有事情都

① 陈力丹：《流言、意见的流通与Web 2.0环境》，载《现代传播》，2011年第12期，第110页。

抱有强烈期待，并保持着对此事件进展的持续关注。其次，“连续 3 天是黑夜”造成了人们强烈的不安情绪，当然这是电影《2012》提出的“毁灭”假想引发了观众对“世界末日”的恐惧之后所引起的后续反应。再次，到底 12 月 21 日是“毁灭”日还是“连续 3 天黑夜”，没有一个权威的解读或者解读信息被人接受，这就导致了信息的强烈不确定性。另外，从传播的渠道来说，人们多从人际传播以及群体传播来实现信息的流通，而这两种传播方式的特点之一就是靠情感进行维系，且生活在群体中的人往往怕被群体孤立，从而产生强烈的从众心理，并由此产生从众行为。因此，一旦群体中一些人传播的信息不够准确，模棱两可，那么就将导致一种多米诺骨牌效应，最终流言一传十十传百，一发不可收拾。最后，无论是“毁灭”还是“连续 3 天黑夜”，对每个人来说都变得十分重要，即与人们的生产、生活产生强烈的相关性。如果说“好奇”“不安”“不确定”“相关程度”是决定流言是否传播的一个方面，那么传播者的批判能力则是决定流言是否传播的另一方面。可是不同的人，由于家庭背景、教育程度、成长环境不同，其思维能力与批判能力也就不同。批判能力强的人往往对流言具有足够的抵抗能力。从宏观的角度出发，要想制止流言还得从传播者的权威性、传播媒介的多样性、传播内容的真实性出发，但最根本的还是要保证群体传播过程中信息准确性的问题，以避免群体成员跟风。只有群体传播的信息准确、稳定，社会上的一些流言才会尽可能地减少。

四、组织传播

（一）组织与组织传播

任何人都生活在组织中，如年少时参加某个社团，成年后进入某个单位，退休后加入一些团体等。社会学家厄佐尼（Amatai Etzioni）在《现代组织》中对人类生活在组织中做了更为精妙的描述，他说：“我们的社会是一个组织的社会。我们出生在组织中，受教育于组织中，而且，我们中的大多数耗去大量的生命为组织工作。即使是在许多闲暇的时间里，我们也在组织中娱乐，在组织中祈祷。我们中的大多数人将死在组织中，并在葬礼到来的时候，还须得到最大的组织——政府所赐予的官方许可。”

那么到底何为组织呢？不同的学者对组织的定义也是截然不同的，但他们解释的时候都谈到了一些相同的要素，如：共同的目的、明确的程序、规范、协调、层级，等等。我们通常所说的组织指的是狭义上的组织，郭庆光先生在其《传播学教程》中对狭义组织即“人们为实现共同目标而各自承担不同角色分工，在统一的意志之下从事协作作为的持续性体系”进行了比较深刻的分析，他说：“组织既是社会群体的一种，又与一般的松散群体有明显的不同。这种区别是多方面的，一般来说，辨认一个群体是否属于组织，主要看这个群体中是否有一个统一的指挥或管理系统。”

组织一旦形成，就会分工协作，完成共同目标，这就涉及组织传播。关于组织传播，不同国家的不同学者对其的定义也很不同。依据我国实情，本书依然沿用郭庆光先生对组织传播的解释，即“以组织为主体的信息传播活动。包括两个方面：一是组织内传播；二是组织外传播，这两个方面都是组织生存和发展必不可少的保障”。组织内部的传播包括以通知、文件、布置工作、召开会议等形式为主的自上而下的信息传播，以汇报工作、反映问题、提出建议等形式为主的自下而上的信息传播，以及组织内部参与者等级、地位大致相同相互讨论、切磋的信息传播等。组织内部传播主要是为了达成共识、协调工作、应对外部变化，且较为讲究“4S”策略，即“Strategy”（战略）、“Structure”（结构）、“Study”（研究）及“Support”（支持）。组织外传播包括了解外部世界的种种变化、了解市场需求以及竞争对象的动作，重在公关宣传、广告宣传，比较讲究 CIS 策略，即 MI（Mind Identity，理念识别）、BI（Behavior Identity，行为识别）、VI（Visual Identity，视觉识别）。

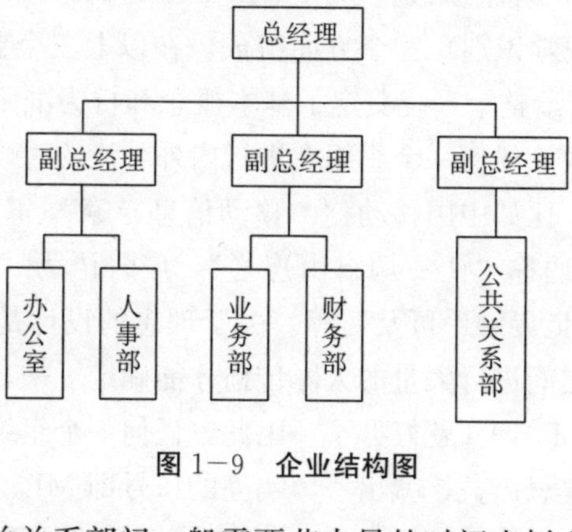

图 1－9 企业结构图

组织内部的公关关系部门一般需要花大量的时间去树立组织形象、处理危机以便维系组织的正常运转。

（二）组织形象传播

任何一个组织都希望用各种方式来树立良好的形象。鉴于此，就有必要探讨怎样进行良好的组织形象传播才能真正树立起一个组织的良好形象。本书中的组织主要指的是企业。基于这个前提，本书的组织形象是指组织利用自己的产品设计或包装、建筑风格、房屋装饰、徽标以及组织成员的着装、仪表、行为方式等外在的、物质的、符号的、行为的因素去阐释该组织的理论、价值观等，这是一个总体性的评价系统。一般而言，可以把组织（企业）形象通过表 1－4进行展现。

表 1－4　企业形象的具体内容

产品形象	实质形象	人员形象	文化形象	环境形象	社区形象	标识形象	广告形象
质量 款式 包装 商标 等	体制机制 方针政策 程序流程 效率效益 信用承诺 服务保障 规模等	领导层 决策层 管理层 员工 等	历史传统 价值观念 企业精神 群体风格 职业道德 言行规范 公司礼仪 等	企业门面 建筑形态 建筑布局 标志建筑 房屋装饰 展示系统 环保绿化 等	社区关系 公众舆论 等	企业名称 徽标 品牌 商标 字体 色彩 构图 等	广告词 广告音乐 广告歌曲 广告人物 广告色彩 广告风格 等

将以上八个方面进行简单归类，可以利用美国 IBM 公司的“企业形象识别系统”（简称 CIS，即 Corporate Identity System）来解释。该系统主要由 MI（Mind Identity，理念识别）、BI（Behavior Identity，行为识别）、VI（Visual Identity，视觉识别）三个方面组成。在以上三个要素中，MI 是整个 CIS 系统的核心，它给整个系统奠定了基本概念和行为准则，并通过 BI 与 VI 表达出来。也就是说，任何一个组织在进行内外交流的时候，首先必须要有一个比较固定的理念，比如中国移动称“移动信息专家”，广告宣传语为“移动改变生活”；中国联通称“让一切自由连通”，广告语为“魅力联通，给你惊喜”；中国电信称“世界触手可及”等。关于理念的设计是一个比较漫长的过程，需要组织成员之间进行大量的人际传播才能确定下来，只要组织理念设计好，那么后面设计 BI 与 VI 就好办了。因此，任何一个组织若想取得成功，其关键的一步就在于集思广益，喊出一个响亮的口号即 MI。

设计好了 MI，就要通过 BI 与 VI 去将其表现出来。BI 主要由组织里面的人员形象来体现，包括了领导层、决策层、管理层、员工等的言行。VI 主要由组织的视觉系统来体现，包括产品形象、环境形象、标识形象等，可以细化为产品设计、产品包装、建筑风格、房屋装饰、徽标设计等外在的物质、符号、行为因素。

利用好这些，一个组织就可以树立良好形象。但是，任何一个组织在其发展的过程中都会遇到一些不可预料的困难，从而导致形象受到一定的损害，因此，这个组织还得善于处理危机，并能够及时通过一个良好的危机传播，挽救其长期以来树立的形象。

（三）组织危机传播

有句名言说："危机就像死亡和纳税一样是不可避免的。"不同的学者对危机的定义和分类各有不同，但都强调一些共同的要素，如不确定性、紧迫性、威胁性、潜在损害性等。由此可以看出，任何一个组织，都需要及时处理危机（不管是自然灾害、人为危机，还是在自然灾害基础上的人为危机），这是一个非常艰巨而重要的工作。但只有通过合理的危机传播，组织才能降低危机的损坏程度并及时通过处理危机来树立形象。尤其是在广播电视、网络、微博、微信如此发达的今天，做好危机传播几乎已成为每一个组织必须面对的事情。

那么什么是危机传播呢？一般而言，危机传播（Crisis Dissemination）指的是组织针对危机所采取的旨在降低危机损坏程度的信息沟通、形象树立的公关策略，在危机发生之前、之中以及之后都可以进行，是介于组织和公众之间的传播。我国学者褚建勋、汤书昆早在 2004 年就分析了国外一些学者总结出的危机传播理论，并从不同研究视角介绍了四种主要理论模式：斯蒂文·芬克（Steven Fink）的"阶段分析理论"、威廉·班尼特（William Benoit）的"形象修复理论"、托马斯·伯克兰（Thomas Birkland）基于议程设置理论提出的"焦点事件处理理论"以及库姆斯（W. Timothy Coombs）等学者研究的"情景危机传播理论"。考虑到本书中的组织这一概念偏向于企业，这里我们就主要以班尼特的"形象修复理论"为蓝本分析组织危机传播。

首先来看一下肯德基处理危机的过程，如表 1−5 所示。

尽管肯德基处理了诸如"秒杀门""速成鸡""豆浆门"等危机，但在处理时都不如处理"苏丹红"事件那么成功。

表 1-5 肯德基处理“苏丹红”事件[①]

时间	事件
2005 年 3 月 15 日	肯德基旗下的新奥尔良烤翅和新奥尔良烤鸡腿堡被检测出含有“苏丹红 1 号”。
3 月 16 日上午	肯德基要求所有门店停止销售新奥尔良烤翅和新奥尔良烤鸡腿堡。
3 月 16 日 17：00	肯德基连锁店的管理公司百胜餐饮集团向消费者公开道歉，集团总裁苏敬轼明确表示，将会追查相关供应商的责任。
3 月 17 日	《南方都市报》《广州日报》等媒体在头版头条大篇幅刊登了关于肯德基致歉的相关报道。其他媒体也对此事予以报道。
3 月 19 日	肯德基连续向媒体发布了 4 篇声明，介绍“涉红”产品的检查及处理情况。百胜餐饮集团总裁苏敬轼发布了调查苏丹红的路径图：肯德基产品调料中发现苏丹红成分，调查这两款产品的配料来源，发现该配料来自中山基快富公司，追查所有中山基快富公司进料，锁定来自中山基快富的 9 批辣椒粉，9 批辣椒粉中有 2 批发现苏丹红成分，查实中山基快富是从宏芳香料（昆山）有限公司采购的原料。
3 月 23 日	肯德基在全国恢复了被停产品的销售。苏敬轼说：“中国百胜餐饮集团现在负责任地向全国消费者保证：肯德基所有产品都不含苏丹红成分，完全可以安心食用。”
3 月 28 日	百胜餐饮集团召开新闻发布会，苏敬轼现场品尝肯德基食品。百胜集团表示决定采取中国餐饮行业史无前例的措施确保食品安全。
4 月 2 日	肯德基开始对四款“涉红”产品进行促销活动，最高降价幅度达到 3 折，肯德基销售逐渐恢复元气。
4 月 6 日	肯德基主动配合中央电视台《新闻调查》和《每周质量报告》等栏目的采访，记者的关注焦点已由肯德基“涉红”转变为对原料和生产链的全方位追踪。

接着，我们来看班尼特“形象修复理论”在肯德基处理“苏丹红”事件中的应用。

美国密苏里新闻学院教授班尼特提出了危机传播的“形象修复理论”，危机传播是与形象修复密切相关的理论。班尼特认为企业在发生危机之后就应该迅速对该危机承担责任，从而使危机对企业形象造成的损害减至最低。具体而

① 吴瑛：《危机传播需要什么？苏丹红和冠生园事件对比》，新华网，http://news.xinhuanet.com/newmedia/2005-10/17/content_3625403.htm。

言，班尼特提出了以下五大战略方法进行形象修复。

第一，否认，分为简单否认和转移视线。

否认是组织在形象修复中可以首先使用的策略，班尼特认为否认包括两种形式，第一种就是直接否认，既可以向公众否认组织做过任何被指责的行为，也可以直接否认危机事件的发生；第二种否认方法是将指责转移给他人，也就是当组织发生危机之后没有直接否认自己有过任何失当行为，而是寻找第三方，将危机发生的原因归咎为第三方。这种做法既为公众找到了一个应该攻击的目标，又将自己从危机中隔离了出来。① 肯德基在处理“苏丹红”事件的过程中，没有采用简单否认的方式，而是主动承认自己的食品存在问题。不仅如此，肯德基还特地使用了转移视线的策略，“集团总裁苏敬轼明确表示，将会追查相关供应商的责任”，这样，媒体和受众的注意力就有可能被转移到相关供应商那里。事实上，就在 2005 年 3 月 19 日，人们的视线已完全被转移到了宏芳香料（昆山）有限公司上。

第二，规避责任，强调正当回应、无力控制、意外、本意良好。

对于那些不能进行否认的危机事件，组织通常还可以通过合理的规避责任来修复其受损的形象。这一策略具体又分为四种主要的方法：正当回应、无力控制、意外、本意良好。

正当回应指的是组织被认为要对某次危机事件负责时，组织可以向公众解释其之所以会做出不当的行为，完全是对一种侵犯行为的正当回应，其之所以会犯错是因为在捍卫自己的正当权益。

无力控制指的是组织进行危机回应时，可以向公众宣称之所以会发生危机事件，是因为组织缺少相关信息或能力对危机事件进行控制，因而才造成危机的发生，这种解释标明组织不应当对危机的发生负全部责任，因而也可以在一定程度上减少公众对于组织的敌意。

意外是指组织可以将危机事件或是组织曾经做出的失当行为归结为一次意外，人们一般对于人为因素造成的危机更加不能原谅，而对于那些不因人为因素而引发的意外事故更加具有宽容性，因此这种方法也可以帮助组织修复形象。

本意良好指的是组织可以向公众解释组织虽然做了某些不当的行为，但其本来的意图是良好的，即所谓的好心办坏事。如果公众可以接受组织的这种解

① 鲁津、栗雨楠：《形象修复理论在企业危机传播中的应用——以“双汇瘦肉精”事件为例》，载《现代传播》，2011 年第 9 期，第 50 页。

释，或多或少地也可以减轻公众对组织的敌意。[①]

与处理其他重大伤害事件不同，肯德基并没有使用“正当回应、意外、本意良好”的策略，而是特别采用了“无力控制”的手段。肯德基查实9批辣椒粉中有2批是中山基快富从宏芳香料（昆山）有限公司采购的原料，这就表达了肯德基无力控制原料提供商所作所为的含义，当然最终还是要表明肯德基不能对此次事件负全部责任，如此操作就减少了人们对其的敌意，达到规避责任的目的。

第三，减少敌意，采用强化支持、最小化危机、区别化、超脱、反击、补偿等方法。

减少敌意即组织在发生危机之后，通过各种方法减少公众对于组织产生的敌意，从而减少对于组织形象的伤害，减少敌意具体包括六种方法：强化支持、最小化危机、区别化、超脱、反击、补偿。

强化支持是指组织可以通过加强公众对于组织的积极看法从而抵消公众心中产生的消极情绪。使用这一方法时，组织可以强调它过去的辉煌历史，以及在过去与公众培养的良好关系。

最小化危机指组织可以尽量降低公众心中危机的严重性，当公众认为危机并没有他们想象得那么严重时，因为危机而产生的负面情绪也会在某种程度上得到缓解。

区别化指的是组织可以将危机事件与那些伤害更为严重的行为区别开，在对比之下使公众认为危机并不十分严重，从而缓解对于组织的敌意。

超脱指的是组织可以提醒广大公众有更为重要的事情值得关注，这样一来就可以将公众的注意力从此次危机事件上转移开，从而减少公众对于组织所产生的敌意。

反击指的是组织可以攻击那些指责组织的群体或个体，通过各种方法降低那些责备群体或个体的可信度，从而使公众减少对于组织的敌意。

补偿即指组织对危机事件的受害者进行物质或精神上的补偿，以此达到减少敌意的效果。[②]

在众多策略中，肯德基采用了“强化支持、补偿”的策略来减少人们对其的敌意。尤其是“百胜餐饮集团召开新闻发布会，苏敬轼现场品尝肯德基食

---

① 鲁津、栗雨楠：《形象修复理论在企业危机传播中的应用——以“双汇瘦肉精”事件为例》，载《现代传播》，2011年第9期，第50页。

② 鲁津、栗雨楠：《形象修复理论在企业危机传播中的应用——以“双汇瘦肉精”事件为例》，载《现代传播》，2011年第9期，第50页。

品”这个策略，表明肯德基食品是值得信赖的。这一举动还是值得借鉴的，因为直到今天，人们在选择食品时还是会选择肯德基。另外，“肯德基对四款‘涉红’产品进行促销活动，最高降价幅度达到3折”属于“补偿”策略的应用。当人们得到经济上的实惠的时候，其实早已把之前受到的伤害抛诸脑后了。

第四，纠正行为。

这一策略是指危机发生之后，组织承诺会纠正自己的不当行为，通常，组织可以采取声明的形式承诺不会再发生类似的危机事件。这种纠正行为的策略既可以当作是道歉策略的一种，同时又可以在组织不承认错误的情况下直接使用。这一策略在一定程度上也可以提升组织的形象。①

这一策略一般为所有面对危机的企业所使用。肯德基采用“中国百胜餐饮集团现在负责任地向全国消费者保证：肯德基所有产品都不含苏丹红成分，完全可以安心食用”和“百胜集团表示决定采取中国餐饮行业史无前例的措施确保食品安全”的做法来解决危机，确实是减少了人们对其的敌意，同时还树立了肯德基负责任的形象。

第五，道歉、忏悔，寻求公众的宽恕。

犯错之后进行道歉在一定程度上是有效的，对于由组织的不当行为而引发的危机，组织在对事件承担责任的基础上，可以通过表达歉意的方式获得公众的原谅，以期修复自身受到损害的形象。②

与一些企业不同，肯德基并没有完全否认自己的食品有问题，而是在接到相关信息之后就立马发表声明致歉，并暂时关闭所有门店。肯德基这一做法是相当聪明的，不仅有利于寻求人们的宽恕，而且把传媒的视线集中起来，在传媒报道的过程中利用危机来树立自己负责任的形象。

对肯德基来说，“苏丹红”事件表面上是一次危机，但事实上更是一次利用中国媒体来拓展自己知名度、塑造自己形象的机会。比如肯德基主动配合中央电视台《新闻调查》和《每周质量报告》等节目的采访，从某种意义上来说，这让更多的人知道了肯德基这个品牌，以及其对食品安全的态度。此外，肯德基还有负责任的举动，那就是该公司特地强调保障中国的食品安全等问题，这是属于亡羊补牢策略的运用。除此以外还可以通过制定相关法律、规定来减少将来类似事件的发生。

---

① 鲁津、栗雨楠：《形象修复理论在企业危机传播中的应用——以“双汇瘦肉精”事件为例》，载《现代传播》，2011年第9期，第51页。

② 鲁津、栗雨楠：《形象修复理论在企业危机传播中的应用——以“双汇瘦肉精”事件为例》，载《现代传播》，2011年第9期，第51页。

五、大众传播

1945年11月，联合国教科文组织宪章首次正式使用大众传播的概念。1968年杰诺维茨提出的大众传播概念也被广泛应用。随后，传播学者梅尔文·德弗勒（Melvin DeFleur）在其著作《大众传播通论》中，提出了一个较为准确的大众传播概念，即“大众传播是一个过程。在这个过程中，职业传播者利用机械媒介广泛、迅速、连续不断地发出讯息，目的是使人数众多、成分复杂的受众分享传播者所要表达的含义，并试图以各种方式影响他们”。这个概念一直被许多人所接受和应用。我们势必得承认这个概念在强调传播效果的时代是非常适用的，只是，今天传播效果的地位似乎已经退居其次，传播者的角色也发生了一些变化，传播的媒介更是变得多种多样，如果继续沿用德弗勒的这个概念就会显得格格不入。鉴于此，我们认为，大众传播是规模化、组织化、职业化的传播者利用种类繁多的媒介将信息持续不断地、广泛地、迅速地传递给为数众多、成分复杂的受众的过程。

（一）大众传播的特点

第一，大众传播的传播者是规模化、组织化、职业化的传播者。他们受过专门的、职业的教育，以传播信息为职业；他们总是要到社会上去收集各种各样的信息，并对信息进行过滤和加工；他们把加工之后的信息通过种类繁多的媒介，如报纸、广播、电视、网络、手机等传播出去；他们的传播目的不同；他们扮演着不同的角色；他们承担着不同的任务。

第二，大众传播媒介种类繁多，呈现出机械化、电子化、融合化的趋势。媒介包括了印刷媒介，如书籍、报纸、杂志等；电子媒介诸如广播、电视、电影、互联网等；新媒介诸如手机、微博、微信等。这些媒介优势互补，甚至走上媒介融合、三网合一、三屏合一的道路。

第三，大众传播的内容纷繁复杂，且内容的传播是持续不断的、广泛的、迅速的和公开的。这是一个信息化的时代，时政新闻、财经新闻、社会新闻、体育新闻、娱乐新闻、教育信息、八卦消息、网购信息、奇闻逸事等内容之多，既给传播者带来了一定的挑战，也使受众应接不暇。另外，报纸、杂志定期出版；广播电视每日播出；互联网24小时不间断，永不停息，公开地传播信息，可供不同的人从不同的渠道获得。

第四，大众传播的受众，为数众多、成分复杂。全球有70亿人，中国有

14亿人，虽然他们不全是受众，但无论从广播电视总局的数据、工信部统计的数据，还是从CNNIC历次统计的数据来看，他们中大部分人都是大众传播的受众。这些人年龄不同、教育程度不同、身份不同、职业不同、地位不同、风俗习惯不同、兴趣爱好不同、居住地区不同、成长环境不同，这些不同，足以证明受众的成分复杂。

（二）大众传播的功能

大众传播对社会而言既有正面的功能，也有负面的影响。

1. 大众传播的功能包括传播信息、传承遗产、提供娱乐、打造传媒产业

（1）传播信息是大众传播的主要功能。从大众传媒产生至今，尽管时代不同、媒介种类不同，大众传媒都在不停地传播各种信息，以满足受众多方面的信息需求。具体而言，大众传播所传播的信息包括政治信息、经济信息、文化信息、体育信息、教育信息、服务信息、宣传信息等。任何一个国家、社会、公民都需要以上信息。提供政治信息，满足了受众了解国家政治之发展、社会之进步、自由民主之推进等需求；提供经济信息，满足了受众了解国家经济之发展、经济政策之推行、市场之运作与控制等需求；提供文化信息，满足了受众了解国家文化之发展、文化形势之变革、新文化之普及等需求；提供体育信息，满足了受众了解国家体育之发展、体育能力之变化、体育事业之现状等需求；提供教育信息，满足了受众了解国家教育之发展、教育习惯之改变、文化知识之获得等需求；提供服务信息，满足了受众了解天气、生活、婚恋之需求；提供宣传信息，满足了政党、企业宣传之需求；等等。

（2）传承遗产是大众传播的一个重要功能。人类产生以来，无论是政治、经济、文化、科技、法律，还是风俗、习惯等，都是通过书籍、报纸、杂志、影视节目代代相传至今的，当然人类更会研发新的传播媒介将21世纪的文明继续传承下去。与以往利用严肃的文字传播知识不同，现代传承遗产的方式多种多样。以电视为例，为了传播知识、普及文化、传承先辈们留下来的遗产，中央电视台于2011年1月1日专门开办了CCTV－9纪录片频道，播放了《人类星球》《子宫日记》《地球脉动》《方舟后裔》《发现肯尼亚》《生命》《天启》《断刀——朝鲜战场大逆转》《美丽中国》《舌尖上的中国》《民国秘事》《春晚》《故宫100》《顺治皇帝》《丝路》《茶——一片树叶的故事》等国际国内优秀纪录片；电视传承遗产还有一个显著的特点就是寓教于乐，“虽然看电视的主要

动机是娱乐，但我们不能低估伴随着娱乐无意中学习的数量”①。这就可以解释为什么《百家讲坛》《世纪大讲堂》受到无数人的追捧了。

（3）提供娱乐是大众传播始终没有改变的一种功能。从报纸的产生到新媒介的发展，休闲娱乐无疑成为人类打发闲暇时间的一个基本需求。报纸的副刊、影视节目、广播音乐、互联网的多媒体信息在人们日常生活中的娱乐作用都比较明显。以电视为例，“电视基本上是一种娱乐性的媒介”②。我们不妨通过电视的发展史来简单考察一下电视的娱乐功能。1929 年至 1935 年期间，处于实验阶段的电视所播出的主要就是音乐、舞蹈等方面的内容。1936 年 11 月 2 日，通常被视为电视正式开播的日子，这一天，英国广播公司电视台在亚历山大宫转播了一场规模盛大的歌舞演出，电视以娱乐性节目的播出拉开了历史帷幕。从此，电视就和大众的娱乐消遣结下了不解之缘。作为吸引力巨大的娱乐工具，电视被迅速接受并且普及开来。在我国，直到 1959 年底，娱乐和新闻节目的播出量仍然是 9∶2。③ 如此看来，尼尔·波兹曼说“电视主要是一种娱乐媒体，电视里只有一种不变的声音——娱乐的声音”④，也不是没有道理的了。人们需要娱乐，只有娱乐才能让人从繁重的工作中解脱出来，消除人们的焦虑与痛苦，“在欢乐与嬉戏中，我们又恢复了整体人的天性”⑤，从而灵光闪现，创造出更多更有价值的事物，服务于人类。

（4）打造传媒产业是大众传播新时代的一个显著功能。以中国的传媒产业为例：2011 年中国传媒产业的总产值为 6379 亿元，比上年增长 15.2%。从传媒产业各行业的市场结构看，2011 年，报纸电视占据了传媒产业总体市场的 31%，互联网业务规模达到传媒产业总体市场的 42%，几乎占据了传媒产业的半壁江山。2012 年中国传媒产业的总产值为 7600.5 亿元，比上一年增长 13.4%。2012 年 2 月，新闻出版总署发布了《关于加快出版传媒集团改革发展的指导意见》，明确提出，破除地区封锁和行业壁垒，支持出版传媒集团跨媒体、跨地区、跨行业、跨所有制发展，培育多个年销售收入超过 200 亿元的大型骨干出版传媒集团。在《国家“十二五”时期文化改革发展规划纲要》等国家政策的推动与引导下，我国传统传媒在体制上将进一步变革，趋于灵活化

---

① 威尔伯·施拉姆著，陈亮等译：《传播学概论》，未来出版社，1984 年版，第 178～262 页。

② 威尔伯·施拉姆著，陈亮等译：《传播学概论》，未来出版社，1984 年版，第 275 页。

③ 黄学建：《中国电视娱乐文化批评》，中国传媒大学出版社，2010 年版，第 26 页。

④ 尼尔·波兹曼著，章艳译：《娱乐至死》，广西师范大学出版社，2005 年版，第 314～315 页。

⑤ 马歇尔·麦克卢汉著，何道宽译：《理解媒介——论人的延伸》，商务印书馆，2005 年版，第 291 页。

和市场化，竞争力将大幅提升；随着网络和移动用户规模的不断扩大和成本的不断降低，电信网、广电网和互联网“三网融合”的加快，以及3G时代、Web 3.0时代的到来，新媒体产业将继续大幅增长，而传统媒体也将充分借助互联网和移动传媒的平台而焕发新的生机。①

2. 大众传播带来了包括技术理性、文化霸权、文化工业、新新人类、消费社会、媒介化生存、政治疏离等负面影响

(1) 早在20世纪六七十年代，马克斯·霍克海默（Max Horkheimer)、西奥多·阿多诺（Theodor Adorne）合著的《启蒙辩证法》和赫伯特·马尔库塞（Herbert Marcuse）的《单向度的人——发达工业社会意识形态研究》就对技术理性进行了批判。他们认为“今天，技术上的合理性，就是统治上的合理性本身。它具有自身异化的社会的强制性质。汽车、炸弹和电影，除非它们之中所包含的因素表现出非法的力量，否则都会联结为一个整体”②。他们还提出了振聋发聩的观念，在技术理性统治的世界中“人类不是进入到真正合乎人性的状况，而是堕落到一种新的野蛮状态”③。继他们之后，西方学者如哈贝马斯、贝尔、怀特海、福柯等人文主义学者或后现代主义学者，拉普、费恩伯格、新卢德主义等现代技术批判主义者，都纷纷对技术理性展开了深入的分析和批判。我国一些学者也对技术理性主义做了详尽的解释，他们认为“所谓技术理性主义，其核心就是科学技术万能论”④，这也就解释了为什么在今天，无论是传播者还是受众都在一味地追求使用更先进的技术，而极少探讨人的主观能动性。我国学者雷跃捷在其《媒介批评》一书中更大胆提出“现代科技异化为统治人、奴役人的工具，现代的大众传媒是以高科技装备起来的，直接用于生产大众文化这种‘奴役人’、‘消解工人阶级反抗意识’的意识形态”。

(2) 文化霸权是意大利马克思主义者安东尼奥·葛兰西（Antonio Gramsci）在《南方问题的一些情况》中第一次明确使用的概念。后来，他在《狱中札记》和狱中所写的书信中把“统治”（压制）和“领导”做了明确的区分。文化霸权的实质就是一种意识形态领导权，也可直接翻译为领导权。葛兰西认为，在西方资本主义社会，资产阶级的统治主要不是依赖政治社会及其代理机构，如军队、暴力等来维持的，而主要是依靠他们牢牢占有的意识形态霸

① 详细参看：http://www.ocn.com.cn/reports/2006143chuanmei.htm。
② 霍克海默、阿多诺著，洪佩郁、蔺月峰译：《启蒙辩证法》，重庆出版社，1990年版，第24页。
③ 霍克海默、阿多诺著，洪佩郁、蔺月峰译：《启蒙辩证法》，重庆出版社，1990年版，第1页。
④ 衣俊卿、丁立群：《20世纪的新马克思主义》，中央编译出版社，2001年版，第230页。

权，依靠他们广为宣传并为大众普遍接受的世界观来维持的。[①] 与原来使用真枪实弹来传播他们的世界观不同，西方社会往往通过电影、电视剧、新闻、音乐、杂志、广告等将他们的世界观逐渐传入第三世界国家，引导第三世界的国民向往西方社会的生活，甚至不断接受西方的意识形态。以美国为例，胡正荣先生在《传播学总论》中提到20世纪90年代，美国的影视作品成为仅次于飞机的第二大出口商品。电影方面，美国的电影生产总量只占世界电影产量的6%～7%，却占据了世界总放映时间的一半以上，全球正在放映的电影有85%来自美国好莱坞；电视方面，美国控制了世界75%的电视节目的生产与制作，每年向别国发行的电视节目总量达30万个小时，许多第三世界国家的电视中，美国的节目占有率高达60%～80%；新闻方面，美国人口只占世界人口总数的5%，但目前世界60%以上的广播节目的生产与制作由美国控制，传播于世界大部分地区的80%～90%的新闻，都由美国和其他西方国家的通讯社垄断。[②] 进入21世纪，这种情况更为严重：在视听业方面，美国公司出产的影片产量只占全球影片产量的6.7%，却占领了全球总放映时间的50%以上及电影总票房的三分之二。据阿根廷《民族报》2003年2月8日《好莱坞战胜欧洲》一文的报道，欧洲市场上3万多家影院，2002年共卖出10亿多张电影票，其中售出的美国电影门票占70%左右，而欧洲电影所占比例还不到30%。2002年法国电影所占市场份额从上一年的43%下降至35%，而美国电影的比例则从47%增至60%。意大利电影的市场份额与上一年持平，为21%。西班牙电影的市场份额从上一年的18.5%下降至13.4%，而美国电影的比例则增至70.8%。[③] 随着这些进入第三世界国家的还包括了麦当劳、肯德基、哈根达斯、时装、街舞、青少年亚文化等，其最终的结局也许就是第三世界国家向那些原本应该与自己平等的国家"俯首称臣"。

（3）早在1939年，法兰克福学派瓦尔特·本雅明（Walter Benjamin）在其论文《机械复制时代的艺术作品》中以电影为例，批判了法西斯主义利用大众文化实现集体膜拜的事实。他批判道："如果人们知道了技术及其后果在大众中造成了何种严重的焦虑——这种紧张处在危急状态中就染上了精神变态的性质——那么，人们就将看到，构成大众疯狂的这种技术化，通过一些电影就获得了心理接种的可能，这些电影能够遏止强行的施虐狂想或受虐狂想在大众

① 雷跃捷：《媒介批评》，北京大学出版社，2007年版，第57页。

② 李怀亮、刘悦笛：《美国的文化霸权》，环球视野，http://www.globalview.cn/readnews.asp?newsid=16994。

③ 徐世丕：《当代全球文化产业扫描》，载《中国文化报》，2003年9月20日，第2版。

中自然地并且是危险的发展。集体地放声大笑就是对这种大众精神错乱有益的提前宣泄。目前电影中出现的大量荒诞事件就是因文明所导致的压抑使人类面临着危险的一个明显迹象：美国的荒诞电影和迪斯尼的影片就导致了对无意识的治疗性宣泄。”① 虽说本雅明当时的批判主要是在针对法西斯，也许在全球化的今天，这样的批判似乎不合时宜，但无论哪个时代，大众传播带来的大众文化在某些方面还是有许多共同之处的。马克斯·霍克海默、西奥多·阿多诺则在其合著的《启蒙辩证法》中直接用“文化工业”来代替“大众文化”这个概念，大胆指出大众文化是资本主义社会商品生产和消费体系的一部分。如今的传媒把“文化”变为了“大众文化”到底带来的是什么？人们在沾沾自喜地以为自己掌握了“文化”时，只不过被当作了一种赢利的工具而已。

（4）大众传播通过各种传播媒介传播信息，其最大的影响还在于形成了新新人类，表现为单向度的人、容器人、电视人、数字化人。

单向度的人来自法兰克福学派赫伯特·马尔库塞。早在1964年，马尔库塞就在其著作《单向度的人——发达工业社会意识形态研究》中用“单向度”一词来意指现代资本主义技术经济机制对一切人类经验不知不觉的协调作用，他认为现代文明、科学、技术、哲学、日常思维、政治经济体制等都是单向度的，且最终就是通过报纸、杂志、广播、电视、电影等使人们变成单向度的人，也就是说，人们在这些传媒潜移默化的传播中逐渐失去了否定性和批判性思维、能力、原则，缺乏把现实世界同哲学准则所揭示的真实世界相对照的习惯。他严厉地批评说：“媒介为维护既定现实的总动员，已经协调了各种表现手段，以致越轨性内容的传播在技术上成为不可能的。”② 虽说马尔库塞是在对资本主义现代技术装备下的大众传播进行强烈的批判，但静下心来，想想今天，我们所能看到的、听到的，也正是大众传播把过去高雅的、精英的、高尚的文化消解为大众文化的休闲、娱乐的现象，把文学艺术中所包含的批判意识、悲剧精神、否定思想、超越观念“贬黜”为大众都能接受的“幸福”和“快乐”，这种虚假的“幸福”和“快乐”在一定程度上培养了大量单向度的人。

美国人把一些人称为“电视人”“沙发土豆”，日本也有一种说法“容器人”，其实就是指那些将闲暇时间完全用于大众媒介，将自己的思想、感情、喜怒哀乐等完全与媒介内容相连接的人。他们的思想、观念乃至行为方式都源

① 瓦尔特·本雅明著，王才勇译：《机械复制时代的艺术作品》，中国城市出版社，2002年版，第56～57页。

② 赫伯特·马尔库塞著，张峰译：《单向度的人——发达工业社会意识形态研究》，重庆出版社，1988年版，第45页。

于电视，极端自我内化、心理封闭，无法应付现实世界的种种变化，而完全变成了一种收集媒介信息的“容器”，大众媒介成了“最高尚、最有效的一种社会麻醉品”，“中毒的人甚至都不了解自己的病端”①。这无疑是我们对电视影响最直接的批判，甚有道理。我们看看今天的电视，充斥着时装模特的猫步、摇滚乐手乖张的行为、引诱人们消费的广告、家长里短的肥皂剧、胡编乱造的穿越剧、低智粗陋的动画片以及过多过烂的综艺娱乐节目等，不得不说，这对我们青少年的价值观产生着令人担忧的消极影响。电视节目自身价值取向的偏离和迷失将带来青少年人生观、世界观、价值观、生命观、道德观、审美观、历史观等的整体异化，令人深省。

1999年，我国学者杨雄曾以全国网络调查统计为基础提出，在网络化时代，青少年将面临西方意识形态与文化的影响和渗透，受网络色情内容的影响，患网络性心理障碍和进行高科技犯罪的危险程度在增大，信息泛滥还可能使一些青少年成为“数字化人”。十几年过去了，杨雄先生的总结似乎成了现实。2010年2月发布的《中国青少年网瘾报告》显示，我国城市青少年网民中，网瘾青少年约占14.1%，2400万网瘾青少年中竟然有90%认可在网络上发展一夜情。②我们的青少年沉浸在丰富性、开放性、互动性、虚拟性、隐蔽性极强的网络世界里，自由驰骋、随心所欲、纵横捭阖、无力自拔，导致他们生活在自己的世界里，与现实世界格格不入，甚至自私、自闭、冷漠、退缩、局促不安。

（5）传媒以受众为中心，导致了消费社会的产生。发行量、收听率、收视率、点击率、转发率等本身是衡量传媒在传播信息过程中的有效性依据。但当传媒把受众市场化以后，就会出现过于探讨受众兴趣、爱好，甚至刺激消费欲望的现象。

“消费社会”这个词是让·鲍德里亚（Jean Baudrillard）在《消费社会》里提出来的。鲍德里亚特别强调的是“物的丰盛”和“商品的系列化与系统化”，他认为在消费社会中最根本的变化是“富裕的人们不再像过去那样受到人的包围，而是受到物的包围”，这里，所谓的“物对人的包围”不能简单地理解为物的堆积和巨大的数量，根据鲍德里亚的观点，包围消费者的商品是以整体的面目出现的，即“今天，很少有物会在没有反映其背景的情况下单独被提供出来”。因为“几乎所有的服装、电器等都提供一系列能够相互对应和相互否定的不同商品”。也就是说，消费者不再从具体的用途上去看待单个的商品，而是从其全部意义上来看待它们。“洗衣机、电冰箱、洗碗机等，除了各

---

① 胡正荣、段鹏、张磊：《传播学总论》（第二版），清华大学出版社，2008年版，第118页。

② 详细参看：http://edu.sina.com.cn/zhongkao/2010-02-12/1037236427.shtml。

自为器具之外，都含有另外一层意义。橱窗、广告、生产的商号和商标在这里起着主要作用，并强加着一种一致的集体观念，好似一条链子，一个几乎无法分离的整体，它们不再是一串简单的商品，而是一串意义，因为它们相互暗示着更复杂的高档商品，并使消费者产生一系列更为复杂的动机。"① 一个消费者在购买某一款名牌西服的同时，必须连带购买与之匹配的领带或衬衫，甚至还要仔细考虑与之匹配的皮带、皮鞋和手提包，很显然，这不是为了实用，而是为了"意义的齐备，为了意义的完整"。

（6）受众过度使用媒介，导致媒介化生存。

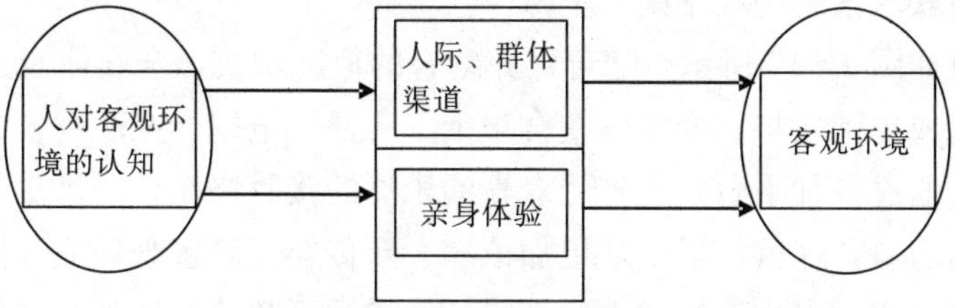

图 1－10 大众传媒出现之前，受众对客观环境的认知②

如图 1－10 所示，在大众传媒产生之前，人们对客观环境的认知无外乎是自己的亲身体验和人际传播。也就是说人们认识世界、改造世界都是在自己的感知范围内进行的，而一旦超出这个范围，人们基本上就不再与之有认识与改造的关系了。但当大众传媒产生之后，人们认知的客观环境发生了一些变化。

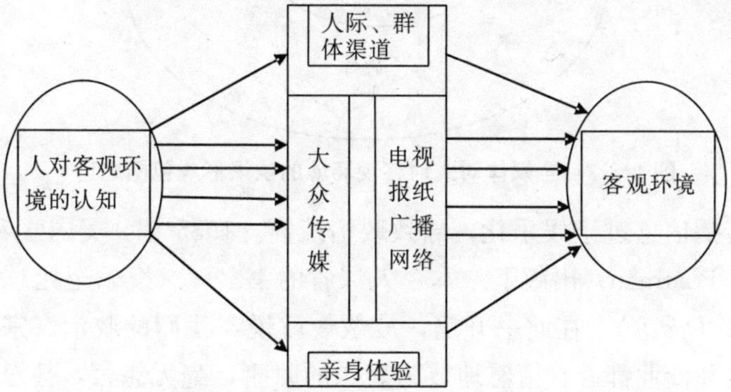

图 1－11 大众传媒出现之后，媒介化社会诞生并开始发展③

① 鲍德里亚：《消费社会》，南京大学出版社，2000 年版，第 2～3 页。

② 靖鸣、臧诚：《传媒批判视野下媒介融合过程中的问题与思考》，载《现代传播》，2011 年第 4 期，第 95 页。

③ 靖鸣、臧诚：《传媒批判视野下媒介融合过程中的问题与思考》，载《现代传播》，2011 年第 4 期，第 95 页。

如图 1－11 所示，人们认知客观环境的方式不仅有人际、群体渠道，亲身体验，还有大众传媒，而最重要的即是大众传媒。早在 20 世纪 20 年代，美国著名政论家李普曼（Walter Lippman）在其所著的《公众舆论》（*Pubilc Opinion*）一书中，就已经论及“拟态环境”一词。该词表明，人们对外界的认知，依靠媒介获得，从而形成脑海中的主观现实。时至今日，如果媒介融合速度加快，形成全媒体，那么人们通过各个渠道所获取的新闻或信息都是由一个全媒体统一策划、发布的，而其最终结果就是人们对全媒体的依赖性会越来越大。由此，人们对外界的了解就更加依靠大众传媒，通过人际、群体渠道以及亲身体验获取信息的频率则严重减少。

结果就如图 1－12 所示，随着媒介融合的速度增快，全媒体对人对客观环境的认知形成包围之势。全媒体整合报纸、广播、电视、互联网各方面的社会信息资源，通过各种平台发送到受众喜闻乐见的接收终端，满足受众随时随地接收信息的需要。这就使得受众更加依靠大众传媒了解客观环境，依赖大众传媒生活。可以说，大众传媒对人的影响已经渗透到政治、经济、文化以及人们日常生活中的方方面面，这最终就造成了人们的媒介化生存。

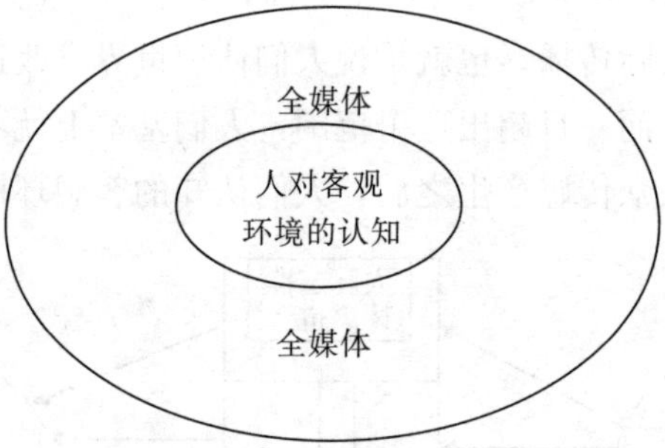

图 1－12　全媒体对人对客观环境的认识形成包围之势[①]

（7）传播信息过于娱乐化，导致政治疏离。1985 年，美国学者尼尔·波兹曼（Neil Postman）出版了一本令人深省的书——《娱乐至死》（*Amusing Ourselves to Death*）。在此书开篇，波兹曼就说，我们的政治、宗教、新闻、体育、教育和商业都心甘情愿地成为娱乐的附庸，毫无怨言，甚至无声无息，其结果是我们成了一个娱乐至死的物种。

今天的电视、网络等传播媒介正及时且连续不断地传递多种多样的视频及碎片化信息。表面上看，媒介提供的信息是多样化的，但往往又是不深刻的，

① 靖鸣、臧诚：《传媒批判视野下媒介融合过程中的问题与思考》，载《现代传播》，2011 年第 4 期，第 95 页。

是业余的而不是专业的，这就造成大众传播时代下诞生的一代更加注重感官刺激，似乎观点很多，但理解得并不深刻；另外，在短时间内，受众无法对这些多样化的信息进行深入思考，也就可能导致受众对客观事件丧失基本的判断力。在图像、即时、碎片化的多重影响下，电视、网络等媒介使人们既失去了传统的浸淫，又放弃了思考，甚至把人们引向文化的反面——过度娱乐。

电视、网络等媒介将各种各样的信息，无论是严肃的国家大事还是轻松的街边小事，都以娱乐化的方式呈现给受众，这不仅使人类的思考空间被大幅挤占，还使得人类的思维方式变得扁平和浅薄。麦克切斯尼（Robert McChesney）曾特别指出，通过融合形式的媒介集团把公民“浸泡”在娱乐中，大量的娱乐时间占据了受众的时间后，公民丧失了对公共问题的讨论时间，失去了对公共问题的兴趣，甚至失去了判断是非的能力，这就造成了“政治疏离”[①]。

第四节 传播的主要模式

传播是一个相当纷繁复杂的过程，要想将这一过程简化，让人一目了然地理解这一过程并且有助于形成相关理论，可以依靠模式。早在 1952 年，多伊奇就指出，模式是“各种符号和操作规则的一种结构，用来联系已有结构或过程中的相关要点”。他还引述了模式的四种显著功能：组织、启发、预测和测量。模式的组织功能体现在它能对资料进行排序和联系，并能展示资料之间前所未知的相似性和关系。如果一个新模式解释了人们过去未曾理解的事情，它同样也可以做出预测。如果模式具有可操作性，那么它暗含的预测可以通过实验检测进行证实。即使这些预测由于缺乏测量技术暂时不能得到证实，它们仍可作为启发手段，引出新的未知事实和方法。模式也许能在一定范围内进行预测，这些预测既可以是简单的是/否形式的预测，也可以是有关何时或多少的完全量化的预测。如果某个模式在预测的精确度上达到容许我们对何时或多少做完全量化的预测，那么它就变成了对我们感兴趣的现象的测量。如果模式与被模式化的事物之间的联系过程是明白易懂的，在模式的帮助下获得的资料便

---

① 刘建明：《西方媒介批评史》，福建人民出版社，2007 年版，第 388 页。

可形成测量，不论这种测量是一种简单的排序，还是一种完全的比例表。[①]

传播模式最早从线性传播模式，在控制论的观照下逐渐发展，又在系统论的观照下走向更加成熟。随着经济的发展、科技的发达和时代的进步，传播过程变得越来越复杂，为了用简化的方式说明复杂的情况，越来越多的传播学研究专家和学者开始研究新的传播模式，因此，传播模式也变得更加多样化。

本章将重点介绍几种主要的模式，以期读者能够对传播过程和相关传播理论有更加深入的理解。

一、"三论"观照下的传播模式

（一）信息论及线性模式

传播学模式中，政治学家哈罗德·拉斯韦尔的"5W"线性模式其实是早期最著名的模式，该模式在提出传播五个要素的同时还规划了传播学研究的五个主要领域。随着研究的不断深入，一些其他领域的学者也为传播模式提出新的建议，其中，通信工程师们的信息论就对传播学模式做出了一个新的突破。

所谓信息论指的是将信息流的机械概念应用到对一切通信形式的理解上。[②] 该理论由克劳德·申农（Claude Shannon）和沃伦·韦弗（Warren Weaver）在《通信的数学理论》（*Mathematical Theory of Communication*）中提出。在《通信的数学理论》中，他们提到一些关键词，诸如信号、编码、噪声、译码、比特、冗余、效率和信道容量等概念，这些概念已经从各个渠道引入传播学领域，以下即是这个著名的模式：

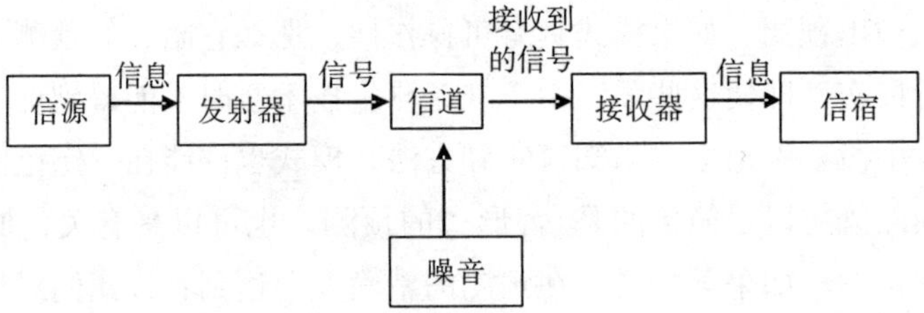

图 1—13　申农—韦弗模式

① 沃纳·塞佛林、詹姆斯·坦卡德著，郭镇之译：《传播理论：起源、方法与应用》（第五版），中国传媒大学出版社，2006 年版，第 41 页。

② 斯坦利·巴兰、丹尼斯·戴维斯著，曹书乐译：《大众传播理论：基础、争鸣与未来》（第三版），清华大学出版社，2004 年版，第 203 页。

信源将信息通过发射器编码发射出去，转换成一种信号，该信号在信道因受到噪音的影响而产生变化，变化后的信号通过接收器译码还原成信息再传播到信宿。申农－韦弗模式与哈罗德·拉斯韦尔的“5W”线性模式的不同之处就在于提出了信息、编码、译码及噪音对传播渠道的影响。

克劳德·申农和沃伦·韦弗指出“信息”就是能够减少或者消除人们不确定性的东西。换言之，信息能够使确定性增加。这无疑是对哈罗德·拉斯韦尔媒介内容的一种细化。“编码”指将信息转变为信号的过程。“译码”指将信号转变为信息的过程。申农－韦弗模式还有一个关键贡献就在于提出了“噪音”概念。在整个信息的传播过程中，会发生声音受到各种其他信号或技术性问题干扰的问题，这便是噪音。[①] “噪音”概念的提出反映出当时的通信工程师们已经意识到传播的环境问题。只是没有更加深入地谈到这个环境到底是什么。正是留有这些疑问，才为后来的系统论奠定了一个研究的方向。

无论是哈罗德·拉斯韦尔的“5W模式”还是申农－韦弗模式，二者都属于线性模式，都存在一定的缺陷。线性模式通常把传播过程视为起于一点、止于另一点的直线的、单向的过程，这一过程缺乏信息的回路与反馈；线性模式容易把传播者的角色和受传者的角色、关系或作用固定化，一方只能传播信息，另一方只能接收信息，二者之间不能发生角色的转换；线性模式还将传播视为独立于外部环境的静态过程。即传播只是在内部发生的活动，不考虑人的主观能动性，也没考虑与传播所生存的环境进行任何交换，换言之，线性模式忽视了社会的客观制约性。

（二）控制论及控制论模式

1948年申农的老师维纳发表了《控制论或动物和机器的控制与通信》，1949年他又发表了《人有人的用处》，这两篇文章奠定了控制论的理论基础。控制论的基本思想便是运用反馈信息来调节和控制系统行为以便达到预期的目的。所谓反馈，原意是指控制系统中将输出回输到原系统中。传播学界认为，反馈就是受传者在接收信息后做出的各种反应。在这些思想的指导下，控制论观照下的模式就突破了线性模式单向、线性的问题，使传播模式变成了带有回路的封闭循环控制系统。

1954年，威尔伯·施拉姆曾经评论线性模式说道：“事实上，认为传播过程从某一点开始而到某一点结束的想法容易误导人。传播过程实际上是永无止

① 陈力丹：《传播学是什么?》，北京大学出版社，2007年版，第54页。

境的。我们都是处理并转发海量、无休止的信息流的小小中央交换台而已……”在这一思想的指导下，威尔伯·施拉姆综合奥斯古德的理念提出了传受双方都执行着同样功能的循环模式。

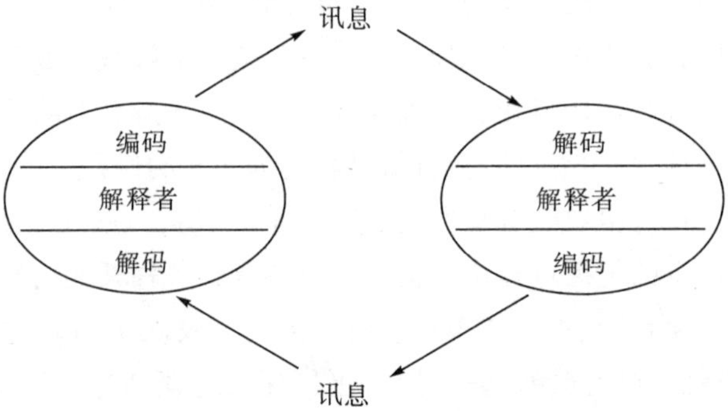

图 1－14　奥斯古德－施拉姆循环模式

如果说线性模式是强调传播者传播信息，接收者接收信息的单向模式，那么很显然奥斯古德－施拉姆循环模式就更加强调传播者和接收者之间的循环。因此，该模式对线性模式的突破主要表现在传播的信息会产生反馈，并为传受双方所共享；循环模式更强调传受双方都具有编码、释码、译码的功能，并且双方的角色能够相互转化。由此可见，该模式的出现打破了线性模式一统天下的局面。

该模式也有一定的缺陷，即模式中反馈对于具有反馈及时功能的人际传播是非常适用的，但是对于大众传播而言，似乎就不适合了。这是其一。其二，模式中传受双方完全处于对等的地位也有不适当的地方。其三，模式依然没有反映出社会环境对传播过程的影响。

为了表现传受双方在时间、权利、资源等方面的不平等及传受双方各自的特点和反馈等元素，威尔伯·施拉姆又提出更加适合大众传播过程的大众传播模式。

大众传播模式几乎集合了前面所有传播学研究者的概念，诸如大众传播、编码、释码、译码、把关、舆论领袖、两级传播理论、群体动力理论、反馈等。该模式特别指出大众传媒和受众是构成传播过程的双方，二者之间存在着传达与反馈的关系。其中，受众又是一个由无数个体所组成的集合体，这些个体又分属于各自的社会群体；个体与个体、个体与群体之间又都保持着特定的传播关系。该模式强调传受双方不同的特点，标志着传播模式从一般传播过程模式走向大众传播过程模式；该模式也由于特别强调个体与社会群体的关系，标志着研究者将大众传播看成社会有机组成部分的趋向。尽管如此，该模式依然没有反映出社会环境对传播过程的影响。

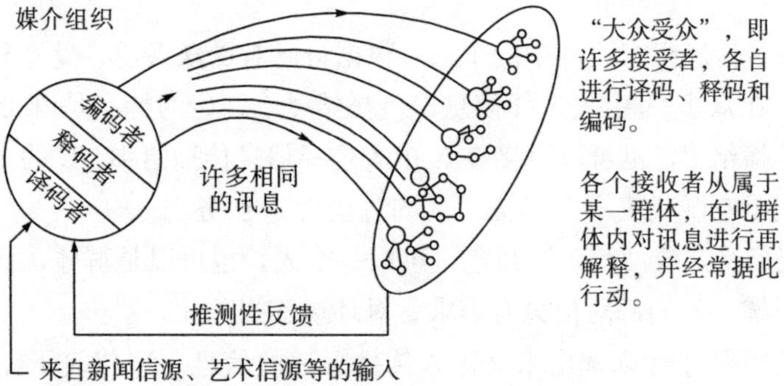

图 1—15 施拉姆大众传播模式

如果说威尔伯·施拉姆的大众传播模式特别强调传受双方特点的话，那么韦斯特利－麦克莱恩的大众传播概念化模式则更加强调反馈与把关过程。

1957 年，美国传播学者韦斯特利和麦克莱恩在集合了心理学家海德的平衡理论、社会学家费斯廷格的认知不和谐理论等思想的基础上，最终对纽科姆的 ABX 进行了数次修改之后，提出了韦斯特利－麦克莱恩大众传播概念化模式。该模式旨在能再现情况更为复杂的大众传播。当然，该模式与纽科姆的 ABX 模式相比，更强调反馈的迟缓与微弱，但是一个 B（单独的受众）又必须面对大量的 A（宣传者、鼓吹者）和经过大众传媒传播的 X（社会系统中的任何事件或事物），并且从中做出选择。

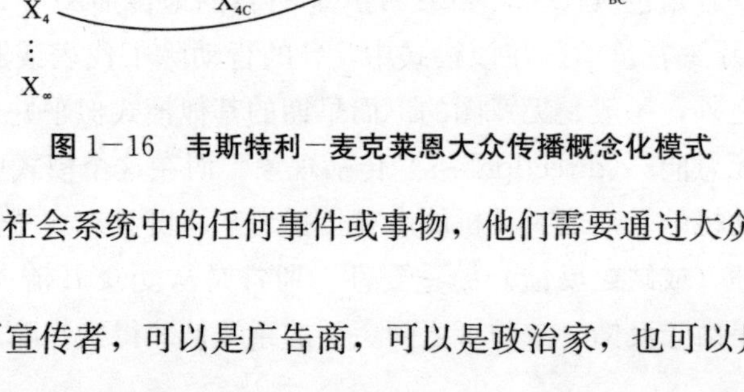

图 1—16 韦斯特利－麦克莱恩大众传播概念化模式

X 代表了社会系统中的任何事件或事物，他们需要通过大众传媒传播才能为人所知。

A 代表了宣传者，可以是广告商，可以是政治家，也可以是新闻来源等；

A也代表了鼓吹者，可以是那些向全体公众发布有关X消息的某些个人、组织。他们都为自己的利益在众多事件或事物中去选择有利于自己的事情进行传播。

C代表了传媒组织或其中的个人，根据自己对受众兴趣、爱好和需要为理解的标准，在众多A中去选择信息以传播给受众。C的特点是既可以在A中选择信息传播给B，也可以直接在X中去选择信息传播给B。C的角色中隐含的一个作用是它既代表了B的需求，同时也为A服务。

B代表了受众或“行为”角色，可以是个人，也可以是群体，甚至可以是整个社会系统。他们都对信息有需求、对环境相当关注。

X′代表了经过C筛选出来又进入传播渠道的信息。X′代表了经过C加工而又传播过给受众的信息。

F_{BA}代表了B（受众）对A（宣传者、鼓吹者）的反馈，可以是购买A的产品，可以是给A的投票，也可以是对新闻源的支持。

F_{BC}代表了由B（受众）对C（传媒组织或个人）的反馈，这种反馈还会指导C日后的选择和传递。

F_{CA}代表了C（传媒组织或个人）对A（宣传者、鼓吹者）的反馈，这种反馈可能会鼓励或改变甚至抵制A进行有意图传播的尝试。

该模式的特点是：

其一，诸多的选择环节。由可能是专家或真正意见领袖（opinion leaders）扮演的“鼓吹者”在外界环境的各个侧面中做出的选择；由大众传播者在各种鼓吹者中做出的选择；由大众传播者在现实世界的各种事件或物体中做出的选择；由代表受众的传播者所传递的讯息。

其二，该系统的自动调节特性。这种特性来源于C角色的（假定）多样化。它将保证B对有关讯息的需求得到满足，因为各个C之间为吸引受众的注意力而展开的竞争应能保证现实世界得到充分的反映。

其三，有意传播与无意传播之间的区别。在大众传播中这两者均会发生。前者主要由鼓吹者角色所代表，如果A并非有目的地传播关于X的信息，那么A也就变成另一个X了。在该模式中，C的行动除了代表或服务于鼓吹者和受众的需要之外，一般是无意图的。而早期的其他模式似乎并未考虑到这种十分常见的“无意向”（directionless）传播现象。而在这个模式中，传播过程的两端（即有动机的受众或有动机的潜在传播者）均可具有意图。

其四，反馈（或缺乏反馈）的重要性。通常是从受众B流向A或C。根据该模式，正是由于反馈，参与者之间关系的系统性才得到保障。

其五，该模式旨在说明，没有任何一个C角色可以垄断X（或A）与B之间的联结。B可能具有与A直接联系的其他方法（例如通过成为某一组织的成员），也可能会对X有直接经历（例如价格上涨、天气变化）。①

该模式旨在说明比较复杂的传播情况，在理论和实践应用上都有其特殊的价值。但该模式依然有一定的问题需要在这里提及。

首先，该模式认为A（宣传者、鼓吹者）、C（传媒组织或个人）以及B（受众）三者之间是能够自我调节、平等互利的。事实上，在现实传播环境下，三者无论是在政治地位还是在经济地位上皆不平衡。

其次，该模式过分夸大了A（宣传者、鼓吹者）、C（传媒组织或个人）以及B（受众）三者之间的一体化程度。事实上，在现实传播环境下，三者势必要追求自己的目标。

再次，该模式过分强调了大众传播过程与社会之间的独立性，忽视了社会各因素对传播过程的影响。事实上，A（宣传者、鼓吹者）、C（传媒组织或个人）、B（受众）、把关、反馈都要受到社会政治、经济、文化等因素的影响。

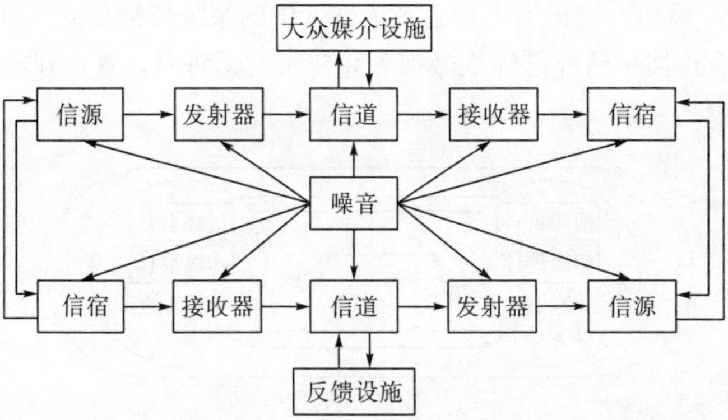

图1－17 德弗勒在申农－韦弗模式基础上提出的具有噪音元素的模式

控制论观照下的奥斯古德－施拉姆循环模式、施拉姆大众传播模式和韦斯特利－麦克莱恩大众传播概念化模式，三者的共同优点是都强调反馈，但又都有问题，即这些模式都忽视了噪音因素（社会环境因素）的影响，鉴于此，德弗勒提出了具有噪音元素的模式，如图1－17所示。

该模式既强调因为反馈使得传受双方角色发生转换，也强调噪音因素对各个环节的影响，只是细看之下才发现，该模式的噪音是在传播过程内部，而外

① 丹尼斯·麦奎尔、斯文·温德尔著，祝建华译：《大众传播模式论》（第二版），上海译文出版社，2008年版，第38～39页。

部的噪音则完全未涉及，这个问题将在系统论模式对控制论模式的改进中得到解决。

（三）系统论及系统论模式

奥地利生物学家贝塔朗菲最先提出了系统论。系统论的核心思想是系统的整体观念。所谓系统是由若干要素以一定结构形式联结构成的具有某种功能的有机整体。系统论最大的贡献就在于提出了“要素”“系统”“整体”和“环境”等概念。系统论的提出弥补了信息论和控制论的不足，认为传播过程中各个要素之间发生着这样或者那样的联系，当传播过程形成一个大的系统时又受到社会其他因素或系统的影响或者制约，同时也影响或制约着其他因素或系统。正是在系统论思想的观照下，诸多模式都强调各要素之间的联结，强调整体，强调传播过程的宏观环境、系统环境，抛弃了那种“传播过程是在社会真空中发生的，环境的影响不值一顾”的思想，反而更加关注传播过程是社会运行过程中的一个重要组成部分。

1959 年，赖利夫妇提出了社会系统框架中的系统传播模式（如图 1−18）。该模式标志着传播学研究已经从微观研究转向宏观研究，真正开启了大众传播研究的新面貌。

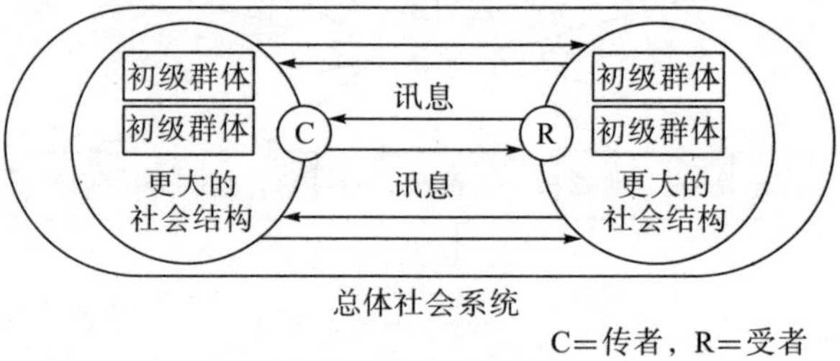

图 1−18　赖利夫妇模式

该模式中传受双方是由一个个体系统组成的，这些个体系统各自进行内在的传播活动，即自我传播；个体系统还要和其他个体系统交流从而进行人际传播；个体系统往往属于一定的群体系统，而群体系统的运行又是在更大的社会结构和总体社会系统中进行的，它要受社会的政治、经济、文化、军事、教育、宗教、意识形态等因素的影响。赖利夫妇模式的最特别之处就在于强调了传受双方与社会系统的关系。

除了赖利夫妇的模式之外，1963 年，德国学者马莱茨克在其著作《大众传播心理学》一书中，从社会心理学的角度专门将影响传播者、受众、媒介、内容等的因素进行细化。英国传播学者丹尼斯·麦奎尔、瑞典传播学者斯文·温德尔所著的《大众传播模式论》中又将马莱茨克在著作中所讲的各种影响因素绘制成了著名的马莱茨克模式，如图 1—19 所示：

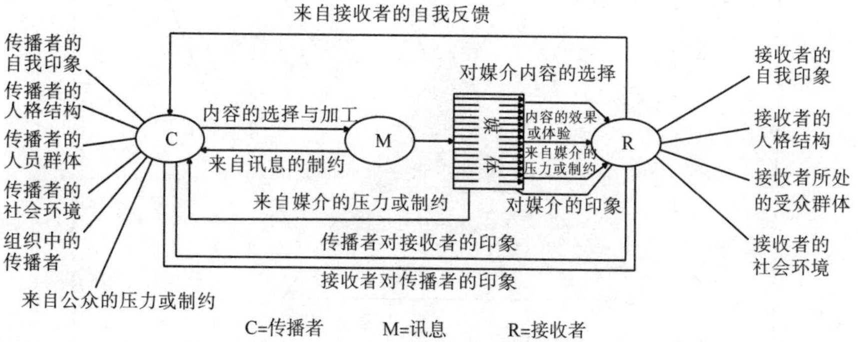

图 1—19 完整的马莱茨克模式

该模式指出了传播过程与社会系统的互动，强调了社会各因素对传播过程的制约性，相较而言，它更加系统、全面，更加具有社会性。它所展示的对传播者、信息、媒介、受众的影响因素中，影响传播者的因素包括 12 种，诸如传播者的自我形象、传播者的人格结构、传播者的人员群体、传播者的社会环境与组织中的传播者、来自公众的压力或制约等；影响信息的因素包括传播者内容的选择与加工、传播的政治环境与经济环境等；影响媒体的因素包括内容的效果与体验、受众对媒介内容的选择、受众对媒介的印象等；影响受众的因素包括接收者的自我印象、接收者的人格结构、接收者所处的受众群体、接收者的社会环境、来自媒介的压力或制约等。在实践工作中就要分析如何将这些影响因素操作化。

如果说赖利夫妇模式和马莱茨克模式是一个通用的、适宜于任何社会环境的系统模式，那么美国传播学家梅尔文·德弗勒在其《大众传播学诸论》中所阐述的大众媒介体系模式则主要针对美国特有的社会环境，即市场经济、政治力量、传播者等因素与受众之间的关系。但不管他们之间的关系如何，这些因素毕竟都在美国社会的外部社会和文化条件之下，并受其控制。

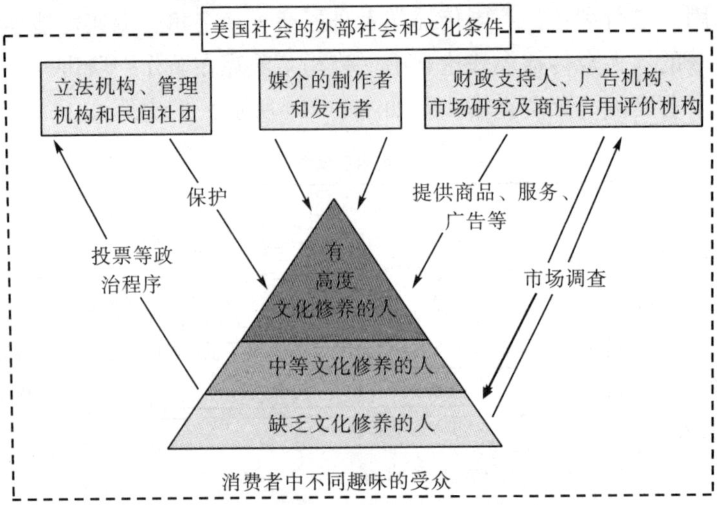

图 1—20　美国社会的外部社会和文化条件

德弗勒的大众媒介体系模式，又叫社会系统模式，该模式表述了在市场经济条件下，社会政治、经济力量的变化与传播过程的关系。媒介的制作者和信息的传播者，在制作和传播信息的过程中始终要考虑受众的文化状况，而人的文化状况直接影响着他们的传播。媒介制作者和信息传播者传递的信息要受到立法机构、管理结构和民间社团的制约，同时还要受到财政机构、广告支持人、市场研究和商店信用以及评价机构对他们的制约。这些机构为信息受传者服务，同时通过市场调查把信息受传者的爱憎好恶反馈回来，进而影响信息受传者。这些受传者还受到立法机构、管理机构等的保护，同时立法管理机构等政府机构受信息受传者投票行为的制约。支撑这个体系运行的是媒介的“低级趣味”内容。

“三论”观照下的模式经历了从不完善到完善的过程，为后面传播学研究和进行传播实践提供了思路。

二、以媒介为中心的模式

如果说“三论”观照下的模式作为最基本的模式为后来的研究提供了思路，那么以媒介为中心的模式则能够让大家明白媒介都受到哪些因素的影响，媒介在干什么的问题。这里所指的媒介既包括媒介组织也包括个人。

（一）社会压力下的媒介组织

正如系统模式所揭示的，所有的传播活动都是一个系统。这个系统又处在更大系统之中，受到更大系统的影响和制约，诸如社会政治和法律、各种广告客户、各种竞争者、各种资产拥有人、内容提供商（新闻通讯社、版权所有者、公共人物等构成的信源）等。为此，麦奎尔专门解释了媒介面临的需求与制约，并在其与瑞典传播学者斯文·温德尔所著的《大众传播模式论》中将模式绘制如图 1－21 所示。

该模式显示每个媒介组织都会面临多方面的需求与制约，主要包括：来自经济方面的广告商、资产拥有人、投资者的需求与制约；来自政治的社会或政治机构（如商业公司、学校、医院、政党等）的需求与制约；来自法律方面的压力；来自内容提供商（新闻及其他通讯社）的需求与制约；来自监管机构（如各监管局）的需求与制约；来自受众的需求与制约。媒介组织要面临如此众多的压力，自己也还有远大的目标：追求赢利，既要为所有股东赢利，又要为自身赢利；追求某种“理想主义目的”，即为某些社会、政治、文化服务；追求受众最大化并迎合受众需要。正是媒介组织有这些压力，才使得信息在流动过程中有所取舍。

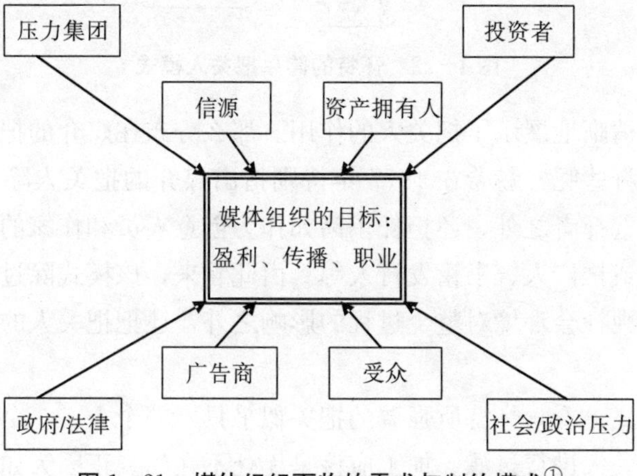

图 1－21　媒体组织面临的需求与制约模式[①]

① 丹尼斯·麦奎尔、斯文·温德尔著，祝建华译：《大众传播模式论》（第 2 版），上海译文出版社，2008 年版，第 143 页。

（二）媒介的把关模式

1. 怀特的简单把关人模式

把关人概念是库尔特·卢因在1947年关于家庭食物购买决策的《群体生活渠道》一书中提到的。他指出，关于食品信息流动的渠道中总是存在着某种"门区"，在门区，把关人会依据一些原则或者把关人个人的意见，对信息进行过滤，由他决定哪些信息可以继续流动，哪些信息要被淘汰；把关人会把可以继续流动的信息进行加工，以便再次流动。库尔特·卢因还专门把这种现象和大众传播过程中新闻的流动做了详细的比较。

怀特在研究美国一家非都市报纸电讯稿编辑人员的过程中，最早使用了个案研究方法，并采纳了库尔特·卢因的把关概念。他将那位编辑筛选、过滤许多信息的决定作为最重要的把关行为。以下模式揭示了如下过程，如图1—22所示。

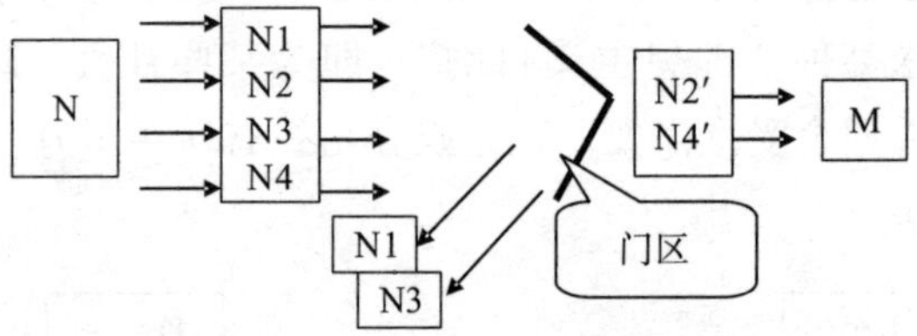

图1—22　怀特的简单把关人模式

把关模式清晰地展示了把关人的作用。那么分布在媒介的把关人，他们的角色到底包括哪些呢？赫希在1977年特别指出媒介的把关人除了模式所展示的新闻报道的选择者之外，还担任了诸如作为创意人员和作家的经纪人、文化活动的制作人或推广人、书籍发行人等。由此看来，该模式除过分强调把关人的作用以及忽视社会环境对整个过程的影响之外，还把把关人的角色定义得比较简单。

另外从模式上看，怀特所强调的把关似乎只有一个人、一个环节，而在媒介活动中，把关人进行过滤、加工应该是无处不在的。正因为如此，韦斯特利和麦克莱恩也为弥补此缺陷特意增加了把关环节，试图解释清楚把关，后来也有学者把它做了进一步细化。

尽管该模式存在这样或那样的缺陷，但该模式还是为后来传播学在把关环节的研究奠定了基础。

2. 麦克内利新闻流动模式

早期，对怀特把关模式的批评多指向复杂把关环节的缺失，按照现今对新闻报道的理解，把关应该是无数个环节，这就存在无数个把关人。鉴于此，1959 年，麦克内利在其《国际新闻流动中的中介传播者》一文中指出，在整个信息的传播过程中存在着一系列的把关人（C_1、C_2、C_3、C_4、C_5 等），包括记者、编辑等，最初的信息接收者经常为其他人充当把关人，不同的把关人通过把关之后分别发出 S_1、S_2、S_3、S_4、S_5 等互不相同的信息。麦克内利新闻流动模式特别指出新闻的流动需要经过众多的把关过程和把关人。

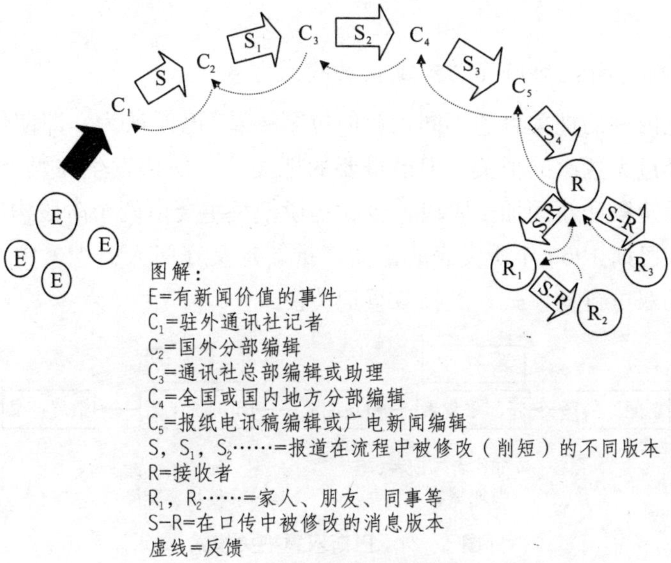

图 1－23　麦克内利新闻流动模式[①]

该模式展示了这样一个过程，有新闻价值的事件要经过驻外通讯社记者、国外分部编辑、通讯社总部编辑或助理、全国或国内地方分部编辑、报纸电讯稿编辑或广电新闻编辑等层层把关，每一次把关又会形成新的报道版本，直到最后到达接收者。但是接收者也不是新闻的终点，因为任何一个接收者都会再将新闻信息传播给周围的家人、朋友、同事等，而在他们相互传播的过程中又会产生新的消息版本。这就表明，充当把关人角色的不是只有媒介，普通的个人也能成为把关人。

① 丹尼斯·麦奎尔、斯文·温德尔著，祝建华译：《大众传播模式论》（第二版），上海译文出版社，2008 年版，第 151 页。

除了强调接收者经常成为把关人之外，该模式还重点强调在新闻信息流动过程中，最主要的把关过程可能早在报纸的电讯编辑或者广电新闻编辑收到新闻稿之前就已经完成了，尤其是在国外新闻领域，全球性新闻基本上都是通过大通讯社的主要分社决定的。尽管该模式的把关工作似乎已经很完备，但是，这个模式在早期的把关过程中还少了些环节，在当今社会，有新闻价值的事件一般不是直接就被驻外通讯社记者采访到的，可能还需要事件参与者、目击者提供；或者由有意图的宣传者、鼓吹者报送；或者一则微小报道被某记者挖掘到等。因此，可以在前期的把关环节中加入一些这样的要素。

该模式还提到了反馈，但是这个反馈行为似乎很少发生，如果发生也可能很不及时。

3. 巴斯新闻流动内部“双重把关模式”

与麦克内利的把关思想不同，亚伯拉罕·Z. 巴斯认为，即使信息在传播过程中会经过无数次的把关，但最重要的把关环节应该发生在媒介组织内部，即新闻采集阶段和新闻加工阶段，也就是说把关主要由两个阶段构成。其观点集中展现在巴斯 1969 年所发表的论文《重新定义守门人概念》中，该论文提出了著名的双重行动模式，又称双重把关模式。

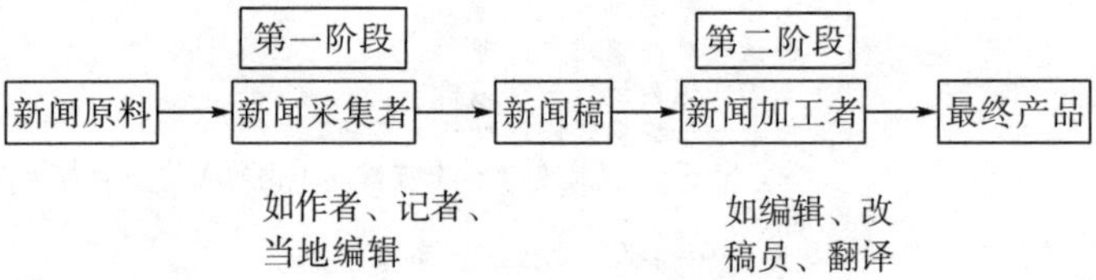

图 1—24　巴斯双重把关模式

该模式（如图 1—24）显示，由作者、记者、当地编辑等所构成的新闻采集者是把关的第一个阶段，他们将突发事件、公益活动、新闻发布会等“新闻原料”采写成“新闻稿”或新闻消息。而由编辑、改稿员、翻译等构成的新闻加工者是把关的第二阶段，他们将新闻稿或新闻消息进行修改加工之后形成一张报纸、一个新闻周刊、一个新闻节目最终产品，并将其传播给广大的受众。

该模式详细解释了媒介组织内部新闻工作者的新闻把关过程，这对研究新闻记者的活动起到了启发作用。

综合他们的意见，把关活动无论是早期信息源的活动还是媒介组织对信息层层过滤与加工以及受众接受信息进行人际传播；无论是一个作者把自己的内心世界写成文字，还是网民在网络上使用微博随意发言，抑或是画家画幅山水画，如此等等，都反映出把关其实无处不在。但不管如何，把关人的把关活动其实都受到大环境以及个人内心世界的影响，这才能解释为什么信息在传播过程中有增也有减，产生种种变化。

（三）新闻生产过程模式

媒介的把关模式重点解释了把关概念，令人一目了然，甚至启发研究者结合实践去进行深层次思考，并补充模式存在的优缺点。但是，新闻生产的过程到底是什么样的呢？媒介的主要工作人员如编辑、记者等，他们到底具体负责什么工作呢？有没有固定的程序可言呢？如果有的话，这个程序又是什么样的呢？我们的同学在进入传媒行业做传播工作之前是否可以熟练掌握或者至少熟知这个程序呢？英国传播学者丹尼斯·麦奎尔、瑞典传播学者斯文·温德尔所著的《大众传播模式论》一书回答了我们的疑问，他们在书中将埃里克森所总结的程序介绍如下：

该模式（见图 1-25）已经基本把西方媒体的新闻生产过程全部展示了出来。消息来源可以是媒体主动采访的，也可以是被动的，即由特定的“消息来源人士”来执行，他们以政治、经济等手段对媒体施压，使媒体采纳特定事件作为潜在的新闻消息。

从记者调查事件到记者发展故事再到记者完成故事这一系列的过程，描述了记者工作的步骤。每一个环节都涉及创意，需要积极深挖背后的细节，并涵盖多种可能性。

报社或电视台的编辑部门为预审决策、报纸的排版编辑和电视的节目单编辑等环节召开的编前会对整个新闻、节目的生产起着重要作用。编辑部力量的强弱，日常选择工作的好坏，不仅关系到新闻、节目的质量，甚至会影响到报社、电视台的兴衰。

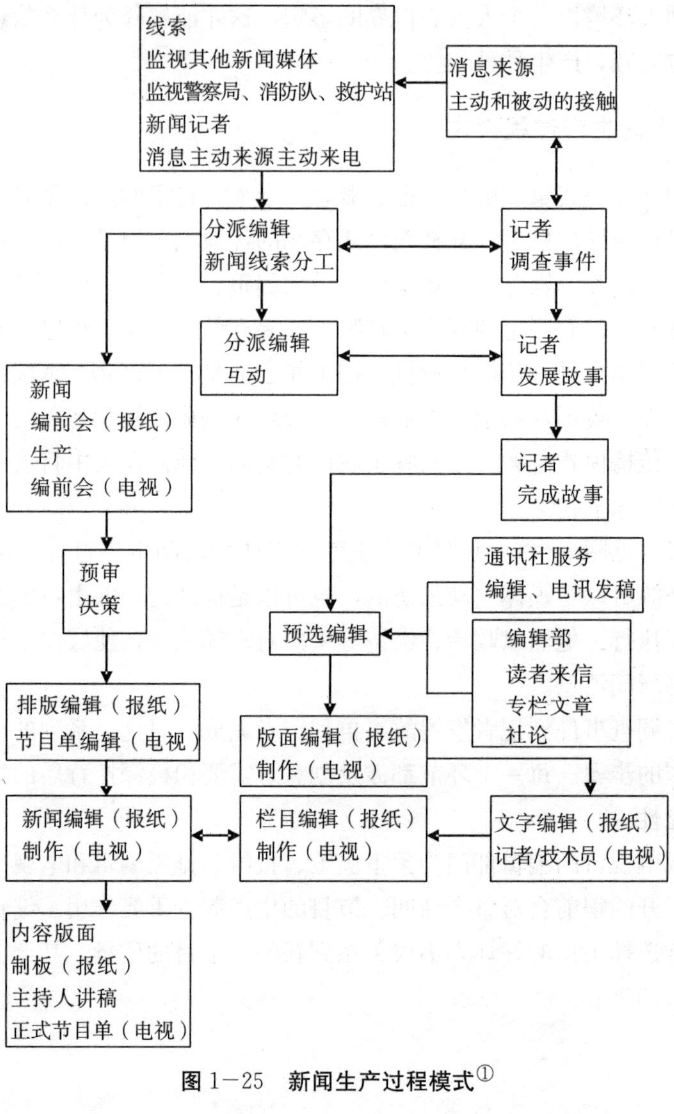

图 1－25　新闻生产过程模式①

新闻通讯社的电讯稿、编辑部的社论、读者来信、专栏文章、特稿、软新闻、娱乐内容等总是时时刻刻等着被选用，并始终在媒体的直接掌控之下，一方面以应对不时之需，另一方面以充实版面或时段。

通过层层选择和一系列技术处理，新闻最终以一定版面或节目形式呈现在读者或观众面前。

---

① 丹尼斯·麦奎尔、斯文·温德尔著，祝建华译：《大众传播模式论》（第二版），上海译文出版社，2008 年版，第 159 页。

三、以受众为中心的模式

如果说以媒介为中心的模式重点阐释了媒介把关、选择、新闻生产过程的重要性，那么以受众为中心的模式，则从一般情况到电视节目选择等几个方面重点解释受众如何根据自身需要接触媒体，并做出选择决定的过程。

（一）使用与满足基本模式

此前的研究主要从传播者或传媒的角度出发，其重点考察的是：传媒对受众做了什么？是否达到了预期目的？对受众产生了哪些具体的影响？使用与满足模式的最大突破在于从受众的角度出发研究问题，其通过分析受众接触媒介的动机以及通过这些接触能够满足他们哪些具体的需求，考察受众利用大众传媒来做什么。

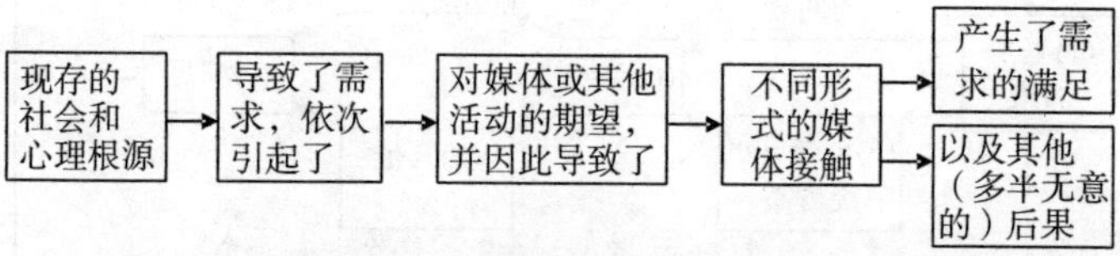

图 1－26 使用与满足基本模式

该模式（如图 1－26）解释了受众所生活的社会及自身的心理根源引起了他们某些需求，并导致了他们对媒体或其他活动的期望，因此他们主动接触不同的媒体，最终使自己的需求得到满足。得出这样的结果主要是基于以下一些要素：

第一，受众被设想为主动的，也就是说，对大众传播媒介的使用重要的一部分被认为是有目标导向的行为。

第二，在大众传播过程中，将需要的满足与媒介的选择联系在一起的主动权在受众。

第三，媒介必须与满足受众需要的其他源泉相竞争。[①]

主动权在受众这一条，特别值得注意。受众是根据自己以往使用媒体的体验及自己的需要而有目的地选择媒体，满足自己的需要。这就解释了在媒介种类如此众多的情况下，每个人选择和接触的媒介不同，是为了满足自己不同的

① 沃纳·赛佛林、詹姆士·坦卡德著，郭镇之译：《传播理论：起源、方法与应用》（第五版），中国传媒大学出版社，2006 年版，第 254 页。

需要。有的选择电视，也许是出于放松、娱乐或者忘掉工作烦恼的需要；有的选择报纸，也许是出于获得信息、知识和理解的需要；有的选择社交媒体，也许是出于满足一种习惯、降低孤独感的需要，凡此等等。受众接触媒体最终都是为了满足自己特定的需要。

（二）使用与满足的罗森格伦展开模式

1943年，美国心理学家亚伯拉罕·马斯洛在论文《人类激励理论》中提出了人的基本需求层次理论，该理论将需求分为五种，分别为：生理上的需求，安全上的需求，情感和归属的需求，尊重的需求，自我实现的需求，五种需要就像阶梯一样从低到高，按层次逐级递升。

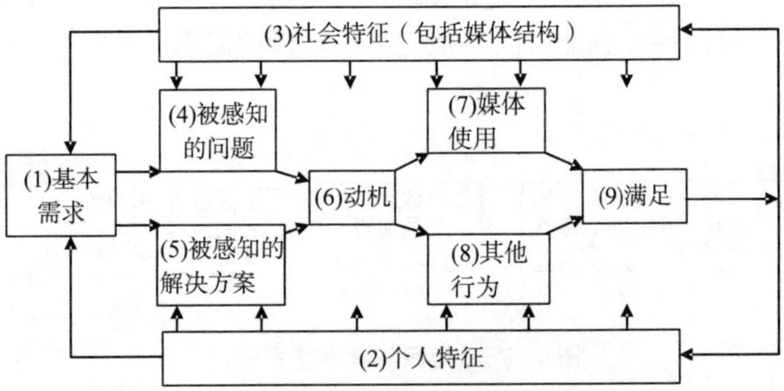

图1—27　罗森格伦的使用与满足研究模式

1974年，罗森格伦根据马斯洛的需要层次理论和使用与满足的基本模式，提出了使用与满足研究模式，如图1—27所示。

该模式的突出特点就在于把个人的基本需求（1）作为模式的起点。必须要指明的是，只有当个人感知到了问题的存在（4）以及认为存在解决问题的方案（5）才能产生接触媒体的动机（6），进而主动使用媒体（7）和通过其他行为（8）使需求得到满足（9）。

其中，个人的基本需求（1）主要是由诸如社会发展、政治需要、经济压力等社会特征（3）和诸如兴趣、爱好、个性、社会地位、学习、恋爱、养家糊口、中年空巢及安度晚年等个人特征（2）所塑造或影响的。

另外，从满足（9）这点出发返回社会特征（3）和个人特征（2）的轨迹说明，带有动机的媒体使用也许会直接影响个人和社会。当然这也提醒我们，从媒体中得到的任何满足也许本身就是由社会特征（3）和个人特征（2）所直接影响或塑造的，而与动机（6）到媒体使用（7）之间的因果链无关。

这也解释了在媒体形式纷繁复杂的情况下，受众为满足自己多种多样的需求，也许会通过不同的媒体接触形式来实现。但社会特征和个人特征对接触媒体的动机及使用媒体起着决定性的作用。

（三）使用与满足的文化媒体使用模式

如果说使用与满足的基本模式和罗森格伦的展开模式只是对受众普通的、信息性的需求做了一个描述的话，那么麦奎尔的文化媒体使用模式则重点描述了受众更常见的娱乐性、想象性或者简单地称为文化性的满足，他在与瑞典传播学者斯文·温德尔合著的《大众传播模式论》一书中将其观点绘制成了著名的麦奎尔文化媒体使用模式，如图 1−28 所示。

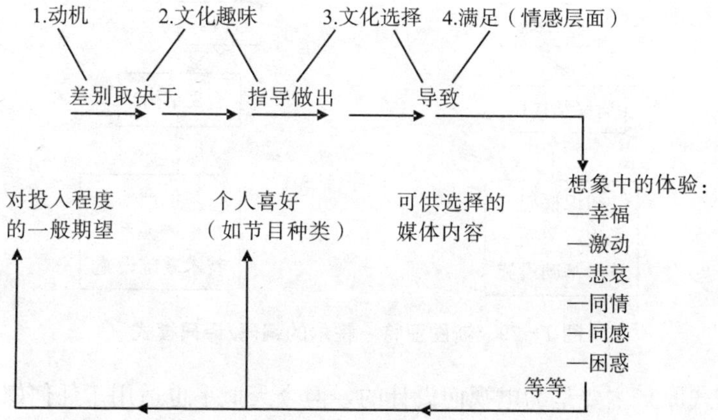

图 1−28 麦奎尔文化媒体使用模式①

该模式展示了受众动机的差别、文化趣味和个人喜好的不同，将指导受众选择各种不同文化媒体以及内容从而使自己的情感层面的需要得到满足，而这一切又将导致想象中幸福、激动、悲哀、同情、同感及困惑等体验。特别要指明的是文化趣味指的是个人特定的喜好偏向，它受到家庭背景、社会背景、阶级背景、教育背景以及一般的文化资本等因素的影响。

该模式也展示了受众会选择接触不同的媒体和不同的文化形式、内容来满足自己特定的文化趣味。也许受众的文化选择会经常变化，但实际上，他们的选择很大程度上是事先给定的。而且从模式上，可以一目了然的是，从体验到投入和个人文化趣味是一个反馈循环的过程。

① 丹尼斯·麦奎尔、斯文·温德尔著，祝建华译：《大众传播模式论》（第二版），上海译文出版社，2008 年版，第 122 页。

（四）编码/译码模式

受众的使用与满足模式强调受众主动使用传媒以使自己的某种需要得到满足。但是，信息在传播的过程中实际上存在着编码和译码的过程。如果受众译码与传播者编码一致，那么信息传播的作用就很明显。为此，英国社会文化学派的代表人物斯图亚特·霍尔综合了符号学、结构主义和葛兰西的霸权理论，并在其名著《电视讨论中的编码和译码》中提到了有关编码和译码的重要观点，其模式如图1－29所示。

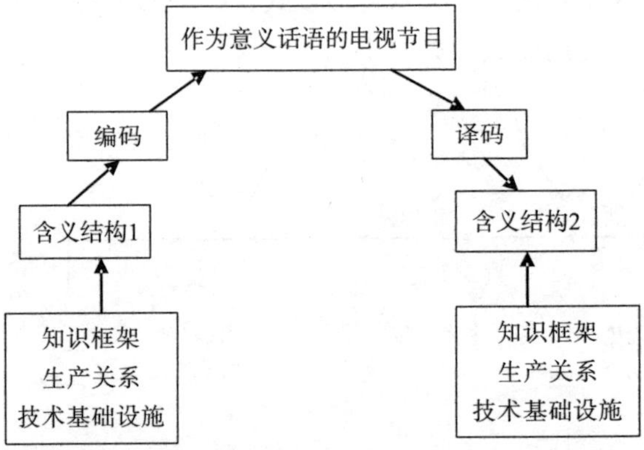

图1－29　斯图亚特·霍尔的编码/译码模式

该模式原来主要是为电视而设计的，但今天似乎也适用于任何媒体。该模式展示了媒体信息从起源到接收和解读所经历的转型阶段。首先，该模式清晰地展示了编码员（传媒工作人员/传播者）由于知识框架、生产关系、技术基础设施等不同而将隐含在信息里的明示或隐含意义以一定的符号形式，通过伪装、分解、重组等手段进行编码，形成具有特定意义的电视节目。当然这里的知识框架、生产关系、技术基础设施只是一种代表，在当今社会，其实应该包括可感知的因素，如制度结构、播送方式与网络；隐性的因素，如传媒工作者自身的技术水平、政治素养、职业道德、职业观念、知识结构等，甚至还有日常操作程序和历史地界的影响。其次，该模式还展示了译码者（受众/用户）由于知识框架、生产关系、技术基础设施等不同而对具有特定意义的电视节目进行不同的译码的过程。这里的知识框架、生产关系、技术基础设施也只是一种代表，这表明受众/用户对信息的解读要依据自身的语境、自己的观念、自己的知识构架。

在斯图亚特·霍尔对编码和译码进行分析时，虽然提到了传播者的编码过程，但他所强调的受众在译码过程中存在的三种情况在某种程度上为我们研究受众起到了极大的作用，这三种情况是主导霸权立场、协调立场、对抗立场。霍尔特别强调，受众存在的三种立场绝对不是分离的，它们之间是互相联结的，就像标尺上可滑动的游标刻度。

需要解释的是：第一，传媒工作者会为了意识形态的目的而对信息进行选择性编码，并以同样的目的去操纵语言和媒体，从而给媒体的信息进行偏向性解读；第二，现代生活中的受众/用户并不会原封不动地接收或解译信息，他们实际上总是在根据自己的人生观、价值观、世界观，经验或者视野等情况，通过变通或者对立的解读方式来抵御意识形态的影响。这也就解释了当今各国传媒提供的诸如新闻、娱乐节目、流行音乐、体育报道、电视剧、纪录片等产品，多半具有主流权力结构的内涵，但是对于受众来说，这不过只是解读了表面价值意义而已，甚至有时还故意对信息的本意歪曲理解。因为霍尔模式表明，意义不是传送者“传递”的，而是接受者“生产”的。

（五）受众电视节目选择模式

韦伯斯特和瓦克什莱格在其受众电视节目选择模式中设了三个假定：第一，各类已有节目的结构是固定不变的；第二，电视是一种快餐，因此对于观众来说，在同时播放的各节目之间作选择的成本是相同的；第三，该模式针对个人观众在任一时点上的活动。[①] 基于以上三个假定，韦伯斯特和瓦克什莱格弥补了大多数传媒界人士所公认的使用与满足理论当中的一些缺陷，提出了电视节目选择模式，如图 1－30 所示。

首先，该模式强调了节目选择是最主要的因变量。该因变量将随着五个变量的变化而变化。第一个变量是观众是否在场收看电视节目（1），第二个变量是该节目当时是否在播放（2），第三个变量是具体节目的偏好（4），第四个变量是在电视机前收看节目的群体（8），第五个变量是观众对偏好节目是否在播放的知晓程度（9）。

① 丹尼斯·麦奎尔、斯文·温德尔著，祝建华译：《大众传播模式论》（第二版），上海译文出版社，2008 年版，第 136 页。

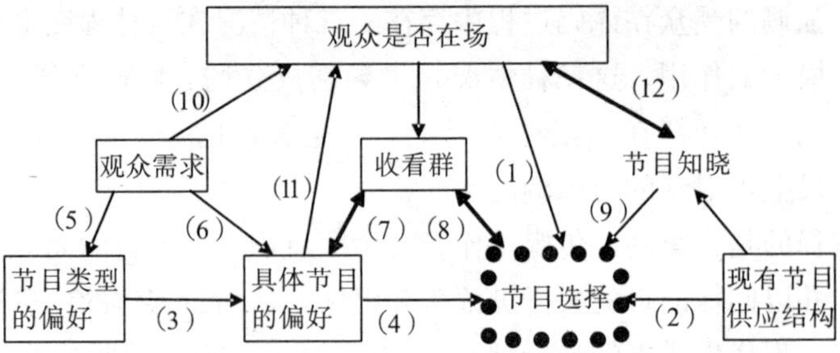

图 1—30　韦伯斯和瓦克什莱格电视节目选择模式①

以下几点需要重点说明：

第一个变量——观众是否在场，指的是主动（观众有意识地寻找某种媒体体验以满足自己的需求）或者被动（观众在有电视机和有时间的情况下才收看）在电视机前观看电视节目，受到观众需求因素诸如个人兴趣爱好、动机、期望等的影响，同时，观众的需求还影响节目类型的偏好和具体节目的偏好；

第二个变量——现有节目的供应结构，在任一时间点上，可供选择的数量不会超过该系统当时提供的频道总数，该变量直接影响着受众对节目的选择；

第三个变量——具体节目的偏好，直接影响着受众对节目的选择，同时，又受到观众需求和节目类型偏好和收看群体的影响，但是研究受众过程中的当务之急是要弄清楚这几者之间的关联性到底是什么；

第四个变量——收看群体，不能忽略的是正在收看电视节目的观众往往是有亲人或朋友的陪同，而这群人直接影响着节目的选择和具体节目的偏好；

第五个变量——节目知晓程度，不仅指观众清楚地知道哪些节目正在播放，还包括观众对内容的喜好程度是否足够强烈以至于影响观众对节目的选择。

另外，该模式的箭头有的是单向，有的是双向，但都标明了影响的方向性。

（六）受众欣赏程度的影响因素模式

作为一位普通的受众，会因为自己的兴趣爱好主动接触传媒，关于这些，本书前面章节已经谈到。但是，无论传媒业界或学界，都很想知道受众对自己所选择节目的欣赏程度到底如何？怎样才能让受众对节目保持长期的关注而不

---

① 丹尼斯·麦奎、斯文·温德尔著，祝建华译：《大众传播模式论》（第二版），上海译文出版社，2008 年版，第 136 页。

放弃？鉴于此，丹尼斯·麦奎尔和斯文·温德尔在他们的著作《大众传播模式论》中专门提到了受众欣赏程度的影响因素模式，如图 1－31 所示。

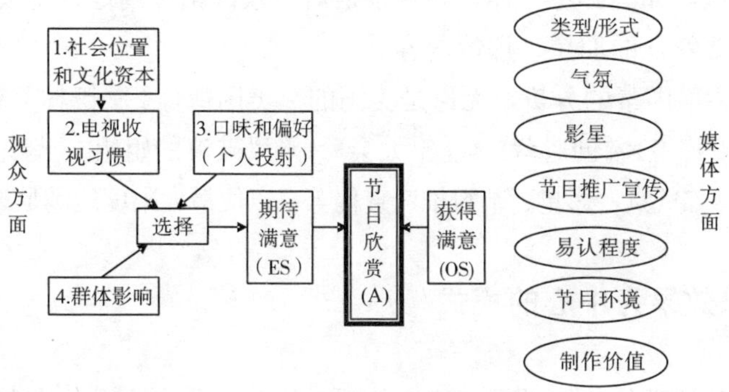

图 1－31 受众欣赏程度的影响因素模式①

观众对某一电视节目的欣赏程度（A）是该模式中被解释的因变量。欣赏程度直接受到来自观众方面诸如社会位置和文化资本、电视收视习惯、口味和偏好（个人投射）以及群体影响和来自媒体方面诸如类型/形式、气氛、影星、节目推广宣传、易认程度、节目环境以及制作价值的影响。但观众的欣赏程度实际上是每个观众期待满意（ES）和获得满意（OS）之间产生差别的结果。若(ES) ＜ (OS)，那么受众对该电视节目就可能产生较高的欣赏程度，若（ES）＞(OS)，那么受众对该电视节目就可能产生较低的欣赏程度，需要强调的是，二者只是影响欣赏程度的高低，但并不等同于对电视节目内在质量的评价。

受众方面的影响在前面文化媒体的使用模式和电视节目的选择模式中已经介绍过了，这里不再赘述。此处重点探讨媒体方面影响满意程度的几个主要因素：

类型或形式，指的是偏好的某种节目类型，实际的节目体验将与之相比。

气氛，指内容表现中含有的能为观众所发现和欣赏的某种特定艺术或文化特征。

影星，节目中如有明星演员出场，将更可能带来高度的欣赏程度。

推广宣传，事先的宣传能够营造对质量的期望（不管以后是否兑现），甚至会产生与实际体验无关的质量保证效果。

易认程度，主要指观众理解节目内容的困难程度或熟悉程度。如果节目中的艺术或智力内涵难以被人辨认，其欣赏程度就会降低。

---

① 丹尼斯·麦奎尔、斯文·温德尔著；祝建华译：《大众传播模式论》（第二版），上海译文出版社，2008 年版，第 136 页。

节目环境，指的是与同一时段其他频道正在播放的节目之比较，其影响到相对的欣赏程度。

制作价值，如同影星一样，观众根据对背景、拍摄场地、化妆、音乐、真实性、动感等特征的期望来评价内容。①

对媒体方面因素的分析，无论是美国的《美国偶像》《舞林争霸》，还是中国的《中国好声音》《创造营》《吐槽大会》《乘风破浪的姐姐》，皆十分重视媒体方面的因素，如气氛、影星、节目推广宣传等，以便最大限度地满足观众的需求。

四、以效果为中心的模式

早期，传播学的传统学派在研究传播过程时其焦点主要集中在受众和传播效果之上。关于受众的模式，在前一节就已经详细阐述过了，本节重点探讨以传播效果为中心的模式。

（一）议程设置模式

1972 年，马尔科姆·麦库姆斯（Maxwell Mocombs）和唐纳德·肖（Donald Shaw）首次准确提到议程设置理论。该理论认为，大众传媒往往不能决定人们对某一事件或意见的具体看法，但可以通过提供信息和安排相关的议题来有效左右人们关注某些事实和意见及他们议论的先后顺序；大众传媒对事物和意见的强调程度与受众的重视程度成正比。依据该理论，可以绘制如下模式，如图 1-32 所示。

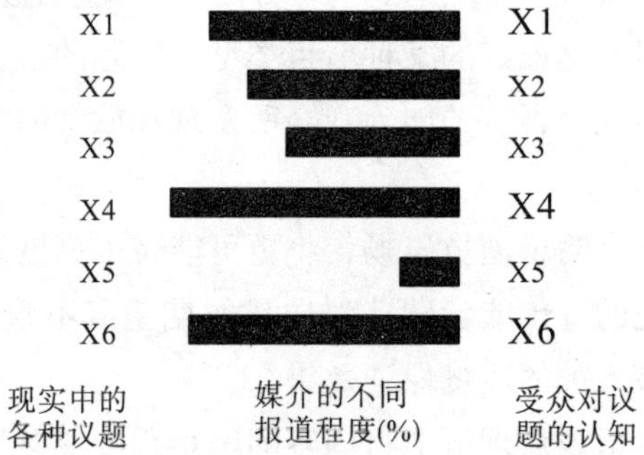

图 1-32　议程设置模式

① 丹尼斯·麦奎尔、斯文·温德尔著，祝建华译：《大众传播模式论》（第二版），上海译文出版社，2008 年版，第 141 页。

该模式强调，大众传媒每天向受众提供各种各样的议题；大众传媒对议题的安排顺序决定了受众对议题的讨论顺序；大众传媒对议题关注的程度越高，受众对议题的关注程度便越高，反之亦然，也就是说传媒报道的程度与受众关注的程度成正比。这也就解释了当今社会的一些现象，诸如传媒提到群众路线，受众就会高度关注并讨论其进度及成果；传媒提到雾霾来袭，受众就会高度关注并讨论如何预防；传媒提到长假期间的不文明现象，受众就会通过各种方式关注如何创建文明景区。

（二）沉默螺旋模式

传播学效果研究的早期曾提到一个著名的媒介威力论——子弹论，不过，这一理论被后来的有限效果理论所终结。随着时代的发展和进步，又有学者认为传媒对受众的影响还是极大的。20 世纪 70 年代，德国传播学者伊丽莎白·诺尔-诺依曼在其名著《重归大众传播的强力观》一书中提出了著名的强大效果理论——沉默螺旋理论。与子弹论的不同之处在于，沉默螺旋理论探讨的不是传媒某次传播的效果，而是从受众的角度出发探讨传媒间接的、长期的、潜在的影响，并将整个传播过程置于社会系统中进行多元化的宏观分析。

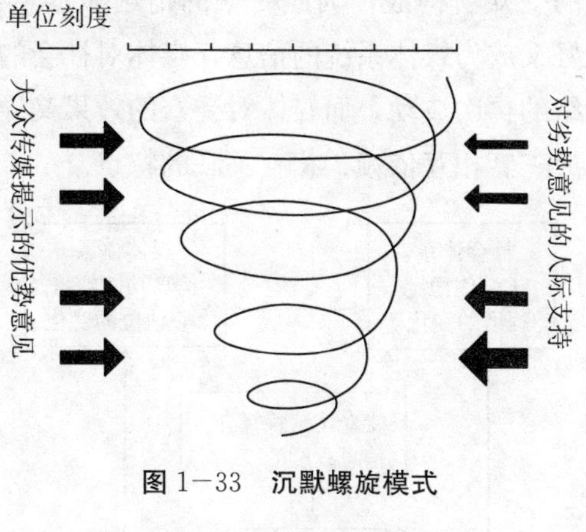

图 1—33 沉默螺旋模式

该模式基于人们的从众心理，强调在特定时期，传媒重点传播的某些观点往往在社会上占优势地位，这将对受众造成一种压力。大多数人力图避免因持有某种态度和观念而被孤立，因而在表达优势意见和不表达意见的个人数量增加的时候会放弃原有的态度和观念，并逐渐实现与优势意见的趋同。随着传媒不断传播优势意见，加上对劣势意见的人际支持日益缺乏，就形成优势意见大声疾呼，劣势意见逐渐沉默的状态，就像一个巨大的螺旋，即沉默的螺旋。换句话说，随着时间的推移，在大众传播的压力下，持优势意见的人会越来越多，而持劣势意见的人将会逐渐转向支持优势意见或者保持沉默。

当然，是不是受众一定会因为怕被孤立而改变自己的选择呢？也不尽然。生活中不改变态度的人也不在少数。也就是说，该理论依据的从众概念及怕被孤立的心理状态，在一些特殊的时候可能不适用，所以了解受众态度的变化应该视情况而定。

该模式虽不是媒介威力论的复兴，但也强调了传媒对受众的影响，尤其是潜移默化的影响。

（三）大众传播效果依赖模式

如果说议程设置理论和沉默螺旋模式是从微观角度去分析传媒效果，那么鲍尔－洛基奇（Sandra Ball-Rokeach）和德弗勒（Melvin DeFleur）的依赖模式（如图1－34）则从宏观上描述了社会系统、媒体系统和受众之间的关系，三者之间相互依赖，牵一发而动全身。

该模式是一种社会系统模式，它清晰地展示了社会系统、媒体系统和受众之间的相互依赖性、相互关联性，只要其中任一要素发生变化都将导致不同效果。社会是由无数的受众所构成，因此受众的情绪波动会影响到社会的稳定性，社会的变动恰好又成为媒体系统的信息，媒体对社会的变化进行深入的报道又会造成受众情绪的再次波动，而媒体对受众的效果又导致社会的变化……如此往复，最终形成三者相互依赖、相互关联的特点。

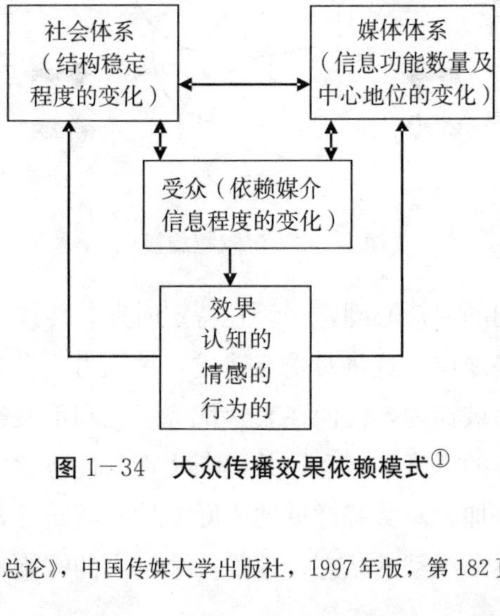

图1－34　**大众传播效果依赖模式**[①]

① 胡正荣：《传播学总论》，中国传媒大学出版社，1997年版，第182页。

另外，大众传播效果依赖模式，将大众传播媒介看成积极参与社会行动的社会、群体和个体层次上的维持、变化与冲突过程的信息系统，只有大众媒介系统稳定了，整个社会系统才能相对稳定。可见，在社会发展过程中，媒体系统的影响极其深远，媒介系统实际上是社会系统一个不可分割的子系统。

（四）知沟理论

在大众传播长期效果研究中，一个重要的理论是蒂奇纳（P. Tichenor）等人在20世纪70年代提出的知沟理论（如图1—35）。该理论认为，当一个社会系统中的信息流增长时，那些受过较好教育、具有较高社会经济地位的人群，将比受教育较少、经济地位较低的人群更能较快、较好地接收信息。因此，拥有较高教育程度和社会经济地位的人与只有较低教育程度和较低社会经济地位的人之间将会出现明显的知识鸿沟，并且随着时间的推移，该鸿沟逐渐扩大。

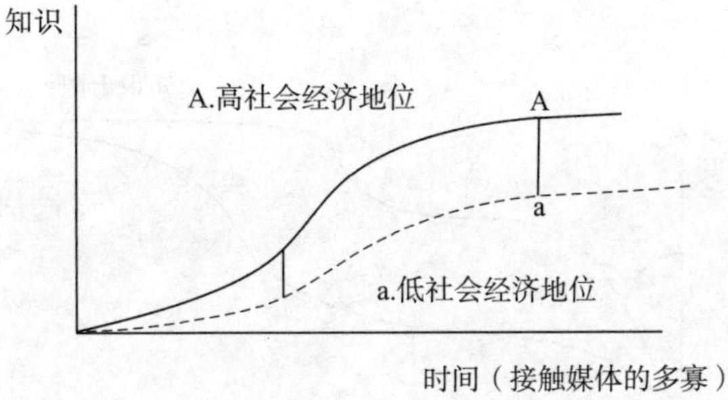

图1—35 知沟模式

该模式清晰地展示了较高经济地位者和较低经济地位者之间逐渐扩大的知识鸿沟，且该沟壑似乎有难以填平之势。其中，起关键作用的主要是传媒。传媒不断地向人们传播各种信息，教育程度高、经济地位高的人对信息的理解更快，因此他们对信息的掌握和利用速度也更快，如此一来，掌握和利用信息更快的人群会变得更加富裕，又能及时掌握新科技，了解并利用传媒的新信息；反之亦然。如此发展下去，二者之间的差距就愈加明显。

罗杰斯曾提到过，造成沟壑的原因，也许并不一定就是教育程度、经济能力；他还特别指出大众传媒并不是唯一因素，可能还存在着其他因素，因此他又提到了“传播效果沟”的说法。

对蒂奇纳等人知沟理论的批评之声还是有的，比如艾蒂玛和克莱因等人就针对知沟理论提到了上限效果假说。

（五）上限效果假说

当知沟理论一出来，大多数人都坚持认为随着时间的推移，知识鸿沟会逐渐增大。但是艾蒂玛和克莱因却认为在特定的时候，教育程度高、经济地位高的人和教育程度低、经济地位低的人之间的鸿沟会逐渐缩小，甚至趋于一致，这就是上限效果假说。提出这个假说的理由是，人们对特定知识的追求并不是无止境的，到一定的阶段就会达到某一饱和点，即上限，而后这些人所掌握的知识量增加速度会逐渐减慢甚至停滞下来。一般而言，经济地位高的人获得知识的速度较快，那么他们的上限来的也会相应较早。经济地位低的人虽然知识增加的速度较慢，但随着时间的推移，最终能够在上限时赶上经济地位高的人。他们认为，现实生活中，大众传媒所传播的知识基本上都是普及性知识，无论经济地位高的人还是经济地位低的人，他们从大众传媒那里获得的知识都不会超出这个范围，因此大众传播带来的结果不是社会知识鸿沟的逐渐扩大而是逐渐缩小。

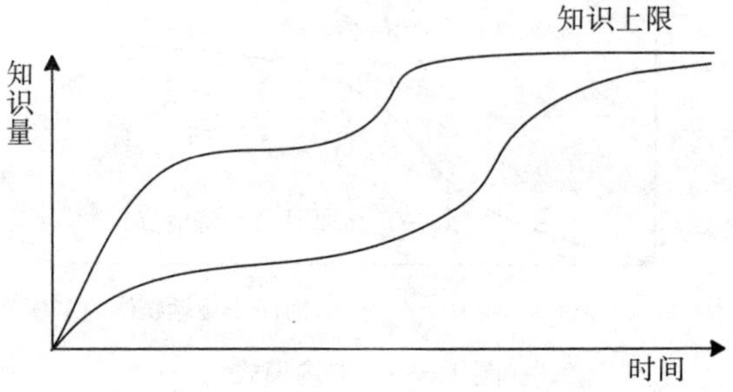

图 1－36　上限效果模式

该模式一目了然地解释了上限效果的实现。在这种情况下，艾蒂玛和克莱因等人所谓的上限在个人追求特定知识的过程中应该是存在的，但在人一生追求知识的整个过程中，上限是否存在则是个疑问。因为，即使个人对特定知识的追求在一定阶段的确会出现饱和现象或知识量增加的停顿现象，但与此同时，他们也许早就已经开始了对另一种新知识的追求过程。此外，考虑到知识的老化和更新等因素，社会经济地位低的人即使后来在某个上限时赶上了社会经济地位高的人，但是此时这种知识可能早已失去了它的价值。因此，上限效果假说认为可以通过大众传播的知识平均化效果来消除社会各阶级、各阶层间知识鸿沟的观点也是存在问题的。在当今，科技发展如此迅猛，传媒更新换代如此迅速，受众获取信息渠道如此多样化，上限效果假说可能就更显得无力了，而“数字鸿沟”的产生似乎也是一个最好的例证。

本章思考题

1. 什么是传播?
2. 人类传播经历了哪些时代?
3. 传播的类型有哪些?
4. 流言公式是什么? 如何运用?
5. 组织形象传播和组织危机传播的策略分别是什么?
6. 大众传播的功能有哪些?
7. 传播学的主要模式有哪些?
8. 如何正确评价传播学各模式?
9. 学习传播学模式有什么好处?
10. 在传播过程中如何用好这些模式?

第二章　传播学

人类社会进步和发展的历史在某些方面表现为人类不断发明和使用新媒介传播信息的历史。人类的信息传播活动在先，对这种传播行为的研究在后，因此本章重点讨论传播学的起源、发展、贡献者以及研究方法等。

第一节　传播学的起源

传播学就是以人类信息传播活动为研究对象的学科。该学科起源于 20 世纪一二十年代，成为一门具体的学科是在 20 世纪三四十年代。传播学从产生到以理论指导实践过程中，社会经历了一次又一次的变革，人类也实现了一次又一次的飞跃。

一、传播学起源的背景

与政治学、经济学、文学等传统学科相比，传播学属于一门年轻的学科，其从起源至今不过百年。可是，在作为一门学科研究之前，已经有过相关的记载和研究。比如中国的《诗经》中早有关于采诗、采风等传播行为的记载，《论语》中早有关于传播效果的研究，亚里士多德也早在《修辞学》中就提到演讲三要素等。

（一）传播学的欧洲思想渊源

传播学作为一门独立的学科，其兴起与这个社会的思想发展、经济发展和科学发展分不开。事实上，也只有社会发展到一定阶段，才能有这么一门学科。简单地回忆一下人类社会的历史，就不难发现，人类的思想解放、进步和科技发展是以欧洲文艺复兴为转折点的。

文艺复兴大概是始于1450年意大利北部的佛罗伦萨及周围城市，之后迅速波及整个欧洲，形成一场锐不可当的思想文化运动。而这场思想文化运动的直接或间接结果就是文学、科学、哲学和艺术的飞速发展，当然也为后世直接或间接地带来了达·芬奇（Leonardo da Vinci）等艺术家，达尔文（Charles Darwin）等生物学家，弗洛伊德（Sigmund Freud）等精神分析学家，马克思（Karl Max）等社会理论家。这些人，对整个欧洲的大学诸如柏林大学、法兰克福大学、巴黎大学、牛津大学、剑桥大学在文学、科学、哲学和艺术方面的发展都起到了推动作用。事实上，其带来的不仅仅是实践成果，更多的是思想意识。而这些思想恰好成为欧洲传播学起源的思想渊源。

表2—1　对传播学的产生起着推动作用的欧洲学者及理论

关键人物	生平大事	重要理论及影响	对传播学的贡献
查尔斯·达尔文	1809年生于英国施鲁斯伯里； 1817—1825年在施鲁斯伯里私立中学就读； 1825年进入爱丁堡大学学医，但因无法忍受鲜血而退学； 1828年进入剑桥大学改学神学，但兴趣是猎游和搜集甲虫； 1831年毕业于剑桥大学之后受亨斯洛教授提名随英国皇家军舰贝格尔号军舰进行环球考察； 1837年开始写作第一本物种演变笔记； 1839—1843年编纂五卷本巨著《贝格尔号航行期内的动物志》； 1842—1846年撰写三卷本著作《贝格尔号航行期内的地质学》； 1855年开始撰写关于进化论的主要著作； 1859年发表《物种起源》； 1860年英国科学促进会年会在牛津大学进行关于进化问题的大辩论； 1868年发表《家养动物和培育植物的变异》； 1871年发表《人类起源和性选择》； 1872年发表《人类和动物情感的表达》； 1880年出版的《植物的运动力》一书中总结了植物的向光性实验； 1882年4月18日，达尔文在达温宅因心脏病逝世，厚葬于威斯敏斯特大教堂。	进化论：解释生物在世代与世代之间具有变异现象的一套理论。该理论解释了物种是可变的，生物是进化的，而生物进化的动力则是自然选择。 由此结束了宗教学特创论、智慧设计论、不变论等理论对人类思想的限制。对后世研究人类进化提供了理论依据和思考方向。	系统阐释辩证唯物主义的思想直接影响了卡尔·马克思对当时当政统治者的批判，而这又为20世纪六七十年代德国法兰克福学派进行批判研究奠定了思想基础；关于“变异”的表达直接影响了芝加哥学派的库利和帕克，尤其影响了帕克关于城市生态学的著作； 研究非语言传播直接为传播学后来研究人类传播过程中非语言传播行为奠定了研究方向，甚至使得研究非语言传播成为传播学的一个专业； 进化论中重要的概念和机制成为传播学者研究群体生态学的理论基础。

续表

关键人物	生平大事	重要理论及影响	对传播学的贡献
西格蒙德·弗洛伊德	1856年生于当时位于奥匈帝国的普日博尔，不久随家人迁至维也纳，在那里度过了他大部分余生； 1881年在维也纳获得医学学位，希望成为一个医学研究者，但是由于他是一个犹太人，事业受阻； 1882年在与朋友J. 布罗伊尔讨论歇斯底里症患者安妮·奥的病例时，开始发展精神分析理论； 1885年去巴黎旅行，以便和夏尔科一起研究使用催眠术来治疗歇斯底里症； 1886年开办私人医疗诊所，专治神经病患者； 1887年就作为歇斯底里症一个原因的儿童诱奸问题与同事布罗伊尔决裂； 1895年与布罗伊尔一起出版《歇斯底里研究》； 1894—1899年在柏林与W. 弗利斯继续保持大量的通信往来； 1897年自我分析对其病人的压抑性情感，这导致了他提出俄狄浦斯情结； 1899年出版《释梦》，这是他重要的著作，以他的自我分析为基础； 1902年星期三晚间小组在维也纳开始互动，6年以后，它被重新命名为维也纳精神分析协会； 1904年在《日常生活的心理病理学》中论证“弗洛伊德式失误”，提供了对于无意识的洞见； 1905年发表《性论三篇》和《笑话与无意识的关系》； 1908年国际精神分析大会召开，C. 荣格被选为主席； 1938年纳粹德国人侵奥地利，弗洛伊德从维也纳逃往伦敦； 1939年弗洛伊德死于癌症。	试图通过考察个体内在的东西，特别是探究个体的无意识来解释人的行为。弗洛伊德将人的心理分为三个自我意识的层次，即意识、前意识、无意识。精神分析理论是对人的行为的内在考察和个体性解释，是通过无意识的理解而发展起来的。这对后来心理学家继承和发扬从无意识的角度探讨人类人格发展、态度转变和外在行为起到了推动作用。	精神分析理论强调人类行为存在于个体之中，特别是存在于无意识之中的观点，为海德的平衡理论、费斯廷格的认知不和谐理论及佩蒂和卡西奥普的态度变化理论提供了可能的模式，而这些模式后来直接被引入到了传播学中； 弗洛伊德理论直接影响了赫尔的学习理论，而这个理论的继承和发展是卡尔·霍夫兰的人格研究以及他在第二次世界大战中的说服研究； 精神分析理论被哈罗德·拉斯韦尔引用来进行有关政治领袖的精神分析研究，这也为传播学研究宣传提供了理论模型； 德国法兰克福学派将马克思主义和精神分析理论结合起来形成传播学批判学派的传播理论。这在阿多诺等人研究偏见影响的著作《权威人格》中有体现。

续表

关键人物	生平大事	重要理论及影响	对传播学的贡献
卡尔·马克思	1818 年出生于普鲁士莱茵省南部特利尔市的一个犹太族律师家庭； 1841 年中学毕业，先后在波恩大学和柏林大学法律系学习。中学毕业时写作《青年在选择职业时的考虑》； 1842 年为《莱茵报》撰稿，同年 10 月任该报主编； 1843 年与卢格合办《德法年鉴》，并撰写《论犹太人问题》等文章； 1844 年与恩格斯合写第一部著作《神圣家族》，从此他们开始了终身的合作，并于当年完成《1844 年经济学哲学手稿》； 1845 年完成《关于费尔巴哈的提纲》； 1845—1846 年与恩格斯合著《德意志意识形态》，论述了历史唯物主义的基本原理； 1847 年写作《哲学的贫困》，同年 11 月底，马克思和恩格斯出席在伦敦举行的共产主义者同盟第二次代表大会，受委托起草同盟纲领； 1848 年 2 月中旬，完成国际共产主义运动的第一个纲领性文件《共产党宣言》，同年，因比利时政府驱逐而流亡巴黎； 1848 年 5 月 31 日，主编《新莱茵报》； 1850 年 3 月和 6 月先后两次与恩格斯一起起草《中央委员会告共产主义者同盟书》； 1850 年写作《1848 年至 1850 年的法兰西阶级斗争》； 1851 年底至 1852 年春，写作《路易·波拿巴的雾月十八日》，介绍了欧洲，特别是法国 1848 年革命的经验；	马克思主义是指思想的马克思主义而非政治的马克思主义。马克思的历史唯物主义理论的中心是诸如这样一些概念：无产阶级、社会主义、共产主义、阶级斗争、无产阶级专政和“异化”——个体被其自身的创造物（它作为异己的力量面对着这些个体）所支配的程度。 而这些观点为后面学者从政治和经济的角度分析问题奠定了基础。马克思的一生在时间上与欧洲的工业化相吻合，这种工业化的特征是人类通过“功效”（个体对于人的未来施加控制的可想象的能力）与内在的控制日益增强对于自然的控制。马克思把异化看作是其理论中一个关键概念，这是很自然的事。①	马克思的办报实践和马克思主义重视传播效果研究为美国传统学派的保罗·拉扎斯菲尔德等人探讨传播研究领域中的效果研究提供了方向； 马克思主义重视从政治学和经济学角度批判传播实践，为批判学派注重从大众媒体的控制权和所有权角度进行批判提供了理论基础； 马克思主义中对普鲁士的书报检查令的批判及各种批判实践活动为媒介批评提供了模式及方法； 青年马克思的“异化”理论直接成为社会批判理论对技术理性主义的批判及后世媒介批评理论对“媒介工具崇拜”批判的思想资源。这在阿多诺的《否定的辩证法》和马尔库塞的《单向度的人——发达工业社会意识形态研究》中均有记载。

① E. M. 罗杰斯著，殷晓蓉译：《传播学史——一种传记式的方法》，上海译文出版社，2005 年版，第 93 页。

续表

关键人物	生平大事	重要理论及影响	对传播学的贡献
卡尔·马克思	1857—1859 年写作《政治经济学批判》； 1867 年出版《资本论》第一卷； 1875 年写了《对德国工人党纲领草案的意见》（即《哥达纲领批判》）； 1882 年为《共产党宣言》俄译本作序； 1883 年 3 月 17 日在伦敦逝世，葬于海格特墓地。		

（二）传播学的美国起源

传播学在欧洲的起源主要体现在思想方面，而作为一门真正的学科在美国的崛起则与其经济发展、科技进步、政治需要、知识分子迁移、学派发展、基金会资助、社会文化等有着千丝万缕的联系。

第一，经济的迅猛发展，大众传播业作为新兴行业迅速崛起。

内战结束以后，从 1865 年到 1890 年，美国在各方面都取得了长足的发展。由于建造铁路、使用铁和煤炼钢、筹集资本、开展企业家的冒险活动，以及把大草原分割为农场和牧场、全面开发自然资源，一批资本家引导了主要产业，通过竞争聚敛财富。因此，数年间，美国形成了一批托拉斯企业，产生了诸如标准石油公司及摩根钢铁公司这样富可敌国的大企业和大财团，各个行业也纷纷出现了行业巨头如石油大王、钢铁大王、牛肉大王、电讯大王、铁路大王、金融大王等。当时，美国铁路总利润的 85％被 7 个垄断集团控制，钢铁产量的 65％由摩根钢铁公司掌握。国家财富的 60％掌握在占美国人口 2％的富人手中。[①] 尽管这些托拉斯采取破坏环境、雇佣童工等非法手段获得财富的急剧增长，但因其能够使美国国民生产总值迅速增长，甚至使美国成为头号经济大国，所以美国政府对于这些托拉斯的行为并未干预。托拉斯之间的无序竞争变得更为激烈，垄断、欺诈、腐败日渐明显，托拉斯与政府、美国国民、美国环境的矛盾和危机也日益突出。

被洛克菲勒标准石油公司排挤在外的塔贝尔开始调查和揭露这些托拉斯财富背后的社会黑幕。她连续两年发表了长篇系列报道《标准石油公司的历史》。该系列报道详细阐述了洛克菲勒这位石油大亨是怎样依靠残酷的手段积累财富、建立垄断帝国的。正是因为塔贝尔以这样的方式揭露社会弊端，一些被大

① 纪录片《大国崛起》：第十一集，《危局新政》。

众称为“扒粪者”的进步人士也纷纷利用报纸、广播、电影，甚至漫画，向美国政府和社会提出疑问：“我们到底需要什么样的经济发展和社会进步?”

面对这样的现实，时任美国总统的西奥多·罗斯福只能拿洛克菲勒标准石油公司这样的垄断集团开刀，进行全面的整治。数年间，美国政府先后起诉40多家托拉斯公司。面对政府、法律及社会的强大压力，牛肉托拉斯、石油托拉斯和烟草托拉斯只得解散。这一解散，一度使美国陷入经济萧条。正是在这时候，国际舞台给美国经济大发展带来了一线生机。1914年，人类历史上的第一次世界大战爆发，来自欧洲的军火和钢铁方面的订单使美国的工业生产重新活跃起来。美国由战前的债务国变成了欧洲的债权国，拥有了世界40%的财富。到1929年，美国的国民生产总值已达到1040亿美元[①]，而第二次世界大战更是使得这些数据翻番。

由此看来，美国是在两次世界大战中唯一一个经济实力得到加强的国家。战争带来的财富，使得美国国民经济大发展，科技取得长足进步，体制也得到创新。这样，美国就有了足够的财力去发展自己的工业和经济。同时，由于科技发展使得工业生产率大幅提升，因此扩张市场行销产品成为每个企业必须要面临的问题。大多数企业开始寻找各种宣传模式，已经进入印刷时代的报纸成为首选，刚起步的新媒介——广播也进入宣传者的眼帘。事实上，第一次世界大战使得世界上几乎所有的国家都胆战心惊，面对混乱的国际国内环境及人心散乱的情况，大多数老百姓只能选择相信报纸、广播所提供的信息。毫无疑问，这也促进了一个新兴行业的产生，即大众传播业。

大众传播业的发展在当时还是有一定局限性，但是第二次世界大战改变了这一现状。第二次世界大战结束以后，电视作为新兴的大众传播工具迅速崛起，20世纪60年代，美国三大广播网经过新闻改革，电视新闻节目得到全面发展。商业体制下的ABC（美国广播公司）、CBS（哥伦比亚广播公司）、NBC（全国广播公司），除了依靠广告、娱乐节目进行赢利，电视网还意识到了新闻节目也可以赚钱的事实，从此，新闻部成了电视网的利润中心，新闻节目在经济利益的刺激下迅速发展。因此，“各地方台开始注重自己的新闻节目的制作与播出，这对三大电视网的新闻节目也形成了一定的竞争”。大众传播手段和方式的电子化、图像化，大众传播目的的赢利性、商业化和产业化，就如同给大众传媒插上了科技和金钱的双翼，推动着大众传媒强有力的发

① 纪录片《大国崛起》：第十一集，《危局新政》。

展[①]……由此看来，不管是第一次世界大战之后的大众传播业，还是第二次世界大战之后的大众传播业，除了宣传商品，并不断研究受众的兴趣、爱好、宗教信仰、生活习惯等之外，还要对同类的传媒竞争者进行彻底的研究，以便在商战中立于不败之地。与此相关的学科——传播学应运而生。在当时传播学开始重点探讨受众和传播效果，以便使大众传播业所传播的信息收到一个良好的效果。也就是说，传播学在美国，实用气息相当浓厚。

第二，科技进步带来电影技术与产业的发展。

科技的进步首先体现在交通事业方面。1903 年，莱特兄弟制造了 4 缸 12 马力的汽油发动机飞机，这是人类历史上第一架动力飞机。

图 2-1　莱特兄弟与其制造的飞机

1913 年，福特汽车公司开发出了世界上第一条汽车生产流水线。1924 年，第一千万辆 T 型汽车正式下线，售价从最初的 800 美元降到 290 美元，从此汽车进入美国的千家万户。

图 2-2　福特汽车公司与其生产的汽车

① 雷跃捷：《媒介批评》，北京大学出版社，2007 年版，第 29 页。

科技发展的另一个表现就是传媒技术的进步与发展。

1927年，华纳兄弟拍摄的美国影片《爵士歌手》（*The Jazz Singer*）第一次成功试用了电影技术的新系统，电影产业从此进入有声时代。

1938年，娜塔丽·卡尔默斯发明了电影的彩色印片法。

大大小小的传媒企业诸如福克斯、派拉蒙、华纳兄弟、米高梅、哥伦比亚、环球等分别将先进的科学技术和工业界的神圣运作法则付诸电影的制作和拍摄实践中。根据安德烈·阿库恩的观点，电影一旦“出声”，就失去了“1900年至1929年所具有的民间大型弥撒的特色”。各个国家纷纷开始尝试拍摄本国电影，并且深深意识到这一新兴媒介对保护和弘扬本国政治与文化的重要作用。从1920年起，美国人开始将外国影片拒之于25000家影院门外。不久之后，他们又大大地增加了其拍摄每部电影的预算：从1920年的40000美元到60000美元的平均预算值剧增到1930年的200000美元，甚至更高。值得关注的是，这笔经费中的很大一部分是用于广告宣传的。[①] 传媒业能够取得如此佳绩，显然是与采用先进的技术分不开的。而技术带来的产业发展，恰好成为美国传播学起源的一个重要原因。

第三，政治需要。传播学在美国的起源与其从政治和军事角度研究宣传密不可分。无论是战争年代的美国还是和平年代的美国，政治家们无不利用报纸、书籍、宣传单，甚至新科技产物——广播、电视来宣传自己的政治主张，政治宣传无处不在。在战争期间，为了促进对食品、纺织品、燃料及其他日用品的节省，并且鼓励人们入伍、在战争工业中工作、为娱乐活动服务以及购买债券，必须更多地依靠宣传。但是，当时宣传最有效力的作用是动员社会成员仇恨敌人，维持与中立国及盟国之间的友好关系，促进中立国转而反对敌国，以及粉碎敌人坚不可摧的抵抗。[②] 可见，1917年才参战的美国，为了赢得战争的胜利在宣传研究上所做的努力，是他国所无法比拟的。

传播学四大奠基人之一哈罗德·拉斯韦尔（Harold Lasswell）以及他的博士论文《世界大战中的宣传技巧》可以作为例证，拉斯韦尔在他24岁时就完成了这部对传播学有突出意义的旷世奇作。当然，他之所以选择使用内容分析法对第一次世界大战的宣传进行研究是与他的导师查尔斯·E. 梅里亚姆（Charles E. Merriam）分不开的。梅里亚姆是20世纪二三十年代美国政治学

---

① 弗朗西斯·巴勒著，张迎旋译：《传媒》，中国传媒大学出版社，2007年版，第17页。

② 哈罗德·拉斯韦尔著，张洁、田青译：《世界大战中的宣传技巧》，中国人民大学出版社，2003年版，第22页。

的一个重要人物，他提倡研究政治学的一种行为主义科学方法，主张政治学家应该研究政治行为，而不是政治思想，他还将定量分析引入到了政治行为的研究中。梅里亚姆在第一次世界大战期间，曾在意大利为美国宣传机构共性信息委员会工作，他十分关注政治行为中士气、宣传等的重要性。考虑到导师的这些学术兴趣，拉斯韦尔的论文题目似乎是对于要研究的问题的一个逻辑选择了。① 从此，拉斯韦尔开始了对于宣传和传播问题长达一生的关注。拉斯韦尔使用内容分析法研究第一次世界大战中双方使用的报纸、宣传手册、传单、书籍、海报、电影等，为传播学的研究奠定了研究方法；他一生都在对宣传和传播问题进行研究，为传播学的兴起和发展奠定了理论基础。

除哈罗德·拉斯韦尔之外，一些美国记者、政治和社会评论家、作家、历史学家、教授、研究生等也开始从各个角度回顾、反思和研究这场史无前例的宣传运动。他们的研究成果也在一定程度上丰富了传播学的基础理论和方法。

这是第一次世界大战中的研究。第二次世界大战中的研究活动才真正使美国的科学研究逐渐体系化。为了支持美国打击那些彻头彻尾的敌人，华盛顿专门成立了三个研究机构，分别是斯托弗领导的美国陆军信息与教育部研究处，威尔逊领导的战时新闻局调查处，利克特领导的美国农业部项目调查处。这三个研究机构都各有 100 多名社会科学家，而诸如保罗·拉扎斯菲尔德（Paul Lazarsfeld）、卡尔·霍夫兰（Carl Hovland）等都为这些部门服务过，且彼此之间相互连接，形成了一张有体系的网。这一张网对推动传播学的研究创造了有利条件。

除了战争年代，和平年代的美国，四年一次的大选就是政治宣传、舆论战争。这种无硝烟的战争本身就是在考验政府和政治家利用传媒为自己宣传造势的能力。事实上，所有的政府都在一定程度上从事宣传活动，并将其作为和平时期政府职能的一部分。它们替外交上的朋友做宣传，或者进行宣传以反对外交上的敌手，这种情况是不可避免的。② 政府的宣传是一方面，具体到每一位候选人仔细宣传又是另外一方面。从富兰克林·罗斯福的“炉边谈话”到著名的“电视总统”肯尼迪的电视宣传，每一位总统无不对宣传自己的政治主张和树立自己的政治形象慎之又慎，他们不仅利用报纸、广播进行宣传，还特别选定电视为其集中造势。

---

① 哈罗德·拉斯韦尔著，张洁、田青译：《世界大战中的宣传技巧》，中国人民大学出版社，2003 年版，第 3 页。

② 哈罗德·拉斯韦尔著，张洁、田青译：《世界大战中的宣传技巧》，中国人民大学出版社，2003 年版，第 26 页。

第四，知识分子的迁移，带来多样化的观点，促进了思想的进步。

哥伦布发现美洲之后，大批英国探险家们迅速移民美洲，从而使印刷业在美国迅猛发展，而两次世界大战前后因为逃离战争、革命和经济困境而大量涌入美国的欧洲知识分子则为美国带来了新的思维模式和研究角度。这种哲学的、思辨的、质化的研究风气最终使得美国科学技术、研究工作尤其是传媒研究得到重大发展。以下一些数据也证明了这个观点：第二次世界大战之前，在129项物理学、化学和医学领域的诺贝尔奖中美国只得了18项（占14%）；从1945年至70年代中期，美国的科学家赢得了56%的物理学奖、42%的化学奖、60%医学奖。显而易见，第二次世界大战标志着美国科学杰出地位的一个阶段性变化。① 第二次世界大战前，因为希特勒迫害犹太人致使大量犹太人和其他种族的人流亡美国。这些流亡美国的欧洲知识分子包括19名最终获得诺贝尔奖的科学家，诸如爱因斯坦（Alber Einstein）、特勒（Edward Teller）、齐兰德（Leo Czilard）。流亡的知识分子中也包括著名社会科学学者：柏林大学著名的心理学家库尔特·卢因，维也纳数学家和社会学家保罗·拉扎斯菲尔德，以及整个法兰克福学派。据统计，1933年至1941年间，共有13.2万名流亡者离开纳粹德国来到美国。这些知识分子的迁移是将传播理论的欧洲根源转移到美国的过程中的关键事件。②

第五，芝加哥学派形成与发展，奠定了传播学研究的理论基础。

诸如洛克菲勒（John Rockefeller）这样的资本家在晚年向私立大学、图书馆或医院捐赠资金，并且金额经常十分巨大。在众多资助项目中，具有持久影响的就是他们所投资的那些优秀的大学——霍普金斯大学、克拉克大学、斯坦福大学、芝加哥大学。这些大学与当时400多所文科学院相比最大的不同就是它们是研究型大学，这对美国来讲是不可多得的财富。其中对传播学做出巨大贡献的大学当属芝加哥大学，该大学由洛克菲勒以3500多万美元捐赠建立。在校长哈珀（W. R. Haper）的带领下，芝加哥大学有了美国第一个社会学系，而它完全支配了美国早期的社会学研究。芝加哥大学社会学系培养了几乎美国三分之一的社会学博士。帕克（R. E. Parker）和E. 伯吉斯（E. Burgess）编辑的《社会学导论》，托马斯（William Isaac Thomas）和兹纳涅茨基（F. Znaniecko）撰

① E. M. 罗杰斯著，殷晓蓉译：《传播学史——一种传记式的方法》，上海译文出版社，2005年版，第113页。

② E. M. 罗杰斯著，殷晓蓉译：《传播学史——一种传记式的方法》，上海译文出版社，2005年版，第115页。

写的《身处欧美的波兰农民》[①] 是社会学的主导性教材。除了培养人才之外，芝加哥大学社会学系还主办了一份非常有分量的杂志——《美国社会学杂志》。该杂志对芝加哥学派影响甚大，是由芝加哥大学社会学系系主任斯莫尔（A. W. Small）主编的，也是美国第一本社会学杂志，杂志的栏目包括论文、短评、专题讨论、新书介绍及撰稿人简介等，内容涉及社会结构分析、社会问题研究、社会行为调查、社会原则辩论、人类关系探讨及社会学方法研讨等方面，成为社会学观点碰撞、争论、传承的巨大阵地。斯莫尔本人也为该杂志撰稿 35 篇。此外，现代社会学的创立者之一西美尔（Georg Simmel ）关于人类传播的观点及其发表于该杂志的 15 篇文章也以各种方式影响着芝加哥学派。

芝加哥学派是 20 世纪初至 30 年代以美国芝加哥大学社会学系为中心形成的社会学学派。该学派在美国当时占统治地位的实用主义哲学思潮影响下，对新兴城市芝加哥的社会问题，诸如人口、种族、犯罪、人文区位、邻里关系、贫民窟等进行了一系列的实证研究。因此，该学派具有重视经验研究以及以解决实际社会问题为主的应用研究特征。该学派认为传播并不是单纯的信息传递和交流，而是形成人类各种关系的本质；传播创造和维持社会，同时探讨大众传媒在一个健全的民主制中的作用。

芝加哥学派的关键人物及其贡献如表 2—2 所示：

表 2—2　芝加哥学派代表人物与其贡献

关键人物	主要论著或观点	对传播学的重要贡献
A. 斯莫尔	《社会学通论》 《亚当・斯密和现代社会学》 《美国社会学五十年（1865—1915)》等	斯莫尔认为社会学只是提供一种方法和角度，需要和其他学科合作去认识社会，为传播学研究提供了思考方向； 斯莫尔的研究重点是“基本利益”。他把人类基本利益分为六种：生理需要、财产、社交、知识、审美、正义，对传播学研究受众的需求有极大帮助。
W. I. 托马斯	《欧洲和美国的波兰农民》等	强调社会无序的概念，促使研究者研究分析造成社会无序的过程；具有经验主义特点；对传播学理论有一定的影响。

① W. I. 托马斯、F. 兹纳涅茨基著，张友云译：《身处欧美的波兰农民：一部移民史经典》，译林出版社，2003 年版。

续表

关键人物	主要论著或观点	对传播学的重要贡献
约翰·杜威	《哲学的改造》 《经验与自然》 《确定性的寻求》 《批判的理论学理论》 《学校与社会》 《经验和教育》 《自由和文化》 《人类的问题》等	杜威在《心理学中的反射弧概念》中提到了刺激－解释－反应模式，其对刺激－反应模式发起了挑战； 杜威的实用主义对美国传播学研究起了一定作用； 杜威在《公众及其问题》中提到像报纸那样的现代传播媒体可以在大城市中将人们再次连接起来，该观点对传播学研究传播作为一种整合社会力量的作用有重要意义； 杜威在《人和动物的情感表达》中的有关非语言传播的相关内容也是传播学研究的一个基础。
威廉·冯特	《心理学研究》 《人类和动物心理学论稿》等	主要贡献是使心理学变成一门以实验为基础的独立学科，即实验心理学。而实验心理学的手势理论等为米德、库利和霍夫兰等人所借鉴和使用。
C. H. 库利	《人性和社会秩序》 《社会组织》 《社会过程》等著作； “镜中自我”“首属团体”等理论	库利丰富多彩的“镜中自我”概念强调个体社会化中人际传播的重要性，这对传播学研究传播类型中的人际传播有着积极意义； 库利论证“社会是由大众媒体联结在一起”以及“首属团体”的作用，对理解信息传播有重要意义； 库利讨论传播在社会中的作用为传播学研究传播的功能提供了参考思路。
G. H. 米德	《心灵、自我与社会》等著作； 符号互动理论等理论	符号互动理论是美国的理论视野，认为人类传播通过符号及其意义的交流而产生。因此，可以通过认识个体如何赋予他们与其他人交流的符号信息以意义，理解人类行为。以上观点对传播学者研究人际传播有着重要意义。
R. E. 帕克	《社会学导论》 《群体和公众：一种方法论的和社会学的探讨》 《最底层的人》 《侨民报刊及其管理》等	帕克开创了四个重要理论的学术研究：大众传播、种族关系、人类生态学和集体行为，这对后来研究传播有开创性的作用； 帕克相当重视社会调查，研究报刊与舆论的关系，这种研究问题的方法后来成为传播学传统学派常用方法； 帕克将传播限定为“一个社会心理的过程，凭借这个过程，在某种意义和某种程度上，个人能够假设其他人的态度和观点，凭借这个过程，人们之间合理的和道德的秩序能够代替单纯心理的和本能的秩序”，这对传播学从心理角度研究传播奠定了基础； 帕克在《侨民报刊及其管理》中提出了与今天极其有关联的话题：媒体内容如何影响舆论？大众媒体如何受到舆论的影响？大众媒体如何能够导致社会变化？人际网络如何与大众媒体相联结？这些话题被后来的传播学学者发展为“议程设置理论”及“把关理论”。

芝加哥学派代表性的研究就是佩恩基金研究，该项目的起源背景主要是新的大众媒体技术在美国的广泛扩散，并首先被儿童和青少年广泛接受。从1922年开始，观众观看电影的数据才开始被系统地收集，在这一年里，全美每周卖出约4000万张电影票。10年后，这一数字增长了一倍多，达到了9000万。据统计，1923年约有近4000万观众看电影，其中14岁以下的儿童约1700万。[①] 这些电影的内容中，关于爱情、犯罪和性的就占了总量的3/4。当时，大量的社论、宗教言论、杂志文章和其他形式的公众评论都一致指责含有以上内容的电影对儿童产生了负面影响。基于以上原因，在佩恩基金会的资助下，芝加哥学派的布鲁默（Herbert Blumer）带领着他的团队，于1929年到1932年开展了13个关于电影对美国儿童影响效果的调查研究项目。这个项目基于“电影对青少年可能有负面影响”这样一种假设，成千上万的美国儿童都接受了调查访问，调查结果表明，电影中的犯罪、性、爱情以及烟草和烈酒等镜头对儿童成长起了负面作用。调查研究报告《我们的电影所塑造的儿童》受到家长和宗教领袖等的关注。那时，佩恩基金研究项目是关于媒体效果的最大的科学研究项目之一。

无论从芝加哥学派的关键人物所做的研究还是从该学派的佩恩基金研究项目来看，不难发现，芝加哥学派对于传播理论与研究有着重要的影响：

其一，芝加哥学派的符号互动论等重要理论对传播学研究人际传播、议程设置理论及把关理论起到了思想登陆点的作用。

其二，芝加哥学派有关美国社会问题的社会科学研究方法——调查研究法，使得传播学研究有了强烈的经验主义色彩。

其三，芝加哥学派佩恩基金研究构筑了后来的以媒介效果为重点的大众传播研究模型。

第六，洛克菲勒基金会的资助使得传播学在美国的研究有了充足的资金保障。

虽然遭到政府的数次打击，但是洛克菲勒并没有从此一蹶不振，而是见缝插针地发展壮大自己，使其事业最终发展为富可敌国的大财团。洛克菲勒决定资助研究事业，因为虽然他不愿意把钱施舍给街头乞丐，但他认为资助对有关贫困之根源的研究是合适的。洛克菲勒基金会始于医疗和公共健康的研究，之后又扩大到农业研究，最后囊括了其他类型的研究。在L.斯佩尔曼·洛克菲

---

① 希伦·A.洛厄里、梅尔文·L.德弗勒著，刘海龙等译：《大众传播效果研究的里程碑》（第三版），中国人民大学出版社，2009年版，第14页。

勒纪念基金（以洛克菲勒妻子命名）的帮助下，芝加哥学派著述甚丰，从1923年至1932年，由地方共同体研究委员会及（其后任的）社会科学研究委员会所支持的研究使84部著作和专著得以出版，120篇文章得到发表。[①]

表2—3　洛克菲勒基金会对传播学领域的资助[②]

年代	来源	接受者	数量
1891—1910年	洛克菲勒	芝加哥大学	3500万用于建立和支持芝加哥大学
1923—1932年	L. 斯佩尔曼·洛克菲勒纪念馆（1932年与洛克菲勒基金会合并）	芝加哥大学社会科学系	340万美元
1933—1935年	洛克菲勒基金会（T. 基特里格）	拉扎斯菲尔德	赴美国的旅行资助约8000美元
1937—1944年	洛克菲勒基金会（J. 马歇尔）	拉扎斯菲尔德	广播研究项目189450美元
1929—1939年	洛克菲勒基金会	霍尔、霍夫兰和其他耶鲁大学教员	200万美元用于建立和支持耶鲁人类关系研究所
1948—1964年	洛克菲勒基金会	霍夫兰	416300美元用于耶鲁传播研究项目（关于说服研究）
1935—1945年	洛克菲勒基金会（L.K. 弗兰克）	卢因	315000美元用于支付他和三个艾奥瓦大学的研究助手的工资
1939—1940年	洛克菲勒基金会（J. 马歇尔）		1500美元用于10次每月洛克菲勒传播研讨会议
1940—1944年	洛克菲勒基金会（J. 马歇尔）	拉斯韦尔	85400美元用于战时传播项目（关于宣传分析），美国国会图书馆
1948年	洛克菲勒基金会	施拉姆	2000美元用于伊利诺伊大学传播研究讨论会

① E.M. 罗杰斯著，殷晓蓉译：《传播学史——一种传记式的方法》，上海译文出版社，2005年版，第124页。

② E.M. 罗杰斯著，殷晓蓉译：《传播学史——一种传记式的方法》，上海译文出版社，2005年版，第125页。

续表

年代	来源	接受者	数量
1951—1953 年	洛克菲勒基金会（J. 马歇尔）	施拉姆	9150 美元用于伊利诺伊大学教育电视会议
1946—1952 年	洛克菲勒基金会	维纳	28000 美元用于麻省理工学院人脑生理学控制论方面的合作研究
1952—1955 年	洛克菲勒基金会	贝特森	3000 美元用于控制论与国际传播研究

从表 2—3 来看，洛克菲勒基金会的资助渗透到了美国早期传播学研究的方方面面，对美国传播学研究的推进和发展起到了关键性的作用。

第七，社会文化原因。实际上，正如佩恩基金研究项目所展示的那样，一方面，因为大众传播业的竞争者们为了竞争和赢利而只关注受众的兴趣爱好，甚至一味迎合受众的兴趣爱好，导致社会上出现低俗、色情、侵犯隐私的信息泛滥的现象；另一方面，因为大众传播业的整体发展形成的大众文化渗透到了社会的各个层次，给人们的生活方式带来了巨大的影响，甚至造成“单向度的人”“娱乐至死”等现象。这样的发展趋势持续数年，引起了社会各界的极大不满。下面是一组来自 20 世纪初到 20 世纪 50 年代关于传播媒介对社会造成负面影响的批评意见。[①]

对新媒介的忧虑的反应

（1）电影和有声电影

当你首先想到，单就纽约市而言，星期日就有 50 万人去看电影，而这些看电影的人当中大多数可能是儿童；而且在城镇中比较贫困的地区，每个老师都能证明孩子们现在存钱不是为了买糖果而是为了看电影，你就不可能轻蔑地耸耸肩不去理会这些预先录制好的戏剧。这是大众生活中一个需要被认真对待的问题。如何可能使他变得更好，如何可能让它服务于好的目的。现在美国 80% 的剧院观众在看预先录制好的电影。在 1908 年，美国有 1000 万人到现场观看职业棒球比赛。而据说，每天有 400 万人到电影院看电影。一共有 5000 万美元投资到这一行业中去。芝加哥有 300 多个电影院，纽约是 300 个，圣路易斯是 205

① 斯坦利·巴兰、丹尼斯·戴维斯著，曹书乐译：《大众传播理论：基础、争鸣与未来》（第三版），清华大学出版社，2004 年版，第 49～50 页。

个，费城是 186 个，甚至保守的波士顿也以有超过 30 家电影院而自豪。一年中，每天有 190 英里的胶片在美国电影银幕上展现。我们需要对这一行业进行控制，并且认真对待它所产生的影响。

《美国杂志》(*American Magazine*)，1909 年 9 月，498 页

如果（有声电影中）录制的言语是粗俗或者丑陋的，那么它对于降低国家言语标准的可能性几乎是无法估量的。事实是，这些言语很可能被公众中辨别能力较弱的那部分人听到，这样电影的有害影响就增加了。在定期到电影院看电影的观众中，我们发现很大一部分是在国外出生的人口，让这些人只听到最好的言语是非常重要的。

《公益》(*Commonwealth*)，1929 年 4 月 10 日，653 页

(2) 广播

大体上我们头脑里必须有这样的一个评判标准：广播应该做老师不能做的事，老师能够做得更好的事广播就不应该做。广播也许会得到发展，但我还是不能设想老师不再是课堂上最重要的对象的情景。

《教育》(*Education*)，1936 年 12 月，217 页

广播将会成为教育的主要力量吗？是不是会废除课堂，未来的孩子是不是要面对这样的现实，坐在家里甚至在街上走路的时候都要在口袋里放着便携式收音机，耳朵里灌满了各种知识？

《世纪》(*Century*)，1924 年 6 月，149 页

(3) 电视

不断观看粗野、堕落和反社会的镜头导致儿童变得冷酷、极端自私，甚至残忍。儿童接触电视的程度和电视对儿童天性产生的作用是成比例关系的。一些儿童不再憎恨那些侮辱、欺负，甚至残酷地对待无助的老人、妇女和其他儿童的行为。

《新共和》(*New Republic*)，1954 年 11 月 1 日，12 页

至少在概念上，电视是各种传播方式中最华丽的。电视是发明创造中的极大胜利，是数个时代的梦想——人们可以把活动的影像直接搬回家，还配有再现声音的动作、语言和思想，还不需要花费大量的时间。电视的神奇眼睛能够把娱乐、信息和教育的种种奇妙之处带入家里的客厅。电视是一种工具，让世界拥有从未有过的开通和民主。然而，电视显像管的魔力成为对人类大脑的攻击，成为对人们想象力的有组织的攻击，影响着人们的良好品味，而其他传播媒介都没能这样，比如电影或广播。

《星期六评论》(*Saturday Review*)，1949 年 12 月 24 日，20 页

由此可见，20 世纪初到 20 世纪 50 年代，电影、广播、电视对人们尤其是对儿童的语言、人格、价值观、教育、思维方式等方面的影响着实引起了社会的广泛不满，批评之声不绝于耳。基于以上原因，传媒研究者意识到这样的状态并不利于美国的发展。因此，他们开始研究对当下的传播者、传媒行业进行一个约束。也正是他们关于传媒社会责任的研究，才使得传播学的起源变得多样化。

传播学的起源除了经济发展、科技进步、政治需要、知识分子迁移、芝加哥学派形成和发展、基金会资助以及社会文化等因素以外，还因为在传播学形成一门学科之前，其他学科诸如新闻学、政治学、心理学等已经有了自己的学术体系。正是借着这些学科的东风，传播学才有厚积薄发之势。

二、传播学起源的学科背景

曾经有人用沙漠中的绿洲来形容传播学。这表明，传播学是一门包罗万象的学科，它可以用于日常生活，也可以用于指导传媒传播实践，关键在于我们如何使用。在探讨如何使用之前，还必须要对那些对本学科有重要贡献的学科进行一定的梳理。

第一是修辞学。修辞学研究的是人类最基本的传播活动——面对面的传播。亚里士多德是最早系统研究面对面传播活动的学者。他在《修辞学》中提到了演讲三要素——演讲者、演讲内容以及听演讲的人。从殖民时代到 19 世纪末，修辞学一直是美国大学中的一门重要课程。当时，美国大学纷纷把语言学系办成了基本教学行政单位，修辞学也成了这些系科的基础课程。不久之后，美国高等院校中语言教学与修辞教学研究开始分野，从事修辞研究与教学的学者不满于将这一学科作为语言教学的附庸，于是纷纷从语言系中分离出来，另起炉灶。他们成立了许多全国性的学术机构，在多所大学组建了演讲学系（或口头传播学系）。王永环、邱新有在其论文《西方传播研究源考》中指出，正是这种分野成为西方传播研究的源头。

第二是新闻学。新闻学起源于 19 世纪的德国。新闻学“是以人类社会客观存在的新闻现象作为自己的研究对象，其研究的重点是新闻事业和人类社会的关系，探索新闻事业的产生、发展的特殊规律和新闻工作的基本要求”①。而传播学是研究人类信息传播活动的学科。新闻活动本身也是传播活动，研究

① 李良荣：《新闻学概论》，复旦大学出版社，2008 年版，第 1 页。

新闻活动本身也是在研究传播活动。随着时代的发展，尤其是新媒介的产生，很多新生事物或者新生现象，无法用旧有的新闻学知识解释，而传播学的某些原理却能使其迎刃而解。尽管如此，对新闻活动的研究还是奠定了传播学研究的基础。

第三是信息科学。其主要指的是“三论”，即信息论、控制论、系统论，为传播学提供了一个理论基础及解决问题的重要根据。比如申农的信息论，早在1948年就已经明确地提出了“信息”的概念，由此，传播学就可以顺理成章地使用“信息”概念；在维纳（Norbert Wiener）的控制论中，“反馈”一词使传播学在研究传播过程中注意反馈，形成双向互动；而贝塔朗菲（Ludwig von Bertalanffy）的系统论中“系统”“整体”“环境”等词汇则使传播学在研究传播过程中更加重视研究社会环境等外部因素对传播过程的影响。这就突破了美国传统学派只重视内部因素的限制，使得传播学更加完整。

第四是社会学。一方面，传播学从社会学中引入了许多的理论与范式，诸如孔德（Auguste Comte）的集体有机体观念、斯宾塞（Herbert Spencer）的有机体及社会进化范例、腾尼斯（Ferdinand Tönnies）的社会契约理论、库利和米德的符号互动理论、塔尔科特·帕森斯（Talcott Parsons）等人的结构功能论范例、达伦多夫（R. G. Dahrendorf）等人的冲突论范例、大众社会理论等。另一方面，传播学从社会学中引入了研究方法，例如利用社会学中的实地调查法来研究受众。

第五是符号学。无论是由瑞士语言学家费迪南·德·索绪尔（Ferdinand de Saussure）所开创的欧式符号学，还是由美国哲学家查尔斯·桑德斯·皮尔斯（Charles Sanders Peirce）详尽阐释的美式符号学都对传播学的理论研究做了极大的贡献，诸如符号学的共时和历时、组合分析和聚合分析、互文性和对话理论等概念。此外，符号学也给传播学研究带来了新的视角。

第六是心理学、政治学、经济学等。传播学和心理学在某些方面本身就是不分家的。这个观点来自于四川省社会科学院新闻研究所传播心理学研究者林之达先生，他认为任何传播过程都必须要经过心理的反应。因此心理学的研究方法和原理都能被传播学所使用。政治学当中的研究方法和原理同样也能被传播学所用。至于经济学中的长尾理论也常常成为传播学研究要考量的一大因素。

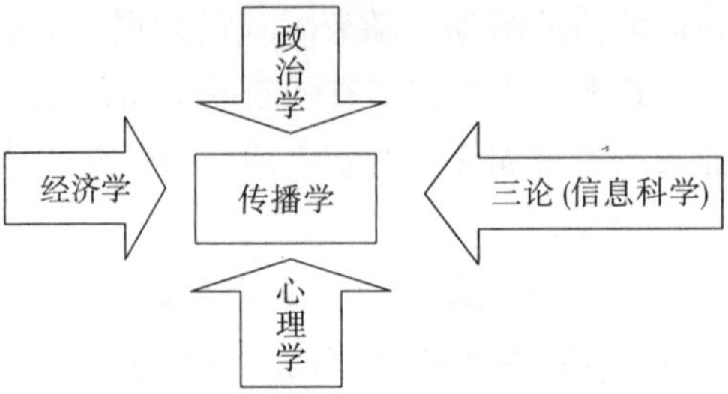

图 2—3　传播学起源的学科背景

第二节　传播学的贡献者

传播学的起源与来自政治学、社会学、心理学等众多学科的众多学者有分不开的关系，其中的大量人物本书前面已经介绍过。本节重点介绍传播学的四大奠基人及其对传播学的贡献。

一、哈罗德·拉斯韦尔

图 2—4　哈罗德·拉斯韦尔

（一）哈罗德. 拉斯韦尔简介

政治学家哈罗德·拉斯韦尔 1902 年出生于伊利诺伊州唐尼尔逊(Donnellson，Illinois)，他是传播学的四大奠基人之一。从小就喜欢阅读弗洛伊德精神分析理论的他在 16 岁时进入芝加哥大学学习经济，并成为出色的辩论家。1922年，他又在该大学学习政治学博士课程，并于1926年取得博士学位。他爱好广泛，研究涉及社会学、精神分析、经济学、历史学、社会心理学等。正是因为深厚的理论功底才使得他完成了《世界大战中的宣传技巧》《精神病理学与政治学》《政治学：谁得到什么？什么时候和如何得到?》《传播在社会中的结构和功能》《政治的语言：语义的定量研究》《世界政治与个人不安全》《我们时代的世界革命》《政策科学》等著作及论文。其中，一些重要的学术探究活动诸如宣传研究、舆论信息、政治内容、政治领袖的作用和对大众传播内容的分析为传播学研究奠定了理论基础。

表2-4　哈罗德·拉斯韦尔生平大事[①]

年代	事件
1902年	生于伊利诺伊州唐尼尔逊。
1918年	16岁时在芝加哥大学注册，获得一笔奖学金。
1926年	在芝加哥大学获得政治学博士学位，在此之前，前往瑞士、英国、德国和法国学习和收集资料。他的博士论文是关于第一次世界大战期间宣传信息的内容分析。
1927年	被任命为芝加哥大学政治学助理教授，并发表博士论文《世界大战中的宣传技巧》。
1930年	发表《精神病理学与政治学》，标志着将精神分析理论首次被用于分析政治领袖。
1936年	发表《政治学：谁得到什么？什么时候和得到?》，他的这部著作以政治学研究的著名警句为标题，他论证说，政治学的目的是研究权利，被提升为芝加哥大学的终身副教授。
1938年	从芝加哥大学辞职；两辆载有他全部资料的卡车在去纽约途中翻车和烧毁。
1939年	（与D. 布卢门泰克一起）发表《世界革命宣传：芝加哥大学的研究》。
1939—1940年	成为洛克菲勒基金会大众传播研讨班的最优影响的成员，在那里，他将传播描绘为："谁？说什么？对谁说？通过什么渠道？取得什么效果？"
1940—1945年	担任美国国会图书馆的战时传播研究实验部主任。
1946—1970年	被任命为耶鲁大学法学院教授（以及1952年以后的政治学教授）。
1970—1972年	成为纽约城市大学杰出教授。

① E. M. 罗杰斯著，殷晓蓉译：《传播学史——一种传记式的方法》，上海译文出版社，2005年版，第179～180页。

续表

年代	事件
1972—1976 年	成为坦普尔大学法学院杰出教授，哥伦比亚大学国际事务的 A. 施韦策教授。
1976—1978 年	当选为纽约政策学中心的主任。
1978 年	12 月 18 日逝世于纽约。

（二）哈罗德·拉斯韦尔对传播学研究的贡献

第一，哈罗德·拉斯韦尔将内容分析法引入传播研究。

1927 年哈罗德·拉斯韦尔发表的博士论文《世界大战中的宣传技巧》，利用政治学中常用方法——内容分析法来进行研究分析。当时他利用该方法研究第一次世界大战中同盟国和协约国使用的报纸、宣传手册，从气球、飞机落下或由炮弹向敌方战线散发的传单、书籍、海报、电影图片以及征兵宣传画等，以确定交战双方所使用的策略。1940 年至 1943 年，在洛克菲勒基金会一笔 85400 美元款项的资助下，哈罗德·拉斯韦尔开始了他第二次世界大战的战时传播项目，他依旧利用内容分析法分析《同盟报》《法兰克福报》《真理报》《晨报》《埃及报》《奥马哈世界先驱报》等，以便找到美国如果深度卷入战争，对美国是否具有好处。他将政治学的内容分析法引入传播学，开创了定性和定量测度传播信息的方法论。因此，直到今天内容分析法依然是人们对传媒所传播的内容进行详细分析的常用方法。例如“9·11”事件发生后，研究人员考察 CNN、ABC、CBS、和 NBC 在最初 5 个小时的突发性新闻报道，展示了这一次恐怖袭击如何让新闻记者感到巨大震撼，以至于他们放弃了传统的角色观念和专业主义标准，报道起个人的想法和听到的传言来，并且采用了匿名信息来源的方式。①

第二，哈罗德·拉斯韦尔提出了传播过程五要素和传播学研究的五领域。哈罗德·拉斯韦尔的传播五要素即“谁？说什么？对谁说？通过什么渠道？取得什么效果？”以及针对这个五个要素进行研究的传播学五个研究领域即控制研究、内容研究、受众研究、媒介研究及效果研究，后来五要素被阐释为“5W”线性模式：

① 丹尼尔·里夫、斯蒂文·赖斯、弗雷德里克·菲克著，嵇美云译：《内容分析法——媒介信息量化研究技巧》（第二版），清华大学出版社，2010 年版，第 1 页。

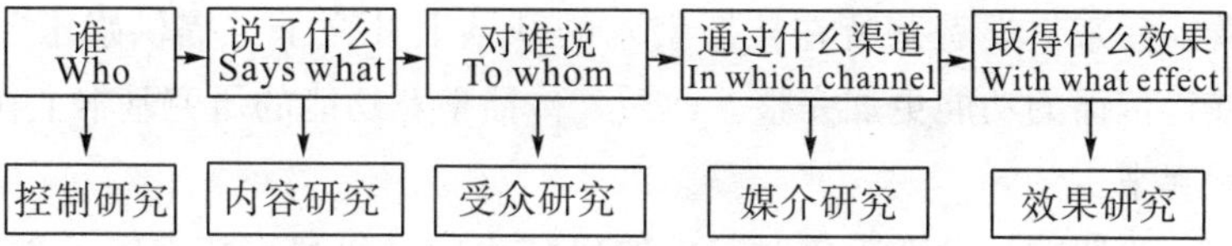

图 2—5 传播五要素与传播学五领域

尽管在后世的研究中发现该模式存在单向、缺乏反馈、忽视社会各因素对传播过程的控制等缺陷，但正是这“5W”揭示了任何一次传播过程的五个基本要素，后来的传播学者在研究传播过程的时候，也从这五个要素着手分析。针对这五个要素的研究就被称为传播学研究的五个领域。沿着这五个领域，后来的传播学者做出了自己独特的研究。此外，这“5W”还开启了传播学对于传播效果的研究。

该模式成为后来所有传播学者研究传播学的基本范式。比如针对传播者进行研究的报刊的四种理论和把关人理论等，针对传播内容进行研究的防疫论研究等，针对受众进行研究的个人差异论、社会分化论、社会关系论、文化规范论、社会参与论、顽固受众论及选择性理论等，针对传播媒介进行研究的媒介是人体的延伸、媒介即信息、冷媒介和热媒介、地球村等，针对传播效果进行研究的子弹论、两级传播理论、使用与满足理论、创新扩散理论、议程设置理论、沉默螺旋理论、上限效果假说、培养理论、知沟理论等，其实都是基于哈罗德·拉斯韦尔的“5W”线性模式的研究。

第三，哈罗德·拉斯韦尔提出了传播的三功能说。[①] 哈罗德·拉斯韦尔在洛克菲勒传播研讨班提出了传播的三个功能，其内容主要包括：

其一，监督环境。媒体的这一作用开拓了个人的视野，因此能够使人知道那些来自更加辽阔的世界上的事件。

其二，协调社会对于某种环境下的事件的反应。诸如当大众媒体告诉一个人如何去解释某些新闻事件的时候，此时，媒体即是在帮助个人了解世界上正在发生的事件的意义。

其三，传递文化遗产。例如儿童接受有关他们的民族的历史的教育，接受什么是正确的、什么是错误的教育，接受有关他们与其他人有什么不同的教育。

哈罗德·拉斯韦尔的“三功能说”归纳了传播在社会中的大致功能，但是

① E. M. 罗杰斯著，殷晓蓉译：《传播学史——一种传记式的方法》，上海译文出版社，2005 年版，第 195 页。

并不完善。后来，学者莱特在拉斯韦尔的基础上补充了“提供娱乐”这一功能，就使得传播的功能更加完整。此后，传播学对功能的研究基本上在这个基础上开展起来。

第四，哈罗德·拉斯韦尔对宣传的研究为后世研究宣传奠定了理论基础。早在1927年出版的《世界大战中的宣传技巧》一书中，哈罗德·拉斯韦尔就对“宣传”做了尝试性的定义：“它仅指以重要的符号，或者，更具体一点但欠准确地说，就是以消息、谣言、报道、图片和其他种种社会传播方式来控制意见的做法。”为了详细说明宣传的定义，哈罗德·拉斯韦尔还特别指明了宣传的四个主要目标：激起对敌人的仇恨；保持与盟军的友好关系；保持与中立国的友好关系，并尽可能与其达成合作；瓦解敌人的士气。[①] 此处，哈罗德·拉斯韦尔当时对宣传的理解主要针对的是战争。不过，几年之后，哈罗德·拉斯韦尔又对宣传做出了不同的定义：“就广义而言，宣传是通过操纵象征物来影响人类行为的技巧。这些象征物可以采用口语的、书面的、图片的或音乐的形式。”此时，哈罗德·拉斯韦尔关于宣传的定义范围更广，包括了广告和说服行为。他曾指出过，广告和消息发布均属于宣传的范围。从此以后，一些学者开始重视宣传研究，比如心理学家布朗就试图对宣传和说服进行区别；社会心理学家坎特里尔（Albert. H. Cantril）还专门设立了宣传分析研究所；阿尔弗雷德·李和伊丽莎白·李的《宣传的艺术》成为宣传分析最著名的出版物，在该书中，作者还提出了七种宣传技巧即辱骂法、光辉泛化法、转移法、证词法、平民法、洗牌作弊法和乐队花车法。这些人关于宣传的研究成为当今进行广告、政治竞选等活动的重要理论支持。

最后，哈罗德·拉斯韦尔将弗洛伊德的精神分析理论运用在自己的研究中，使得传播学研究呈代代相传、星火燎原之势。

---

① 沃纳·赛佛林、詹姆斯·坦卡德著，郭镇之译：《传播理论：起源、方法与应用》（第五版），中国传媒大学出版社，2006年版，第95页。

二、保罗·拉扎斯菲尔德

图 2—6　拉扎斯菲尔德和斯坦顿在操作节目分析仪

（一）保罗·拉扎斯菲尔德简介

社会学家保罗·拉扎斯菲尔德于 1901 年 2 月 13 日出生在奥地利的维也纳，1925 年毕业于维也纳大学，曾获数学博士学位。正因为如此，他有时候称自己为数学家。他的母亲苏菲·拉扎斯菲尔德（Sophie Lazarsfeld）是维也纳的个体心理学家。也许正是因为母亲的影响，再加上他与著名社会学家默顿共事多年研究社会学现象，他有时候也称自己为社会心理学家。拉扎斯菲尔德是对传播学研究方法做出贡献最大的一位，他早在 1932 年就运用实地调查法从事广播研究。后来，拉扎斯菲尔德通过不断改进抽样调查技术和量化分析方法，为传播学赢得了来自其他学科的尊重。他的主要著作有：《人民的选择》《个人的影响力：个人在大众传播中的作用》《美国士兵——述评》《社会科学中的数学思想》《传播研究》《社会研究的语言》等。

表 2—5　保罗·拉扎斯菲尔德生平大事[①]

年代	事件
1925 年	创建“经济心理学研究中心”，它与维也纳大学保持松散的联系。
1931—1932 年	进行马林塔尔失业研究。

① E.M. 罗杰斯著，殷晓蓉译：《传播学史——一种传记式的方法》，上海译文出版社，2005 年版，第 225 页。

续表

年代	事件
1933—1935年	受洛克菲勒基金会资助去美国旅行；1935年，从奥地利流亡。
1935—1936年	被聘为新泽西州红瓦克学生救济工作的指导者。
1936年	被任命为他所创建的"红瓦克大学研究中心"执行主任
1937年	广播研究所在普林斯顿大学建立，由洛克菲勒基金会资助，由坎特里尔、斯坦顿（CBS）和拉扎斯菲尔德担任领导，他们在红瓦克大学研究中心从事研究。
1939年	"广播研究所"项目基金会办公室被洛克菲勒基金会恢复，并随拉扎斯菲尔德迁往纽约，附属于哥伦比亚大学，拉扎斯菲尔德被任命为不属于教员编制的兼职讲师。
1941年	被任命为哥伦比亚大学社会学系副教授，默顿被任命为助理教授。
1944年	"哥伦比亚大学广播研究所"更名为"应用社会研究局"。
1948年	被任命为哥伦比亚大学社会学系主任。
1950年	失去对传播研究的兴趣，辞去"应用社会研究局"主任的职务。
1962年	被任命为哥伦比亚大学社会科学的"奎特勒教授"。
1969年	从哥伦比亚大学退休，开始每周一次去匹兹堡大学讲授社会学。
1976年	因癌症逝世。

（二）保罗·拉扎斯菲尔德对传播学的贡献

1. 将社会学研究方法中的实地调查法引入传播学

保罗·拉扎斯菲尔德最早是从青年社会主义会议上接触到卡宁茨散发的问卷的，有数学基础的他对此提出异议，他认为研究不能光是阅读问卷，还应该对问卷进行详细的统计分析。在后来的岁月里，他一直坚持自己设计问卷，然后进行统计分析、得出结论，他也使用这种方法开始了他在红瓦克大学研究中心进行的著名的"广播研究项目"研究——广播对于所有类型的听众的基本价值。该项目研究不仅带来了后来传播学常用的实地调查法，开创了大众传播的研究领域，还催生了三角测量法——测量、收集资料和资料分析，以及"拉扎斯菲尔-斯坦顿节目分析仪"和焦点小组访谈。

2. 为传播学带来了他伟大的著作《人民的选择》

《人民的选择》是传播学中研究效果的经典之作。这一经典之作最初是设计来研究美国农业部宣传联邦农场政策广播节目的影响的，但不知道什么原因后来就变成了1940年美国总统选举的专题研究。为了搞好该研究，保罗·拉扎斯菲尔德从1940年5月就开始召集一个庞大的研究团队进行调查研究、收集资料，历时整整四年。

保罗·拉扎斯菲尔德将这个团队的成员分配在伊利郡。全郡的总人口为4300人，选择它是因为它是一个普通的美国地区。虽然桑达斯基的居民倾向于投票给民主党人，但周边的农村地区居民普遍都是强硬的共和党人拥趸者。到11月研究团队离开的时候，超过3000人在家里接受了调查。其中，约600人被选入一个特别小组，一共接受了七次访谈——从5月到11月每月一次。假定一个家庭的平均人口是5人，这个郡中每三个家庭中就有一个人被调查员拜访过。[①] 保罗·拉扎斯菲尔德不仅设计了长长的问卷，以了解选民对候选人的态度，还在研究过程中将注意力集中在投票决定的变化上。保罗·拉扎斯菲尔德将选民分为早期决定者、犹豫不决者、逐渐形成者和转变意见者。他通过对问卷进行分析得出：53%的选民是“早期决定者”，他们5月份就选定一名候选人而且不再改变。28%的人是“逐渐形成者”——他们最终做出了极易预知的选择并坚持了下去。15%的人是“犹豫不决者”，而仅有8%的人是“转变意见者”。拉扎斯菲尔德难以找到什么证据来证明媒介扮演了影响“逐渐形成者”“犹豫不决者”或“转变意见者”的重要因素。后两类人对媒介的使用低于平均水平，而他们中的极少数受到了明确的媒介讯息的影响。相反，这些选民更愿意认为他们受到了其他人的影响。许多人对政治冷淡漠然。他们无法做出明确清晰的投票决定，因为他们对此实在没什么兴趣。通常，他们的投票行为是和他们最亲近的人一样的——而不是和广播演说或报纸社论告知他们的一样。[②] 基于以上调查、分析及统计，保罗·拉扎斯菲尔德在《人民的选择》一书中提出了著名的四个观点：

（1）政治有倾向假说。保罗·拉扎斯菲尔德对问卷进行分析得出53%的选民是“早期决定者”，他们在5月份就选定一名候选人而且不再改变。这53%的选民之所以早早下了决心，并且始终保持自己的选择，是因为他们在日常生活中早就已经接受了他们所选择党派的观点，无论怎么宣传也不会再改变他们对该党派的态度。

---

① 斯坦利·巴兰、丹尼斯·戴维斯著，曹书乐译：《大众传播理论：基础、争鸣与未来》（第三版），清华大学出版社，2004年版，第133页。

② 斯坦利·巴兰、丹尼斯·戴维斯著，曹书乐译：《大众传播理论：基础、争鸣与未来》（第三版），清华大学出版社，2004年版，第134页。

（2）选择性假说。其实这53％的选民之所以能够坚持自己的选择，关键原因在于选民总是根据自己的兴趣、爱好、信仰、观点等去选择自己一直关注党派的选举信息。由于这种选择会更加坚定自己的信念，因此他们会更喜欢自己的选择。而这种选择会使得自己成为不容易改变态度的顽固受众。

（3）传媒通过强化、活化和转化三种模式来影响选民。所谓强化是指对于这53％“早期决定者”而言，传媒所传播的信息只会加强他们对自己关注党派的信任。所谓活化是指对于这28％的“逐渐形成者”而言，他们一直不知道自己的选择，但经过传媒对党派信息不停地传播后，终于明确了自己的选择。所谓转化是指对于这8％的“转变意见者”而言，他们原本有自己的态度，但是经不住传媒对其他党派信息的传播，所以转而支持其他党派。

（4）两级传播理论，其中关键角色是舆论领袖。两级传播理论在拉扎斯菲尔德和伊莱休·卡茨的《个人影响》一书中有详细的阐释。根据拉扎斯菲尔德的阐释，如图2－7所示。

由图2－7可知，信息并不是直接传播到每个选民中的，而是要经过一个舆论领袖，因此便形成了信息的两级传播。两级传播是指信息从传媒传播出去后再经舆论领袖扩散给其他选民。舆论领袖往往是在群体生活中比较活跃、老练，经常主动到传媒那里获得信息，并且还愿意把信息传播给其他人的人。也就是说，舆论领袖既是大众传播的受众也是人际传播的传播者。

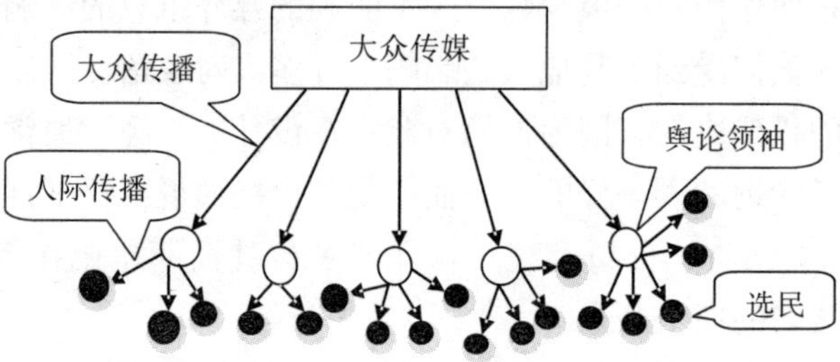

图2－7　两级传播理论图示

3. 开启了新的传播效果研究

保罗·拉扎斯菲尔德的研究开启了新的传播效果研究，即间接效果理论和有限效果理论，它们主要是在拉扎斯菲尔德1945年到1960年的研究中得出的，具体有以下几个观点：

（1）媒介极少直接地影响个人。大多数人被家庭、朋友、同事和社会团体所操纵的宣传所掩蔽。人们不信任从媒介中看到或听到的每件事，于是他们转向他人寻求建议和评论性的阐释。这个假设和大众社会的观点相矛盾，后者将受众视作孤立的、对其直接控制极其不堪一击的。

（2）存在着媒介影响力的两级流动。只有首先影响了那些引导其他人的舆论领袖，媒介才具有影响力。因为这些舆论领袖都是老练而有判断力的媒介使用者，所以他们不容易被媒介内容所操纵。他们是媒介影响力的有效屏障。

（3）大多数人在成年以后，都已经牢固地忠实于一些团体（如某一政治党派或宗教组织）的信念或行为，个别媒介讯息无力压倒它们。这种献身和忠实的状态使得人们即使在其他团体成员并不在场支持的情况下，仍然能够保持不接受这一媒介所传播的讯息。他们对媒介的使用也倾向于和这种状态一致。例如，共和党阵营中的选民认同共和主义的杂志，主要收听广播里共和党政治家的讲话。

（4）当媒介效果确实出现的时候，受众才是有限的、孤立的。世界上不会被转变意见的人的数量是巨大的。更确切地说，只有很少数人会被影响——通常是那些不知何故被切断了别人对他的影响的人，或是那些被社会危机破坏了对团体的长期忠诚度的人。[①]

以上观点与20世纪二三十年代盛行的子弹论恰好相反。所谓子弹论是指传媒所传播的信息就像子弹一样，打到人的身体上，人应声倒下。通俗地讲就是传媒对受众的影响极大，受众只能被动地接受信息，无力反抗。而保罗·拉扎斯菲尔德的观点证明，传媒的影响力其实是间接的或者有限的。

保罗·拉扎斯菲尔德关于实地调查方法的运用、两级传播和舆论领袖概念的阐述仍有一定的局限性。

首先，关于实地调查法的运用，实际上，调查中所使用的数据不一定能准确度量选民在日常生活中实际使用媒介的方式，这是其一。其二，实地调查法容易遗漏许多潜在的重要变量，而这些变量也许就是形成选民选择信息的根本因素。

其次，关于两级传播和舆论领袖概念的阐述并不完善。保罗·拉扎斯菲尔德的两级传播概念，实际上在后来已经被默顿、贝雷尔森、卡茨等学者证明有不太准确之处，也被罗杰斯在1971年发展为多级传播理论。罗杰斯认为媒介信息传至受众的过程中有多种方式、多种渠道，可能由多级中介环节组成信息传播链。[②] 此外，舆论领袖概念也遭遇不少批评意见，主要包括舆论领袖与其

① 斯坦利·巴兰、丹尼斯·戴维斯著，曹书乐译：《大众传播理论：基础、争鸣与未来》（第三版），清华大学出版社，2004年版，第138页。

② 胡正荣：《传播学总论》，中国传媒大学出版社，1997年版，第300页。

他受众往往并无明显界限；某些场合受众可直接获取信息，不存在中间人；舆论领袖的主要信息来源有时是人际渠道；受众交换信息时往往难于区分舆论领袖和跟随者；有时舆论领袖不能影响他人；影响过程可能不止两个阶段；对缺少媒介的传统社会或对发达社会中充满危机与不安定环境，该理论不适用等。[①] 随着传播形式的多样化，对舆论领袖的批评意见似乎不无道理，比如微博的舆论领袖就有自己的特点。当然，还有生活在新媒体如此发达的社会里，受众要想获取信息，完全依靠自己查找的情况。只是，突发事件或者应急情况要另算。但不管如何，势必得承认无论在两级传播还是在多级传播过程中，舆论领袖都始终起着十分重要的作用。

三、卡尔·霍夫兰

（一）卡尔·霍夫兰简介

实验心理学家卡尔·霍夫兰1912年6月12日出生于芝加哥。卡尔·霍夫兰从小涉猎广泛，学过物理、生物等课程，但最终于1934年获得文学硕士学位。在攻读硕士期间主要跟随C. L. 赫尔学习，因此他的研究范围相当广泛，包括对失业、精神健康、人类学习等方面问题的研究。30岁时，他就已经作为一名实验心理学家闻名于世，这主要归功于其对迷宫中的老鼠从事学习实验的研究。从30岁直到过世，由于美国参与第二次世界大战，卡尔·霍夫兰受聘于美国陆军部信息与教育研究处，因此他的研究发生了一些变化，这期间他的研究主要集中于人类传播，以及通过大量的说服实验来解释说服的因变量。卡尔·霍夫兰一生著述较多，但几乎都是与人合著，包括《大众传播实验》《传播与说服》《说服的呈现顺序》《个性与可说服性》《人格和说服》《态度的形成和改变》《社会判断：传播和态度变化中的同化和对比效果》等。卡尔·霍夫兰对传播学研究的最大贡献就是开创了对说服的实验及研究方法。

① 胡正荣：《传播学总论》，中国传媒大学出版社，1997年版，第301页。

图 2-8　卡尔·霍夫兰

表 2-6　卡尔·霍夫兰生平大事

年代	事件
1934 年	先后在西北大学学习物理学、生物学、实验心理学，最后获得文学硕士学位。
1934—1936 年	参与人类关系研究所的赫尔研讨班研究赫尔的刺激-反应的行为主义的通常方法、弗洛伊德精神分析等，与多拉德、米勒、杜布等合作《挫折与敌对行为》。
1936 年	获得博士学位，并开始在耶鲁大学担任讲师。
1936—1942 年	因为主要以迷宫中的老鼠从事学习实验，对条件反射做出概括研究，而名声大噪。
1942 年	被任命为美国陆军部信息与教育局研究处的首席心理学家，率领主要由心理学家组成的专家小组赴华盛顿，研究战争宣传与美军士气的问题。他们让士兵看《我们为何而战》，通过对该类纪录片内容、形式和设计的变化，研究、测量、分析信源的可信度、恐惧呼吁的影响、问题提出的先后效用、论辩时是一面理信息还是两面理信息、结论是明示还是暗示更好等传播问题。
1945 年	离开耶鲁返回纽黑文，继续他在五角大楼已经开始的说服研究。
1947 年	被授予心理学斯特林教授，这是耶鲁授予的最杰出的教授职位。
1949 年	与拉姆斯戴恩、谢菲尔德合作的《大众传播实验》进入斯托弗编辑的《美国的士兵》丛书。
1953 年	与贾尼斯和凯利进行了关于信源可信度与说服的实验室研究，代表着对于遵循线性模式的传播效果研究的一种精粹阐述。

续表

年代	事件
1946—1961 年	作为教授和心理学系系主任返回耶鲁大学，领导由洛克菲勒基金会资助约 37 万美元的“传播与态度变化的耶鲁项目”，该项目进行了 50 多次的说服实验，重点对传播与说服、说服能力与说服方法等进行深入研究，并出版《传播与说服》《说服的呈现顺序》等书。
1961 年	因癌症过世。

（二）卡尔·霍夫兰对传播学的贡献

了解卡尔·霍夫兰对传播学的贡献之前不妨先看一篇文章①：

第二次世界大战期间，美国军队招募了 1500 万新兵，陆军部拍摄了一系列纪录片作为新兵教育的一部分教材，总名称是“我们为何而战”，每部影片长 50 分钟。霍夫兰等人接受陆军部委托，设计了一系列的实验方案，来研究这些纪录片的传播效果。

研究的因变量是陆军部在拍摄影片时所坚持的各种说服目的，如增加士兵对德国法西斯的仇恨、增加士兵参与战争的迫切感、增加士兵“美国必胜”的信念等。自变量包括：信息源的可信度（权威性和专业性）高低、信息内容的特征、说服手段和技巧、士兵的个性特征、士兵的社会属性等。霍夫兰等人将实验对象随机分成实验组和控制组，实验组收看纪录片，控制组不看纪录片，分别测量每一组收看纪录片之前和之后的态度，所采用的问卷一模一样，而且实验对象（士兵）在完全匿名的状态下填答问卷，然后研究者比较两次测量结果的差异和两个组的差异，从而推论收看纪录片是否有助于陆军部实现其初衷。这是一个经典的实验设计方案。

以“美国对日本的战争还要持续多久”为例，研究者将士兵分成一面提示组（只接收“对日战争很快结束”这个观点）、两面提示组（接收“对日战争很快结束”和“对日战争还要持续一段时间”两种相对立的观点和控制组（不接收任何观点），让每一组看相应的影片。实验结果发现：收看了影片的两个实验组（一面提示组和两面提示组）跟不收看影片的控制组之间存在着较大态度差异；如果加入“学历”这个刺激变量，那么一面提示组里学历程度较低的

① 陈阳：《大众传播学研究方法导论》，中国人民大学出版社，2007 年版，第 166～167 页。

实验对象呈现出较高的说服效果，而两面提示组里学历程度较高的人呈现出较高的说服效果；如果加入“原有态度”这个变量，那么一面提示组的原有态度被改变的强度大于两面提示组。因此，研究者证实了传播媒介具有效果，而且效果的强弱跟受众特征有关。

军队是一个相对封闭、等级制度严密、控制严格的组织；士兵接收信息的渠道相对单一，他们的日常活动安排也是高度一致的，都被暴露在同样的信息面前；实验对象收到上级长官的命令而参与实验，其参与的志愿性比较高，能够保证集中注意力收看整部影片。这些都减少了外来变量对实验结果的影响。比如“播放带有感性镜头的纪录片是否会激起士兵对德国的仇恨”这个问题，研究者可以控制实验对象在实验时间之内不接触其他带有感性镜头的媒介内容，从而保证结果具有较高的内在效度。

实验结果的缺陷在于：前测和后测的问卷完全一样，这样就取消了由于测量工具不同所引起的差异，但是多次重复就会使实验对象过于熟悉问卷对问卷的敏感度降低，从而可能导致有时候测量的结果偏高；前测和后测的时间间隔很短，往往只有一个小时，因此只能测量短期的、即时的、直接的态度变化，而无法测量长期的、累积的态度变化；“态度”是研究的关键词，但是士兵的态度发生变化不一定等于他们在战场上的行为也会发生变化，行为变化没有能够在实验中得到测量。所以，当拉扎斯菲尔德等人通过调查法得出“有限效果论”的时候（拉氏的关注点是大众媒体是否改变了人们的行为而非态度），他们跟霍夫兰等人的结论并不冲突。

第二次世界大战期间，研究结果因为具有实用价值而被冻结。战争结束后，霍夫兰和他的同事共同出版了《美国的士兵》系列丛书，共4本，关于纪录片效果的实验研究结果被收入《大众传播实验》(1949) 一书中。

由上文大致可以总结出卡尔·霍夫兰的几个贡献：

首先，卡尔·霍夫兰将控制实验法引入传播学，他在对美国士兵进行研究的过程中使用的正是这种方法。在本方法中主要考察自变量与因变量之间的关系，提到信息源的可信度（权威性和专业性）高低、信息内容的特征、说服手段和技巧、个性特征、社会属性等变量。这对后来使用这种方法研究广告对人的影响开了先河。

其次，卡尔·霍夫兰侧重研究传播效果，重点研究改变态度的方式方法。与保罗·拉扎斯菲尔德一样，卡尔·霍夫兰也相当重视传播效果研究，因此他的研究对之前的强效果研究也有一定的挑战性。在利用控制实验法研究士兵的过程中，他将士兵分为受教育程度高的组和受教育程度低的组，并加入“原有态度”等变量，同时，根据不同分法来考察使用一面提示还是两面提示的方法哪种效果更好。这对后来营销或宣传过程中改变营销或宣传对象的态度提供了可行办法。另外，卡尔·霍夫兰大量关于说服与态度的著作成为研究改变态度的典范。

再次，卡尔·霍夫兰将弗洛伊德的精神分析法运用到研究受众方面，对后来的学者研究受众的心理变化起到了良好的示范作用。

卡尔·霍夫兰说服研究的局限性，主要体现在以下几个方面。

第一，卡尔·霍夫兰使用控制实验法研究实验对象，而控制实验往往有许多变量是可以控制的，这就与真实的自然或生活环境有巨大的区别。也就是说，研究结果不便于推广。比如，那些士兵观看影片的环境，是一个安静的、可控的环境，而生活的环境其实是与实验环境不同的。再比如，在实验室内研究广告对人的影响与现实环境中广告对人的影响是有区别的。

第二，卡尔·霍夫兰的控制实验研究，研究的只是即时的态度变化，但实验之后长期的态度还是难以通过控制实验研究的。比如那些士兵当时看了影片，内心激情澎湃，这时态度的变化是明显的，但是长期下来，士兵们受生活的影响、其他士兵的影响、战争环境恶劣的影响，也许态度就会发生改变，而这些改变的态度，在当时的控制实验过程中是无法考量的。这就是说，真正研究态度的改变还是要结合多种方法。

第三，卡尔·霍夫兰的控制实验研究像调查一样，对于衡量随时间流逝的媒介的影响来说，是一门非常粗糙的技术。一位研究者能够令人信服地建立起一个实验组，并在数周或数月后将之带回实验室，这个进行中的实验能轻易地影响结果或使之产生偏向。想象一下，如果你自己是一名参与者，你被要求在长达数月的时间内每过几天来一趟实验室看电影，而电影中的女性都遭到暴力袭击、强奸或谋杀。你对这些影片的长期反应会是怎样的？会不会好像你是这类影片的影迷并经常地寻找这类影片？诸如此类的研究已经发现，在上述情况下，男性主体会变得对女性的暴力“脱敏”（desensitized）。他们更多地显示出责备强奸的受害者而不是强奸犯。这个研究证明了一个坚持不懈的研究者如果能让一位普通男性坐下来看足够多的拷打、折磨、伤害的场景，就可以把他转化为一个麻木不仁的动物吗？又或者它证明了参加两周一次的暴力电影节的大学生们最终将感到厌烦并不再被每段暴力情节唤起和激发？作为一个男性参与者，你会更加有可能去责备现实生活中的强奸受害者吗？又或者仅仅是简单地责备那些你从实验室录音带中看到的受害者？媒介内容的长期效果是相当难以确立的，并且已经在一些最富技巧的研究者中激起了关于其合理性的辩论。①

第四，卡尔·霍夫兰的控制实验法只能研究一部分变量对研究对象的影响，而对于其他变量则是无法深入研究的。

尽管卡尔·霍夫兰的控制实验法有这样或者那样的缺陷，但是这种方法对于解决实际问题提供了具有实际操作价值的参照体系。

四、库尔特·卢因

图 2-9 库尔特·卢因

（一）库尔特·卢因简介

社会心理学家库尔特·卢因于 1890 年 9 月 9 日出生于东普鲁士的贫穷犹太农民家庭，他先后在德国弗赖堡大学、慕尼黑大学、柏林大学等著名学府学习，并最终在柏林大学获得心理学博士学位。他的研究兴趣十分广泛，包括格式塔心理学，以及对于一些社会问题，诸如偏见、食品改进、独裁式领导方式等研究，但都以实用著称。他创立了“场论”和“群体动力论”。为了研究“群体动力论”，库尔特·卢因还专门引用了心理学领域的知识研究群体对个人观念、动机、愿望、行为和倾向的影响。另外，库尔特·卢因通过食品习惯变化等方面的实地实验提出了“把关行为”和“把关人”概念，这引起了后来包

① 斯坦利·巴兰、丹尼斯·戴维斯著，曹书乐译：《大众传播理论：基础、争鸣与未来》（第三版），清华大学出版社，2004 年版，第 151～152 页。

括怀特、威尔伯·施拉姆等传播学者对“把关”的研究。他的主要著作有《人格动力学》《解决社会冲突》《群体生活渠道》等。

表 2-7　库尔特·卢因生平大事

年代	事件
1909 年	进入弗赖堡大学学习医学，不久之后转入慕尼黑大学学习生物学。
1910 年	转入柏林大学攻读心理学博士。
1914 年	在柏林的皇家弗里德里克-威廉大学获得心理学博士学位。在学习期间主要受到哲学教授卡西尔和斯顿夫的影响，因此他对于哲学和格式塔心理学非常感兴趣。
1914 年	加入德国军队，成为一名二等兵，趁疗养期间，出版《战争的景色》。
1921 年	作为一个非终身教员在柏林大学心理学研究所教书，开始培养自己的博士生来确立自己的声望。
1927 年	晋升为教授。
1929 年	应邀到耶鲁大学，参加在耶鲁大学举行的国际心理学家会议，主要以“场论”为基础演讲“环境力量的效果”。
1932 年	应斯坦福大学心理学系主任 L. 特曼之邀，赴美任斯坦福大学讲学 6 个月。
1935 年	应聘于艾奥瓦大学儿童福利研究所工作，指导了一系列重要的关于营养变化的实验，与美国在第二次世界大战中的努力相结合。当时的美国，为应付食物短缺而进行食品政府配给，并需要做出饮食方面的变化，以改善公共营养和健康。
1939 年	研究哈沃德制造公司在弗吉尼亚一家工厂的参与性管理，并提出参与性管理导致产量增加。因此他成为组织学者和企业管理中的著名理论家。
1940 年	成为美国居民，他此时的主要兴趣在于群体对个体行为的影响。他相信，与一个群体的认同为一个人提供了一种观点、一种视野和一种自我意义。
1944 年	受聘到麻省理工学院任教，在经济和社会科学系内领导着“群体动力学研究中心”，主要包括“西门研究”“网络研究”等。
1947 年	因患心脏病去世，最后一篇文章《群体生活渠道》对传播体系中的把关过程作了理论说明。

（二）库尔特·卢因对传播学的贡献

首先，库尔特·卢因与卡尔·霍夫兰一样将实验法引入传播学。库尔特·卢因关于权威主义、民主、自由放任的三种领导方式的实验以及食品习惯变化的胰脏实验均使用实验法。而这种方法在后来研究群体对人的影响时起到了积极作用。

其次，库尔特·卢因提出“场论”和“群体动力理论”。“场”这个词是库尔特·卢因从物理学当中引入的一个概念。库尔特·卢因的“场”大致指一种个体行为的私人生活空间，或是围绕这个个体的社会环境。借助这个“场”的概念，库尔特·卢因进一步提出了群体动力理论。所谓群体动力理论是指一个群体就是一个场，必须将群体视为一个整体，而不是成员个体的简单相加，在群体与个体的关系中起决定作用的是群体而不是个体。[①] 换句话说，一个人的行为其实直接受到他所处的环境的影响。用一个简单的公式可以表示为 B=f(PE)，B 是“behavior”（行为）的意思，P 是“personality”（个性）的意思，E 是“environment”（环境）的意思，由此看来，传播者要想改变一个人的态度或行为，除考虑一个人的喜好、信仰、需求等个性因素之外，还要重点考察研究这个人所处的环境。

再次，库尔特·卢因率先提出“把关”概念。1935 年前后，库尔特·卢因和 6 个红十字会志愿者小组进行了著名的胰脏实验研究，正是在这个研究中，库尔特·卢因发现家庭主妇们是家庭消费新食品的把关人。而把关概念可以适用于范围广泛的各种传播环境，如同库尔特·卢因所陈述的那样：“这种情况不仅适合于食品系统，而且适合一条新闻通过某种传播渠道在群体中的流通。”[②] 根据这样的观点，库尔特·卢因于 1947 年在其名著《群体生活渠道》中对把关做了详细的表述，“信息总是沿着含有门区的某些渠道流动，在那里，或是根据公正无私的规定，或是根据‘把关人’的个人意见，对信息或商品是否被允许进入渠道或继续在渠道里流动做出决定”，“信息传播网络中布满了把关人”。据此可以得出，所谓把关就是对信息进行过滤和加工的过程。所谓把关人就是对信息进行过滤和加工的人。沿着这样的思路，大卫·怀特以及后来的传播者重点研究了把关人在大众传播过程中的作用。大卫·怀特利用个案研究法研究了报纸新闻、电讯稿编辑对信息进行过滤和加工的过程。传播学之父威尔伯·施拉姆更是特别强调，在我们生活中处处都充满了把关人，无论是新闻工作者还是图书管理员，哪怕是餐桌旁的丈夫。

结合库尔特·卢因和大卫·怀特的研究，研究者将把关过程简化为一个简单的模式。

---

① 胡正荣、段鹏、张磊著：《传播学总论》（第二版），清华大学出版社，2008 年版，第 20 页。

② E.M. 罗杰斯著，殷晓蓉译：《传播学史——一种传记式的方法》（第一版），上海译文出版社，2005 年版，第 295 页。

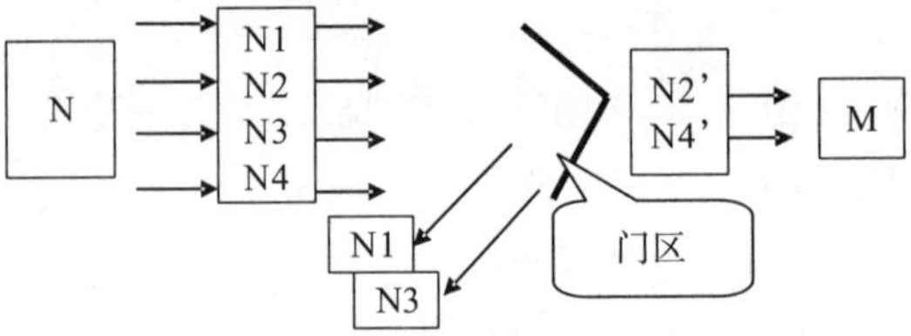

图 2－10　把关过程

由图 2－10 可知，如果这是一次信息传播，那么在门区实际上布满着各种各样的把关人，他们筛选、过滤最后还要加工信息，使信息符合传播者的传播习惯或者受众的接收习惯，这样才能保证其有效传播。

库尔特·卢因和大卫·怀特的把关模式，都有一定的缺陷，既过分强调把关人的权限，更忽视了把关人在生活中所受到的各种因素的控制。但不管如何，作为传播学研究的奠基人，他们对把关进行的研究工作对今天的传播实践活动是有指导意义的，比如对传统媒介如何把关、新媒体如何增强把关具有借鉴意义。

五、威尔伯·施拉姆

（一）威尔伯·施拉姆简介

威尔伯·施拉姆于 1907 年 8 月 5 日出生于美国俄亥俄州，他从小就患有口吃，但这并不影响他在政治历史、文学写作、音乐、心理学等方面的才能。尤其在写作方面，他无论是在与西肖尔一起搞研究还是在美国战时统计局（战时新闻局）工作期间，都有自己的文章诸如《老教授不死》《飞翔的科芬》《威尔伯的吉普故事》等发表在《星期六晚邮报》上。威尔伯·施拉姆的传播学观要归结到他从美国战时统计局到战时新闻局工作的 15 个月。

图 2－11　威尔伯·施拉姆

表 2-8　威尔伯·施拉姆生平大事

年代	事件
1928 年	获得玛丽埃塔学院历史和政治学学士学位。
1930 年	获得哈佛大学美国文学硕士学位，同期，他还在《华盛顿先驱报》兼职做报纸工作。
1932 年	获得艾奥瓦大学英国文学博士学位。
1932—1934 年	成为艾奥瓦大学的美国学术团体理事会博士后会员，在那里，他与西肖尔一起从事实验研究。这一行为标志着他后半生转到英国文学到新闻教育，进而转向传播学研究新领域。
1935—1942 年	担任艾奥瓦大学英语系英语助理教授、副教授、教授，并成为该大学写作班的创办人和指导者，指导 P. 罗斯写了《松手》、J. 欧文写了《加普的世界》等。在威尔伯·施拉姆任指导教师的 5 年时间里，该班学生写作完成了 10 本著作并获商业性出版，而他自己也兼职写小说补贴薪水。
1942—1943 年	第二次世界大战期间，离开艾奥瓦大学，成为华盛顿统计局和战时新闻局的教育主任，在那里，形成了他自己的传播学观。
1943—1947 年	1943 年离开战时新闻局，回到艾奥瓦大学，并带着创建传播学的眼光。同年，被任命为艾奥瓦大学新闻学院院长并开设第一门大众传播的博士课程。1946 年，在艾奥瓦大学创建受众研究局。
1947—1955 年	1947 年在伊利诺伊大学创建传播研究所，并担任所长及传播系主任，伊利诺伊大学校长助理。
1955—1973 年	1955 年在斯坦福大学创建传播学研究所，并担任传播研究所所长。
1962—1973 年	被任命为斯坦福大学的国际传播学教授，直至他 65 岁从斯坦福大学按法定年龄退休为止。
1973—1977 年	1973 年创建夏威夷东西方研究中心传播研究所，担任所长，并成为中心杰出的研究员。
1977 年	成为香港中文大学传播学教授。
1987 年	逝世于檀香山。

（二）威尔伯·施拉姆的贡献

首先，威尔伯·施拉姆创立传播学，可以称为“传播学之父”。

前述的政治学家哈罗德·拉斯韦尔带来的宣传理论及内容分析法，社会学家保罗·拉扎斯菲尔德带来的《人民的选择》及实地调查法，实验心理学家卡尔·霍夫兰带来的说服研究及控制实验法，社会心理学家库尔特·卢因带来的把关理论及实验法都是传播学领域经典的理论、范式及方法。威尔伯·施拉姆最大的贡献就在于将来自政治学、心理学、社会学、新闻学、信息科学等学科的相关理论和方法梳理出来，整合成一门独立的学科——传播学，并使之不断系统化、规范化。

其次，威尔伯·施拉姆为壮大传播学大力发展传播学教育。

为了大力推进传播学教育，一方面，威尔伯·施拉姆建立了首批以“传播”命名的教学单位和研究单位，诸如伊利诺伊大学传播研究所、斯坦福大学传播学研究所、夏威夷东西方研究中心传播研究所。另一方面，威尔伯·施拉姆编了首批以“传播学”命名的教科书，并率先授予“传播学”博士学位。威尔伯·施拉姆早在1949年就编了一部叫《大众传播》的书，主要收录了政治家、心理学家、社会学家、语言学家以及许多其他学科的专家有关传播的论述，这本书后来被世人视为传播学的第一部权威性教科书，直到现在仍然被当作美国传播专业的必读书。整本书共分八个部分：大众传播学的发展，大众传播的结构与作用，大众传播的控制与支持，传播过程，大众传播的内容，大众传播的受众，大众传播的效果和大众传播的责任。威尔伯·施拉姆通过这本695页的著作分别从八个方面构建了传播学的学科体系。有了专门的教学单位和研究单位，又有了专门的教科书，那么招收该专业的学生进行专门的传播学教育就顺理成章了。从这些单位出来的学生后来又在各个大学教授传播学课程，并真正成为独当一面的传播学学者。《传播学的起源、研究与应用》一书的一个作者坦卡德，就是威尔伯·施拉姆在斯坦福任教时的博士研究生。

再次，威尔伯·施拉姆为了扩展壮大传播学不断著书立说。

威尔伯·施拉姆为了使传播学发扬光大，还写了不少著作，主要包括《报刊的四种理论》《大众传播媒介与国家发展》《新媒介》《传播学概论》等。在这些书中，威尔伯·施拉姆提出许多重要的观点，诸如报刊的四种理论、“大媒介”和“小媒介”、选择的或然率等。

报刊的四种理论是威尔伯·施拉姆在其与西奥多·彼得森合著的《报刊的四种理论》一书中提出的观点，这四种理论主要指集权主义传播制度、自由主义传播制度、社会责任传播制度和社会主义传播制度。报刊的四种制度描述了传播过程并不是在真空当中发生的，而是与社会整体不可分割，并受到社会政治、经济、文化等制度影响，可能也结束了“那种认为媒介是独立的力量，能够随意影响和型塑社会的老看法”。

“大媒介”和“小媒介”是威尔伯·施拉姆在《大众媒介与国家发展》一

书中提出的著名概念。“大媒介”指那些现代化程度高，需要调动大量人力、物力才能推展的媒介，如电影、电视、电脑教学等；“小媒介”指那些花钱少、见效快的媒介，如幻灯、广播、教科书等。他认为发展中的第三世界国家应该根据自己的实力大力发展“小媒介”而不应模仿发达国家，盲目地追逐“大媒介”。

选择的或然率是威尔伯·施拉姆提出的一个关于受众选择媒介信息的公式：

$$选择的或然率=\frac{报偿的保证}{费力的程度}$$

“报偿的保证”主要是指传播内容满足受众某种需要的程度，“费力的程度”主要指获得这些内容的难易状况。报偿的保证越大，费力的程度越小，信息则越容易被受众所选择，反之亦然。作为传播者所要思考的就是如何加大“报偿的保证”，减小“费力的程度”。

此外，《传播学概论》这本书实际上是威尔伯·施拉姆在1982年所写的《男人、女人、讯息和媒介：人类传播概览》的意译。它是第一部全面而系统地阐释传播学理论的著作，是威尔伯·施拉姆一生从事传播体系建构与完善的心血结晶。该书共有十五章，分别是传播的历史，传播的功能，传播的过程，传播的符号，传播的代码，传播的路径（谁与谁交谈），传播媒介（大众传播渠道与人际传播渠道），大众媒介面面观，发送者、接收者与选择过程，社会控制与大众传播，传播效果的若干模型（一），传播效果的若干模型（二），大众媒介悄无声息的影响，大众媒介比较明显的效果，信息革命。此时，威尔伯·施拉姆确实已经跳出总结他人思想的窠臼，而真正创立了独立的学科、独立的思想。由此，威尔伯·施拉姆奠定了传播学的学科独立性。

最后，威尔伯·施拉姆开创了传播学新的研究专业。

威尔伯·施拉姆在开创传播学的研究领域之后，还特别重视细分，把传播学细化为国际传播学、发展传播学、电视对儿童的影响的专业等。国际传播学作为理论，指导着国际传播实践活动。

施拉姆在《大众传播媒介与国家发展：信息对发展中国家的作用》中阐述的发展传播学的观点包括以下四个方面：

（1）大众传媒传播信息能有效促进国家发展的观点，强调信息传播对发展中国家的重要性，“有效的信息传播可以对经济社会发展做出贡献，可以加速社会变革的进程，也可以减缓变革中的困难和痛苦”。

（2）发展中国家在信息传播方面远远落后于发达国家，这严重阻碍了发展中国家的经济、政治、文化等各个方面的发展，消除这种信息不平衡的现象是发展中国家面临的一项艰巨任务。

（3）信息传播在国家发展中有守望环境、参与决策和提供教育的功能。

（4）大众传媒在国家发展中具体可以充当扩张视野的角色，使传统社会的人民把眼光放到生活形态上，并通过媒介唤醒国家意识，促进国家的整合；把公众的注意力集中于国家的重要发展项目；提高人民的抱负，拒绝被命运摆布；为国家发展创造有利的“气候”，与人际沟通管道；赋予人与事以地位；扩大上下沟通的政策“对话”；执守社会规范，使人不敢轻易逾矩；引导文化口味的形成。

威尔伯·施拉姆对这个问题进行了单独研究。他认为无论在哪个国家，儿童都是一个家庭的希望和一个国家的未来，如果媒介不得不迅猛发展，那么有没有一些能够减轻对儿童的影响的方法呢？威尔伯·施拉姆对此做了深刻的研究，并完成了一本警示后人的著作——《电视对儿童生活的影响》。继威尔伯·施拉姆之后，关于传媒对儿童的影响的研究在一些学者的关注下开始逐渐被重视。

第三节　传播学的发展

传播学是一门年轻的学科，因此要追述它的发展并不难。传播学从起源开始就得到了各个学科的关注，尽管时间不长，却留下了一些响当当的名字，包括西方学者沃尔特·李普曼、哈罗德·拉斯韦尔、保罗·拉扎斯菲尔德、卡尔·霍夫兰、库尔特·卢因、威尔伯·施拉姆、马歇尔·麦克卢汉、英尼斯、阿多诺、霍克海默、马尔库塞、哈贝马斯、斯图亚特·霍尔、默多克、戈尔丁、阿尔都塞、罗杰斯、麦库姆斯、伊丽莎白·诺尔-诺依曼、坦卡德；中国学者林之达、李彬、戴光元、邵培仁、龚炜、童兵、卜卫、郭镇之、张国良、陈力丹、郭庆光、展江、尹鸿、喻国明、胡正荣、蔡尚伟等。不管我们如何评价他们的学术贡献，但有一点是值得肯定的，即他们没有将传播学的研究框定在大众传媒和传播效果的狭小领域，他们怀揣着类似于经济学和社会学初创时的雄心壮志，试图用传播理论来解释人类社会普遍的传播现实，甚至用来回答社会何以可能之类的基本问题。后继者们虽然更多地聚集于行政研究，但他们的学术理想从来都是极为宏大的。学术研究一方面出现了越来越细分的倾向，如国内学者邵培仁教授所言：“传播学的发展有一种分支化的趋势，而且分支越来越细，在向细密方向发展。”但另一方面，回归芝加哥学派，回归社会学之父韦伯、西美尔、凯尔迪姆等人学术传统的呼声一直没有停止过。而像帕森斯、卢曼那样，建立宏大理论体系的学者也不乏其人，批评研究、文化研究、实证研究都有较良好的发展，可谓百花齐放、百家争鸣。①

一、西方传播学的发展

西方传播学的研究整体呈现多样化视角的趋势，大众社会理论、文化研究、功能主义、结构主义、行为主义、多元主义、行为主义、女权主义等都有所涉及。本书主要从史学研究、理论研究、传播者研究、传播内容研究、方法研究、效果研究、受众研究、媒介研究、学派研究等角度进行简单的归纳总结。

从1922年美国著名的政论家和报刊专栏作家沃尔特·李普曼（Walter Lippman）出版《舆论学》并提出“刻板成见”和“拟态环境”概念，到1949年威尔伯·施拉姆编辑出版《大众传播学》第一次提出大众传播学的框架，可以说，传播学作为一门独立的学科已经基本形成。经过60多年的发展，今天的西方传播学更是得到了长足发展。纵观整个西方传播学的发展历程，大致呈现以下一些特点。

（一）传统研究继续跟进

1. 传播学的史学研究围绕经典展开

传播学作为一门独立的学科，其历史并不长，但是对传播学做出贡献的人却是从新闻学界、政治学界、心理学界一直延伸到了社会学界、经济学界等。美国传播学学者E. M. 罗杰斯在访谈了许多传播学大师及其合作者和追随者的同时，广泛利用了洛克菲勒档案中心、美国国会图书馆以及斯坦福大学、耶鲁大学、芝加哥大学、哥伦比亚大学、伊利诺伊大学、艾奥瓦大学等大学图书馆和档案室中的大量资料完成了其经典名著《传播学史——一种传记式的方法》。该书对研究传播学发展有着极为重大的意义。另外，其著作《传播学中的信息论的历史》对后来研究传播学的历史也有着极大帮助。

---

① 吴飞、丁志远：《中国大陆传播学的研究领域的实证分析》，见 http://blog.sina.com.cn/s/blog_627cf0450100ihlm.html。

2. 传播理论研究得到丰富和发展

从威尔伯·施拉姆开创传播学之后，他的《传播学概论》就被传播学界奉为经典读本。在整个传播学发展过程中，传播学理论得到了强有力的丰富和发展，大致分为对传统理论的继承、新理论的提出和分支的多元化等，代表作有沃纳·赛佛林（Werner J. Severin）与詹姆斯·坦卡德（James W. Tankard）的《传播理论：起源、方法与应用》、斯蒂文·小约翰（Stephen W. Littlejohn）《传播理论》、理查德·韦斯特（Richard West）与林恩·H. 特纳（Lynn H. Turner）的《传播理论导引：分析与应用》、马尔科姆·麦库姆斯（Maxwell Mocombs）的《议程设置》、E. M. 罗杰斯（Everett Rogers）的《议程设置研究：它在哪里，它往何处去》等；传播学的分支开始多元化起来，诸如大众传播学、发展传播学、跨文化传播等，代表作有巴兰（Stanley J. Baran）与戴维斯（Dennis K. Davis）的《大众传播理论：基础、争鸣与未来》、梅尔文·德弗勒的《大众传播学诸论》、丹尼斯·麦奎尔（Denis McQuail）的《麦奎尔大众传播理论》、E. M. 罗杰斯的《大众传播与国家发展》、理查德·E. 波特（Richard E. Porter）、拉里·A. 萨默瓦（Larry A. Samovar）的《跨文化传播》等。在这些学者的继承、开拓之下，传播学理论得到了丰富和发展。

3. 传播者研究既研究个人也研究组织

传播者一般为个人诸如记者、编辑、主持人等，也包括传媒组织诸如报社、杂志社、电台、电视台、网站等。纵观来看，西方传播者的研究既研究个人也研究组织。代表作有威尔伯·施拉姆和西奥多·彼得森等的《报刊的四种理论》、杰里米·滕斯托尔的《工作中的新闻记者》、杰伊·罗森的《新闻记者的工作目标》、赫伯特·斯川兹的《新闻记者与新闻来源》、芭芭·马图索的《美国电视明星》、沃尔特·克朗凯特的《记者生涯——目击世界 60 年》、露西·金-尚克尔曼的《透视 BBC 与 CNN：媒介组织管理》以及赫伯特·甘斯的《什么在决定新闻：对 CBS 晚间新闻、NBC 夜间新闻、〈新闻周刊〉、〈时代〉周刊的研究》等。

4. 传播内容研究顺势而为

哈罗德·拉斯韦尔归纳出传播学研究的一个细节便是传播内容研究，他自己也在大量研究第一次世界大战宣传内容的基础上总结出了有关宣传的理论《世界大战的宣传技巧》。后来的学者也大量研究传播内容以便利用更合适的传播内容来影响受众和赚取足够的利润。无论是美国还是英国，都尽量去总结自己的优秀节目，以使自己的传播内容得到进一步的丰富，代表作有杰伊·罗森的《公共新闻：理论与实践》、高登·金的《英国电视新闻节目的探索与调整》、唐·休伊特的《60分钟：黄金档电视栏目的50年历程》、缪里尔·G.坎托的《黄金时间的电视：内容与控制》《肥皂剧》等。

5. 受众研究多维度发展

西方传播学对受众的研究表现为多维度的发展。卡劳斯·布鲁恩·詹森和卡尔·埃里克·罗森格伦将西方受众研究传统划分为五类，即效果研究、使用与满足研究、文学批评、文化研究和接收分析。而丹尼斯·麦奎尔在其名著《受众分析》一书中将受众研究分为三大类，即"结构性"受众研究、"行为性"受众研究和"社会文化性"受众研究。不管以何种方式划分，受众研究的著作甚丰，代表性的著作如雷蒙德·鲍尔的《顽固受众》、伊莱休·卡茨的《个人影响》、卡尔·埃里克·罗森格伦的《使用与满足研究：过去的十年》、戴维·莫利的《电视、观众和文化研究》、莉萨·A.刘易斯的《崇拜的受众：迷文化和大众媒介》、杰里米·滕斯托尔的《媒介社会学：读者》、詹姆斯·G.韦伯斯特的《大众受众：重新发现支配模式》等。

6. 媒介研究呈现多样化趋势

可以这样说，没有传播学研究者对于媒介的研究就不可能有今天传播媒介的大发展。人们也没有办法实现在任何时间、任何地点获取任何想要的信息的需求。在传播学界与业界的配合之下，我们逐渐熟知"媒介融合""屏端受众""计算传播"等概念。媒介研究整体呈现明显的多样化趋势，代表性的作品有赫伯特·阿特休尔的《权力的媒介》、马歇尔·麦克卢汉的《理解媒介——论人的延伸》、威尔伯·施拉姆的《大众传播媒介与社会发展》、奥利费·博伊德·巴雷特和克里斯·纽博尔德的《媒介研究的进路》、皮埃尔·布尔迪厄的《关于电视》、理查德·梅塞尔的《大众媒介的衰落》、阿瑟·伯格的《媒介分析技巧》、克劳斯·布鲁恩·延森的《媒介融合：网络传播、大众传播和人际传播的三重维度》等。

7. 效果研究阶段性明显

关于传播效果的研究主要体现在美国学者的研究方面，一些著名的传播学者都对传播效果做了详细的研究，代表作有梅尔文·德弗勒的《大众传播效果研究的里程碑》、简宁斯·布莱恩特与道尔夫·兹尔曼的《媒介效果理论与研究前沿》、乔治·格伯纳的《与电视共生：电视暴力概况》等。综合来看西方传播效果的研究大致经历了四个阶段。

第一阶段——从20世纪20年代初到40年代初期，被称为强大效果论时期，即认为大众传媒有十分强大的威力，能形成意见信仰，改变生活习惯，并或多或少按媒介控制者的意图支配受众的行为，几乎是无所不能的。其代表理论为子弹论。所谓子弹论就是指传媒所传播的内容就像子弹一样打到人（相当于靶子）身上，人应声倒下。该理论认为，传媒对受众的影响是极大的。因而，此阶段被称为“强大效果论”时期也不足为奇了。

第二阶段——从 20 世纪 40 年代初期至 60 年代初期，被称为有限效果论或最低效果法则时期。美国传播学者约瑟夫·克拉珀在其代表作《大众传播的效果》中对 1960 年前的一些研究成果进行整合，从而明确提出了有限效果论或最低效果法则，认为大众传播并不对受众产生普遍影响，它最大的作用在于改善现存条件。基于他的研究，个人差异理论、社会分类论、社会关系论、两级传播理论或多级传播理论等成为这个时期的主要代表。

第三阶段——从 20 世纪 60 年代末到 70 年代初，被称为适度效果理论时期。与有限效果研究相比，该阶段的效果研究突破了传者中心论的局限，多从受众为中心的角度进行研究，重点在于研究大众传播的长效作用。代表理论为使用与满足理论、创新扩散理论、议程设置理论等。

第四个阶段——起始于 20 世纪 70 年代中期，被称为回归强效果论时期。代表理论有沉默螺旋理论、培养理论、模型论、幻想说等。这时的回归强效果论，不是对早期强大效果论的机械恢复，而是西方效果研究取向与维度的一次革命性转折：首先是研究重心发生了转变，由测定直接、短期的效果转到间接的、潜在的和长期的影响；其次是研究过程和方法发生了转变，从机械经验主义方法转向把传播过程置于整个社会政治经济大结构中考察的宏观分析方法，特别重要的就是出现了方法论多元化的趋向。

8. *方法研究得到继承和发展*

传播学的研究方法主要有定性研究和定量研究，具体而言，定性研究方法主要有符号互动理论、人种学和民族志法；定量研究法主要有实地调查法、内容分析法、控制实验法等。沿着这样的思路，西方传播学者开始对这些方法进行细化并用来分析传播事件，代表作有卡劳斯·布鲁恩·詹森与人合作的《大众传播研究方法：质化取向》、诺曼·K. 邓津和伊冯娜·S. 林肯的《定性研究：经验资料收集与分析的方法》、斯蒂芬·L. 申苏尔等的《民族志方法要义：观察、访谈与调查问卷》、费雷德里克·威廉姆斯等的《传播统计法：定量研究操作指南》、伯纳德·贝雷尔森的《传播研究中的内容分析》、丹尼尔·里夫和斯蒂文·赖斯等的《内容分析法：媒介信息量化研究技巧》、理查德·梅塞尔的《如何抽样》等。这些著作为研究受众、研究传媒对受众的影响起到了非常显著的作用。

（二）学派研究备受关注，批判研究成为亮点

传播学研究者习惯将传播学的学派分为起源于美国的传统学派（又称经验功能学派）和起源于欧洲的批判学派（又称结构主义符号-权力学派），但基于媒介技术的技术控制论学派。

1. 传统的研究——以经验学派为代表

传播学的经验学派起源于美国。这跟美国在两次世界大战中的表现与成果不无关系。20 世纪，两次世界大战是人类历史上波及范围最广、规模最大的两次战争。前方战场上，士兵们真枪实弹、浴血奋战，当然，也不乏心理战。在后方，则是最高形式的宣传、传播战。这是人类历史上最值得研究的传播史。人类学家、社会学家、心理学家以及国际关系学者都曾为两次世界大战做了重要的研究贡献。他们研究人类冲突的功能、研究宣传、研究传播策略、研究传播效果等。因此，这个时期的传播研究，具有明显的实用性、经验性、功能性特点。基于此，我们把这些研究归结为传统的研究——经验学派，奠基者主要是前面提过的政治学家哈罗德·拉斯韦尔、社会学家保罗·拉扎斯菲尔德、实验心理学家卡尔·霍夫兰、社会心理学家库尔特·卢因等。

该学派一般比较关注“5W”即“谁？说什么？对谁说？通过什么渠道？取得什么效果？”的问题，其理论基础或研究方法主要是实证主义、结构功能主义、行为主义、经验主义等，多元化趋势比较明显；研究的焦点主要集中于效果和受众之上；研究的目的主要是维护现有的传播制度和社会制度；研究的方法主要是社会学、心理学的定量分析，注重经验、实证。研究的视角属于微观的，关注点主要集中在发现能够切实解决具体传播问题的方法或能够对传播现象加以科学解释的规律等，为美国的政治、经济、商业及军事功能服务；主要研究领域和理论有传播过程模式研究、说服与态度改变研究、“传播流”研究、既有倾向假说、选择性理论、补强理论、两级传播理论等。

沿着奠基者的研究思路，一些传播学者也从传播者研究、内容研究、媒介研究、受众研究和效果研究等角度着手分析新的传播问题，提出新的研究理论和研究方法。比如强调研究受众的研究者就有默顿、卡茨、贝雷尔森、科曼、罗杰斯等。1971 年，罗杰斯等人将两级传播扩充为 N 级传播，1974 年卡茨提出了著名的使用与满足模式。强调效果研究的马尔科姆·麦库姆斯和唐纳德·肖，1972 年提出了著名的议程设置理论；梅尔文·德弗勒更是在其名著《大众传播效果研究的里程碑》将传播学的效果研究进行了详细的梳理。

2. 媒介技术的研究——以技术控制论学派为代表

20世纪取得迅猛发展的电影、无线电广播、电视等新媒介都是电子传播媒介，其传输速度以及作用的方式都与以往文字媒介有着巨大的不同。两次世界大战作为媒介发展的实验场，更是验证了电子传播媒介在动员、宣传方面得天独厚的优势。这些媒介对社会的影响直接引导了传播学研究的方向。第二次世界大战后，传播学的研究突飞猛进，其中以研究媒介机构进行资讯沟通的媒介研究技术发展最为迅猛。

因此，基于媒介技术的研究表现为技术控制论学派。该学派的起源主要是基于“三论”，即信息论、控制论和系统论；研究理论基础是技术主义；研究的核心主要是传播技术与社会的关系，认为技术变迁导致社会变迁；研究方法偏重于文献与思辨；研究视角比较宏观，着眼于媒介机器与人的交流设计，关注不同媒介对社会影响的比较和新媒介对社会影响的前瞻性研究。

申农在1948年发表了著名论文《通信的数学理论》，提出信息的基本概念及一个机器对机器或人－机－人通信的传播模式。基于这个模式的信息论对传播学的贡献就在于解释了传播过程中信息会经过编码或译码的过程到达信宿，也解释了传播过程中噪音的控制作用。

控制论的提出者维纳连续在1948年和1949年两年中分别发表《控制论或动物和机器的控制与通信》和《人有人的用处》两篇文章论述信息论的问题及解决办法。他提出了传播学中著名的“反馈”和“熵”概念。正是因为“反馈”概念的提出，才使传播过程模式无论是“5W模式”还是“人－机－人通信的传播模式”都变为一个有反馈的、双向的、循环的模式。信息论和控制论有着共同的缺点，即忽视了社会各因素对传播过程的控制或者影响。事实上，传播过程作为社会运转的组成部分肯定受到各种因素的影响。基于此，技术控制论学派又引入“系统”概念对传播进行更加深入的研究。

系统论最早是由奥地利生物学家贝塔朗菲提出的。该理论最大的贡献就在于提出了“要素”“系统”“整体”和“环境”等概念。传播学引入这些概念弥补了信息论和控制论的不足，给传播学研究带来了整体大于各孤立部分之和的思想。在系统论的指引下，传播学研究者把传播过程中的各个要素整合起来形成一个大的系统，着重分析传播系统的结构和功能，研究传播系统、传播要素、传播系统所处的环境三者的相互关系和变动规律。

正是基于“三论”、媒介技术的发展和技术发展对社会的影响，技术控制论学派才在媒介技术研究领域有了自己独特的见解和成果。该学派的主要代表人物有哈罗德·亚当斯·英尼斯（Harold Adams Innis）、马歇尔·麦克卢汉

(Marshall McLuhan)、乔舒亚·梅罗维茨（J. Meymwitz)、布热津斯基（I. K. Brzezinski)、保罗·利文森（Paul Levinson）等。

哈罗德·亚当斯·英尼斯是加拿大多伦多学派的鼻祖，他在1950年出版的《传播的偏向》中分析了媒介与帝国垄断之间的关系，论述了传播媒介的偏倚性问题。他认为，要了解各种传播媒介传播思想、控制知识、垄断文化的实质，必先认识媒介时间偏倚和空间偏倚的特性，也就是著名的媒介偏倚论。当然他也提到一种新的媒介的产生将导致一种新的文明的产生。

马歇尔·麦克卢汉是英尼斯的学生，在麦氏的一些理论中也会看到英尼斯对他的影响。麦氏是加拿大的著名文学批评家，大众传播理论的一代宗师，可以说正是从麦氏开始传播学研究者才开始重点研究媒介的重要性。麦氏一生著述颇丰，主要有《机械的新娘》《古登堡群星：印刷文人的诞生》《人的延伸：媒介通论》《媒介即讯息》《媒介是按摩、是逆风》等。无论后人如何评判麦氏的观点，他所提的“媒介是人体的延伸”“媒介即讯息（message)”“冷媒介和热媒介”“地球村”的观点确实给传播学的研究指明了一条新的道路。

乔舒亚·梅罗维茨是美国著名的传播学者。梅氏一方面冷静、客观地对待麦氏的媒介理论，并从他的理论和与其他学者的争辩中吸取营养，另一方面又以开放、综合的观念引入美国著名社会学家戈夫曼的社会互动论，基于此，梅氏在他1985年出版的《消失的地域》里从一个新的高度和新的层面上建立了一个有特色的媒介情境论。

布热津斯基是美国著名的政治家、战略家。布氏的观点可以在他1970年出版的《两个时代之间》一书中初见端倪，当然也可以在他1986年出版的《运筹帷幄》一书中发现踪迹，但他的思想还是主要集中在他1993年出版的《失去控制：21世纪前夕的全球混乱》一书中，他的重要观点主要可归结为媒介失控论。

保罗·利文森是美国媒介哲学家。他在1997年出版的著作《软边缘：信息革命的历史与未来》一书的主要观点使得技术控制论或传播技术决定论的观点走向折中。

3. 思辨的研究——以批判学派为代表

批判学派萌芽及兴盛于20世纪六七十年代的欧洲，这主要是因为欧洲的传播实践和传播学研究方法与传统的经验学派和技术控制论学派有着巨大的不同。欧洲的传媒公共性、服务性较浓，这与美国传媒的私有性、赢利性截然相反。基于此，批判学派更倾向于对现有传播实践提出质疑，尤其是对资本主义传媒一味迎合受众兴趣、爱好的问题进行批判。

批判学派以社会批判理论、西方马克思主义、文化研究、结构主义、解构主义、政治经济学、符号学、哲学等为研究的理论基础，具有浓厚的思辨色彩；研究核心是传播与社会之间的关系；研究方法主要强调定性，但不排斥定量，注重理论、哲学、思辨；研究视角宏观，着眼于“符号—认识—权力”之间的相互运作，关注传播制度、传媒意识形态性，以及传媒对人的异化和控制。

批判学派根据研究理论不同大致分为四个流派，即法兰克福学派、社会文化学派、政治经济学派和意识形态学派。

（1）法兰克福学派

法兰克福学派以德国法兰克福大学 1923 年成立的社会研究所为中心。该学派的阶段性明显，早期的创始人是马克斯·霍克海默。整个学派的代表人物除他以外，还有诸如西奥多·阿多诺、赫伯特·马尔库塞、埃里希·弗洛姆、瓦尔特·本雅明、尤尔根·哈贝马斯等著名人物。这些人的著述颇丰，研究的领域也十分宽泛，他们的活动几乎涵盖了整个 20 世纪。

表 3—1　法兰克福学派代表人物及其作品、观点

<table>
<tr><th>年代</th><th>阶段</th><th>活动区域</th><th>代表人物</th><th>重要著述</th><th>代表性观点</th></tr>
<tr><td>1930 年到 1949 年</td><td>创立早期</td><td>德国
美国</td><td>霍克海默
阿多诺
马尔库塞
弗洛姆
本雅明</td><td rowspan="2">《启蒙辩证法》
《否定的辩证法》
《批判理论》
《传统理论与批判理论》
《单向度的人——发达工业社会意识形态研究》
《机械复制时代的艺术作品》</td><td rowspan="2">霍克海默的“社会批判理论”：主要指用历史—社会方法对现实社会经济—文化现象作类似马克思当年在《资本论》所进行的那种批判考察。它的主要特点是划清自身与当代各种其他社会研究及哲学方法的界线，它尤其注重对实证主义方法的区别。[1]
霍克海默和阿多诺的“文化工业理论”：文化工业指的是书报杂志、收音机、电影、电视等大众媒体所传播的所谓的文化不再是一种艺术形式，它使启蒙变成了欺骗，灌输给人们的是一种错误的意识，使人们变得驯服，停止了对现实的思考。传媒及文化实际上都已经成为技术理性的产物，技术理性就是统治本身。精英文化失去了其严肃性，而屈服于利润。
马尔库塞的“单向度的人”：大众传媒消灭了思想的丰富性和人的多样性，广播、电影、电视、广告等现代科技的产物，无孔不入地挤进公众的内心深处，消灭了从思想上颠覆和改变现状的文化。[2] 人们所失去的第二向度就是否定性的批判和批判性原则。</td></tr>
<tr><td>1949 年到 20 世纪 60 年代末</td><td>鼎盛时期或黄金时期</td><td>德国
美国</td><td>霍克海默
阿多诺
马尔库塞
弗洛姆</td></tr>
</table>

① 马克斯·霍克海默著，李小兵等译：《批判理论》，重庆出版社，1989 年版，中译序。

② 陈力丹：《传播学是什么?》，北京大学出版社，2007 年版，第 64 页。

续表

年代	阶段	活动区域	代表人物	重要著述	代表性观点
20世纪70年代起	衰落期	德国	哈贝马斯 施密特	《作为"意识形态"的技术与科学》 《公共领域的结构与转型》 《论批判理论的观念：霍克海默哲学要旨》	哈贝马斯："资产阶级和无产阶级之间的关系不再是剥削与被剥削的关系，而是成了与生产利益紧密相关的伙伴关系。"① "因为现在，第一位的生产力——国家掌管着的科技进步本身——已经成了（统治的）合法性的基础。（而统治的）这种新的合法性形式，显然已经丧失了意识形态的旧形态。"②

基于法兰克福学派的批判理论、文化工业理论，在欧洲国家、美国、加拿大等地的一些学者开始对本国的传媒产品进行审视，探求传媒产品中合理的部分以求发展，批判不合理的部分以求完善。

（2）社会文化学派

社会文化学派以英国伯明翰大学的当代文化研究中心为主要阵地，该中心成立于1964年，是一个博士后研究中心。中心首任主任是现代英国文学教授理查德·霍加特，其主要目标是研究当代文化活动、文化形式、文化制度与社会变迁之间的关系。第二任主任是斯图亚特·霍尔，他主要研究文化与社会互动的关系，重视用西方马克思主义的理论框架来解释各种文化及意识形态的形成。

---

① 尤尔根·哈贝马斯著，李黎、郭官义译：《作为"意识形态"的技术与科学》，学林出版社，1999年版，第7页。

② 尤尔根·哈贝马斯著，李黎、郭官义译：《作为"意识形态"的技术与科学》，学林出版社，1999年版，第69页。

表 3－2　社会文化学派代表人物及其作品、观点

	时期	代表人物	代表著作	主要观点
当代文化研究中心	起源与创始	理查德·霍加特	《文化的用途》	霍加特批判典型化、过于简单化和迎合大量大众报刊的基本动机，质疑了所谓“尖锐”杂志和色情暴力小说的真实价值。他的观点是：原来的“人民的”文化正受到20世纪50年代美国式的“新生的大众文化”的进攻，“新生的大众文化”“比起被其替代的淳朴的文化在一些重要的方面显得不那么健康”。①
		雷蒙德·威廉斯	《文化与社会》《漫长的革命》	威廉斯将文化的定义分为“文献式”“理想的”“社会的”三种，并认为“在文化作为一个术语而使用的过程中，意义和指涉的变化，不但必须被看作阻碍任何简捷和单一定义的一种不利条件，而且必须被看作一种真正的复杂性，与经验中的真实因素相一致”，因为“在许多层次上，每一个因素都将体现一些真实关系。在描述这些关系的过程中真正的文化过程将显现出来”。②
		E. P. 汤普逊	《英国工人阶级的形成》	汤普逊主要考察的是阶级本身，而不是许多阶级的具体内容。通过对雅各宾派骚乱、新的工业工作纪律、平民激进主义、19世纪20年代和30年代的政治理论和阶级意识进行详细的研究，他认为阶级是一种历史现象，是“人际关系中实际发生的某种事物”“在不同时间和地点以相同的方式出现，但绝不以仅有的相同方式”。
	发展	斯图亚特·霍尔	《电视话语中的编码和译码》	霍尔在1973年写的《编码/译码》一文中，分析了大众传媒产品生产、流通、分配/消费和再生产每项实践之间保持的种种形式与存在条件，他将这一结构或过程当作“主导的复杂结构”。他认为在传播阶段，传播者通过“伪装”“重组”“分解”等方式进行编码，形成有话语意义的节目；在接收阶段，观众会以“主导－霸权立场”“协调立场”“对抗立场”进行解码。

基于文化研究的种种观点，一些文化研究者探讨文化与知识形式、制度、风俗、习惯、社会等影响，其中意识形态是文化研究最重要的概念之一。詹姆士·卡雷在《传播与文化》一书中更是直接说：“英国文化研究可以被非常容易地，可能是更为准确地描绘为意识形态研究，因为他们以各种复杂的形式，把文化归结为意识形态。”本书认为，文化研究中的确涉及意识形态，甚至是

① 雷跃捷：《媒介批评》，北京大学出版社，2007年版，第47页。

② 罗钢、刘象愚主编：《文化研究读本》，中国社会科学出版社，2000年版，第129、139页。

重心，但鉴于关于意识形态的研究本身比较繁杂，因此，本书单列出意识形态学派，作为学派研究之一。

（3）意识形态学派

这个学派主要是以法国和荷兰为根据地，一些代表人物从结构主义、符号学、哲学等角度对传播的内容进行文本分析和语境分析，认为传播中的信息实际上存在着某种意识形态的成分。

表 3－3 意识形态学派代表人物及其作品、观点

代表人物	学科背景	代表著作	代表观点
路易斯·阿尔都塞	结构主义；马克思主义	《意识形态与意识形态国家机器》	传播过程中，不断复制、重组过程中的概念、词句实际上贯穿着意识形态，主要是国家统治阶级的意识形态。
罗兰·巴尔特	符号学	《符号学原理》《符号帝国》《神话集》	整个法国都被笼罩在这匿名的意识形态中：我们的报纸媒体、我们的电影、我们的剧场、我们的通俗报纸杂志文化……日常生活的所有事物，都依赖中产阶级所有及令我们拥有在人类与世界间关系的表现……他们拥有一个“居间”的地位：既非直接的政治也非直接的意识形态，他们和平地居于尚武主义者的行动和知识分子的争执之间；且多少被前者和后者所放弃，他们倾向于一致、无意义、自然的庞大群众。①
米歇尔·福柯	哲学	《知识的意志》	任何权力的行使，都离不开知识的提取、占有、分配与保留。权力阶级通过制造和传播知识，获得行使权力的权利。
梵·迪克	符号学	《作为话语的新闻》	传播中的新闻实际上含有“意识形态”成分。

（4）政治经济学派

英国莱斯特大学 1966 年成立大众传播研究中心，形成英国政治经济学派。该学派的代表人物主要有默多克和戈尔丁，他们力图把马克思主义的经济基础——上层建筑模式与经验研究相结合对传播和传媒进行深入的研究。1973 年，默多克和戈尔丁在《社会主义文摘》上发表了著名的《呼唤大众传播的政治经济学》一文。此文后来被认为是欧洲传播政治经济学的宣言性与纲领性文字。1977 年，他们又编撰了《媒体政治经济学》，从大众传媒的所有权和控制

① 罗兰·巴尔特著，许蔷蔷等译：《神话——大众文化诠释》，上海人民出版，1999 年版，第 200 页。

权人入手分析传媒是一种特殊的资本主义生产部门，本质上是以赢利为目的的企业。与一般性生产与生活用品相比，大众传媒的产品，包括各类新闻信息、文化娱乐形式和意识形态等具有特殊性。这些软性产品能够对受众的生产活动、文化生活、思想和精神产生深刻的、广泛的影响，甚至形成舆论，干预社会的政治、经济和文化过程。

（三）传播学教育课程设置兼具政治学、社会学和实用性特点

纵观西方各国的传播学研究可以发现，各种研究在一定程度上依托本国各类大学，以大学的院、系、研究所或研究中心为根据地开展各自的研究活动。暨南大学新闻与传播学院教授李异平在《现代传播》上发表的《论传播学教育的两条主线——以美国大学传播学教学为例》一文，提出传播学的教育分为“以政治学和社会学为核心内容的理论教学课程”“以传播的实用性为核心内容的技能培训课程”两条主线。传播学的教育主要融合了政治学、社会学的元素，开设了纷繁复杂的政治传播类课程，如政治传播、政治对话等课程，为学生熟知、掌握、运用传播的政治属性和社会属性提供了理论基础；从微观层面上看，传播学的教育重视传播活动的技能培养，开设了具体实用的技能课程，如人际传播、组织传播、修辞、辩论等工具性课程，为学生运用传播技能解决政治、经济、文化、生活中的各种问题提供了思想源泉。

表 3-4　美国十所大学传播学教育的专业研究领域①

学校名称	传播学教育的专业领域
北卡罗来纳大学	人际与组织传播、媒介研究与媒介制作、行为研究、修辞学研究
宾夕法尼亚大学安娜伯格分校	媒介机构、传播与当代文化、传播对社会、政治及经济的影响
康奈尔大学	传播、环境、科技与卫生，传播媒介研究，传播与信息科技，传播及其社会影响
得克萨斯大学奥斯汀分校	经济传播，人际关系，政治传播，传播研究
华盛顿大学	传播与文化，全球化传播，政治传播，修辞/批判学与文化研究，社会互动（Social Interaction）
密苏里大学	人际传播，政治传播，组织传播，媒介传播

① 李异平：《论传播学教育的两条主线——以美国大学传播学教学为例》，载《现代传播》，2012年第3期，第128页。

续表

学校名称	传播学教育的专业领域
南加州大学安娜伯格分校	社会传播，文化传播，修辞学，组织传播过程
南佛罗里达大学	文化与媒介，卫生传播，公共动员学（Public Advocacy），组织传播，关系传播（Relational Communication）
威斯康星大学麦迪逊分校	传播科学与修辞研究，广播、电视与电影媒介与文化研究，修辞，电影
伊利诺伊大学	传播与文化，传播与卫生，人际传播，传播介质与科技（Mediated Communication and Technology），修辞与公共话语

如表 3－4，美国大学课程设置涉及政治、经济、文化等方面的内容，具体涉及的技能课程包括了诸如演讲、辩论、语言方面的演讲要素，论证与辩论的理论与实践，误传，语言与说话行为，非语言传播，等等；人类传播行为研究的传播与人类行为，传播心理学，夫妻关系：理论、研究与应用，跨文化传播，等等；修辞学的修辞与科技，修辞分析，关于妇女问题的社会与政治修辞，等等；关于媒介制作、表演艺术的高级视频制作，关于公共问题的多媒体报道，广播电视节目制作与管理，新技术与传播，等等。

（四）学术刊物成为传播学各观点齐放的主阵地

正如中国 20 世纪五六十年代强调“百家争鸣，百花齐放”一样，西方国家的学术观点同样也在争鸣中进步，各种观点在一些学术杂志中得以阐明并发展，代表性的刊物有《欧洲传播学期刊》（*European Journal of Communication*）、《新闻学季刊》（*Journalism Quarterly*）、《媒介经济学季刊》（*Journal of Media Economics*）、《传播学期刊》（*Journal of Communication*）、《哥伦比亚新闻评论》（*Columbia Journalism Review*）、《美国新闻评论》（*American Journalism Review*）等。

（五）新型研究有所突破

随着传播实践的变化和传播技术的多样化，在继承传统研究的基础上，一些传播学研究者开始进行新型研究，主要体现在对新技术、传播生态、国际传播、媒介政治经济学等方面的研究。代表性的人物及著作有阿尔温·托夫勒的《第三次浪潮》、罗纳德·E. 赖斯的《新媒介：传播、研究与技术》和《互联网与健康传播》、埃弗里特·M. 罗杰斯的《创新与扩散》和《传播技术》、尼葛洛庞帝的《数字化生存》、大卫·阿什德的《传播生态学：文化的控制范式》、罗伯特·福特纳的《国际传播：全球都市的历史、冲突及控制》、叶海亚·R. 加摩利珀的《全球传播》、文林特·莫斯可的《传播政治经济学》等。

社会在进步，时代在发展，西方传播学的研究实际上也在随着社会和时代的变化而发生着变化。这样，传播学才能成为一门来源于实践又指导实践的学科。

二、中国传播学的发展

（一）中国传播学发展的过程

传播学的发展离不开新闻学的发展。1918 年 10 月 14 日，北京大学新闻学研究会在蔡元培先生的组织下成立。该研究会以“研究新闻学理，增长新闻经验，以谋新闻事业之发展”为宗旨，是我国第一个新闻学研究团体，也是新闻教育的开端。当时的导师徐宝璜以《新闻学》、邵飘萍以《实际应用新闻学》为基本教材培养学生选题、采访、编辑、组织报社和通讯社的能力。从 1920 年上海圣约翰大学创办报学系（后称新闻系）开始到 1928 年，中国各大高校纷纷设立报学或新闻系，开始重视新闻学的研究，也出版了诸如《应用新闻学》《新闻学总论》《中国报学史》等著作。新中国成立之后，中国共产党和人民政府又改造了旧中国遗留下来的新闻教育体系，既设立专门学校又新增了课程，使得新闻学教育和研究更上一个台阶。虽然，由于自然灾害和“文化大革命”，中国的新闻学发展受到了一定的影响，不过，整体还是在进步。有了新闻学的研究做基础，传播学的研究也就提上了日程。

我国传播学的发展主要是从翻译、评介西方传播学的有关论文与著作开始的。1956 年，复旦大学新闻系主编的《新闻学译丛》首次将“Communication”翻译成“群众思想交通”，虽然与现在的“传播”概念还有一定的区别，但已经是我国最早接触“Communication”一词了。1978 年复旦大学的著名学术刊物《新闻大学》开始登载一些关于西方国家著名传播学理论和学说的文章。之后，复旦大学、中国人民大学、中国社会科学院新闻研究所、北京广播学院（现中国传媒大学）等院校的新闻学者也陆续介绍传播学的主要概念、理论、学说、方法，其中具有代表性的人物及著作包括复旦大学郑北渭 1978 年出版的《公共传播》一书。

我国传播学的发展还与 20 世纪八九十年代开展的几次传播学研讨会有着

密不可分的关系。1982 年，中国社会科学院新闻研究所主持召开了第一次全国性的传播学座谈会，对传播学产生的历史背景、社会条件、传播学研究的对象、内容、方法进行了初步探讨，确定了中国大陆新闻学界对传播学的态度，并提出对待西方传播学的 16 字方针：系统了解、认真研究、批判吸收、自主创造。

1986 年全国第二次传播学研讨会召开，这次会议“最大的成果就是着手讨论了如何建立具有中国特点的‘新闻传播学’”。此后，传播学的实证研究在我国开始展开。

1993 年全国第三次传播学研讨会召开。会议论文涉及传播学本土化、传播学基本理论、传播实证分析、跨文化传播等方面。

1995 年全国第四次传播学研究会以论文最多，与会学者最多、成果多样化而成为历届会议中最引人注目的一次。我国的传播学研究到此次会议时已取得了相当丰硕的成果。会议讨论了传播学自身建设（特别是本土化）问题，传播学前沿问题、传播学基本理论问题、国际传播问题、传播与发展问题以及应用传播、传媒管理、传播与文化、传播实证研究等许多问题。①

从第一次传播学研讨会的召开到第四次传播学研讨会的举行，一方面使得传播学在中国如何成为一门独立的学科，以及作为一门独立的学科该研究些什么、如何本土化、如何发展、如何运用等问题逐渐找到了具体的答案；另一方面也鼓励对新的传播现象、新的问题进行梳理研究。几次会议的重要论文汇集成册，对传播学研究的发展起到了极其重要的作用。

除研讨会以外，20 世纪 80 年代，一些主要的著作也对传播学的介绍和研究起到了积极作用。这些著作包括 1983 年中国社科院出版的《传播学（简介）》，1984 年中国社科院出版的《传播学概论》，1988 年，戴元光、邵培仁、龚炜合著的《传播学原理与应用》，孙旭培主编的《华夏传播论》等。

（二）中国传播学发展的现状

1. 数次传播学研讨会推进传播学研究与时俱进

20 世纪八九十年代的传播学研讨会逐步使传播学成为一门独立的学科并开始在中国发挥作用。进入新世纪，传播学的发展道路如何走？如何应对中国加入 WTO 后带来的挑战？如何全球化？如何创新？如何开展传播学教育？如

---

① 胡正荣：《传播学总论》，中国传媒大学出版社，1997 年版，第 23 页。

何发展传播产业？如此纷繁复杂的问题，都在接下来的几次传播学研讨会中得到了详细的解答。

2001 年 10 月 18 日至 21 日，由中国社会科学院新闻传播研究所、江苏省广播电视总台、南京大学新闻传播学系联合主办的全国第七次传播学研讨会在江苏省南京大学召开。本次研讨会的主题是“新世纪的中国传播研究：创新与发展”。研讨会涉及的论题主要有全球化时代的传播学、网络传播的发展、传播的社会学意义、传播的效果与功能、传播学的研究方法、全球化与 WTO：未来传播学的发展、我国传播学发展中存在的问题等。尤其是全球化背景下，中国的传播学应该如何发展，中国的媒体如何迎接传播全球化和竞争全球化的考验是这次研讨比较关注的问题。

2004 年 10 月 23 日至 24 日，由中国社会科学院新闻与传播研究所、清华大学新闻与传播学院共同主办的第八届全国传播学研讨会在清华大学召开。本届研讨会的主题是“传播学研究－融合与创新”。研讨会主要讨论了 15 个议题，包括传播学理论、传播学研究与新闻实践、全球化与新闻传播新格局、传播学本土化、新闻传播教育的国际新动向、国际传播、政治传播、跨文化传播、影视传播、新媒体传播、传播与危机公关、媒介产业与媒介经营管理以及传播学研究方法等。

2006 年 4 月 22 日至 24 日，由中国社会科学院新闻与传播研究所、河北大学新闻传播学院共同主办的“中国传播学会成立大会暨第九次全国传播学研讨会”在河北大学召开。本次研讨会的主题是传播学研究侧重和谐与发展。研讨会围绕着传播学的历史、现状与未来，传播学研究与新闻传播实践，和谐社会建设与社会传播结构，媒介经营与管理，传媒资本运作，传播全球化与新闻传播格局，和谐国际环境与传播全球化，跨文化传播，大众传播与公共关系，政治与传播，人际传播，传播新技术与国家发展，国际传播学，网络传播与网络电视等方面展开。

2008 年 5 月 10 日至 11 日，由中国社会科学院政法学部支持，传播学会、深圳大学传播学院共同举办的第十届中国传播学大会在深圳大学召开。从本次会议开始，“全国传播学研讨会”更名为“中国传播学大会”。本次大会的主题是“从历史到未来：传播、对话、共享”。讨论的内容包括传播学在中国的 30 年、中国传播学研究的回归与建构、发展传播与文明传播、传播学理论与方法、媒介研究热点、风险社会与危机传播、新媒体传播研究、传播教育与媒介素养、奥运传播、广告与媒介策略、传播与公共领域、媒介经营管理研究、媒介文化研究等方面。

2010年7月9日至10日，由中国传播学会、北京大学新闻与传播学院和中国社会科学院新闻与传播研究所共同主办的第十一届中国传播学大会在北京大学隆重举行。本次大会的主题是“新媒体·多元文化·全球传播：挑战与应变”。讨论的话题包括新媒体与社会发展、跨文化传播学理论及应用、中国当代语境下的国际传播、传播伦理与媒体的社会责任、传播学研究方法的新视角及其应用、传统媒体创新与社会发展、修辞传播学研究、科学传播、中国与世界传播产业的现状与前景、当代广告业的发展、创新与转型等其他与传播研究相关的议题。

2014年10月27日，由中国新闻文化促进会传播学分会、中国社会科学院新闻与传播研究所联合主办的第十二届中国传播学大会在北京召开。大会的主题是“传播与变革：新媒体现代化”，讨论的话题包括“传播学研究的新起点——以传媒研究为中心的传播学”“数据新闻：大数据时代的可视化传播与应用”“网络舆论场的生态治理”“媒介融合：网络传播、大众传播和人际传播的三重维度”。除主会场外，本次大会还设置了5个分论坛，分别是“新媒体与传播”“传播与社会”“传播与文化”“第三届中国人际传播论坛”和“新闻传播思想史论坛”。①

2016年10月15日到16日，由中国新闻文化促进会传播学分会、中国社会科学院新闻与传播研究所、南京大学新闻传播学院主办的第十三届中国传播学大会在南京召开。大会的主题是“公共传播：新理念、新挑战、新机遇”，讨论的话题包括“传播理论发展与范式转型”“公共传播的理论与实践”“公共传播视野中的国际传播”“社交媒体与公共传播”“公共传播视野下的视觉传播”“媒体创新与知识生产”等。

2018年10月13日，由中国新闻文化促进会、中国社会科学院新闻与传播研究所、重庆大学新闻学院联合举办，重庆大学新闻传播与社会发展研究院承办的第十四届中国传播学大会在重庆召开。大会的主题为“中国传播学40年：新时代、新使命、新担当”，讨论话题包括“传播学理论与学科发展”“媒介使用”“‘一带一路’传播”“媒介融合”“传播思想与文化”“科学、健康与政治传播”“媒介伦理与法规”“数字媒体传播”“新闻传播与社会发展”“计算传播”“全球传播与公共外交”“网络赋权与网络公共事件”等。

数次传播学研讨会（传播学大会）集各家之长，针对现有问题，提出了解

---

① 《第十二届中国传播学大会在京召开》，中国政府网，http://www.gov.cn/xinwen/2014-10/27/content_2771097.htm.

决办法，对传播学理论与实践的发展起到了推动作用。

2. 实证研究为传播实践提供有力数据，引导传播实践有新的突破发展

我国最早使用实证研究主要体现在对传播受众进行分析。其中具有代表性的包括：20世纪70年代，复旦大学一批学生做的受众调查；80年代，中国社科院和首都新闻学会联合发起的首次针对北京地区大规模读者、听众、观众进行的调查以及卜卫对儿童受众和妇女受众的研究；90年代，中国青少年发展基金会和《中国青年报》联合进行的《关于“中国青年对日本的认识”的〈中国青年报〉读者调查》，等等。

在实证研究方面，比较突出的代表人物有中国人民大学舆论研究所所长喻国明。20世纪90年代以来，他已主持进行了120余项具有较高学术价值和广泛社会影响的舆论领域和新闻传播领域的调查研究项目，并出版《媒介的市场定位：一个传播学者的实证研究》《解构民意：一个舆论学者的实证研究》等实证研究方面的专著。

除喻国明以外，我国学者黄会林、谢耘耕等也多次使用实证研究法研究传媒对未成年人的影响、网络舆情、微博意见领袖等。他们的实证研究在一定程度上促进了传播实践的变化。

3. 理论研究为传播学学科建设提供新的理论，从而更好地指导传播活动

在理论研究方面，我国研究了议程设置理论、沉默螺旋理论、使用与满足理论、文化研究、批判理论、宣传方法等在中国传播实践中的运用。

对传播学的基础理论进行介绍的主要著作包括邵培仁的《传播学》、张国良的《传播学概论》、林之达的《传播学基础理论研究》、郭庆光的《传播学教程》、胡正荣的《传播学总论》、李彬的《传播学引论（增补版）》、陈力丹的《传播学纲要》等。尽管这些关于理论的著作存在一些同质化的内容，但是学者们还是比较注重结合我国实际进行创新，例如四川省社会科学院研究员林之达先生，在出版《传播学基础理论研究》之后，又出版《传播心理学新探》一书，对我们研究传受双方的心理起到了非常大的作用。在此书中，林先生提出的传播的两级效果论对我们研究受众从接收信息到转化为外化行为的过程提供了很大帮助。

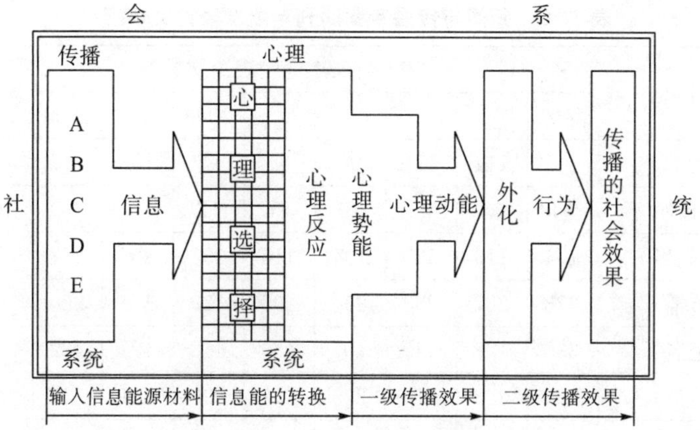

图 3—1　传播的两级效果论[①]

与前述研究传播学的前辈一样，传播学研究后期之秀对传播学的细化研究，也为传播学理论研究和传播实践活动提供了一定的基础。其中，暨南大学刘涛教授的视觉修辞研究、人民大学刘海龙教授的传播话语研究、南京大学胡翼青教授传播批判研究、四川大学黄顺铭教授的集体记忆研究、重庆大学郭小安教授的媒介动员研究等较为突出。

4. 学术期刊为传播学新观点提供讨论与争鸣的园地

在我国，传播学的研究和新闻学研究刊物未有明显区分。传播学的研究者们一般是在新闻与传播专业的学术期刊中进行交流。根据国家新闻出版总署网站、中国知网等提供的相关统计资料，截至 2011 年，我国内地具有统一刊号的新闻与传播专业类期刊共 74 种，占全国哲学社会科学专业期刊总量的 3%，其中包括新闻类期刊 45 种、传播类期刊 5 种、出版类期刊 24 种，基本形成了一个门类较为齐全、结构较为合理、层次较为丰富的专业期刊体系。[②] 2011 年，新闻与传播学类核心期刊主要有 15 种：《新闻大学》《新闻与传播研究》《国际新闻界》《现代传播》《新闻记者》《当代传播》《新闻战线》《新闻界》《中国报业》《新闻知识》《中国记者》《传媒》《传媒观察》《新闻与写作》《新闻爱好者》。其中，前面 20 种于 20 世纪前十年所发表的论文数量统计如表 3—5所示。

---

① 林之达：《传播心理学新探》，北京大学出版社，2004 年版，第 10 页。

② 郑保卫、孙菲：《新闻与传播专业期刊发展状况及学术失范问题探析》，载《现代传播》，2012 年第 4 期，第 25 页。

表 3-5　新闻与传播专业期刊年度发表论文情况[①]

期刊名称	年度发表论文数量									
	2001	2002	2003	2004	2005	2006	2007	2008	2009	2010
《新闻大学》	147	114	111	90	84	97	108	117	109	99
《新闻与传播研究》	64	54	53	70	64	52	65	95	104	95
《国际新闻界》	104	119	120	104	116	252	263	277	469	425
《现代传播》	228	287	283	294	296	329	355	360	396	617
《新闻记者》	385	428	449	407	456	448	494	432	442	396
《当代传播》	222	282	316	275	290	299	351	312	279	282
《新闻战线》	612	586	586	574	580	543	573	557	514	508
《新闻界》	253	239	221	302	403	409	450	457	508	525
《中国报业》	348	314	321	293	359	417	436	450	405	408
《新闻知识》	463	407	385	407	422	452	520	516	567	574
合计（篇）	2826	2830	2845	2816	3070	3298	3615	3573	3793	3929

从总量来看，这些期刊发表的论文数量呈现增加的趋势。另外，从 2011 年到 2020 年，这些期刊的发文数量和质量都有明显提升。这表明，新闻与传播专业的研究人员能够根据传播理论与实践的发展进行学术探讨、争鸣、交流经验。在这些期刊中，《新闻大学》《新闻与传播研究》《国际新闻界》《新闻界》等都专门设置“传播学”栏目。这些栏目在很大程度上帮助了传播学研究者厘清研究思路，以及探讨新的传播理论。

另外，这些期刊的研究领域主要集中在传播者研究、传播内容研究、传播媒介研究、受众研究、效果研究等传统研究方面，同时也根据时代发展、中国传播环境及传播实践的变化开展自己有特色的研究，诸如传播法律与制度研究、新媒体研究、媒体经营与管理研究、健康传播研究、认知传播研究等，具体研究内容如表 3-6 所示。

① 郑保卫、孙菲：《新闻与传播专业期刊发展状况及学术失范问题探析》，载《现代传播》，2012 年第 4 期，第 26 页。

表 3—6 新闻与传播专业期刊主要研究情况

新闻与传播专业期刊主要研究情况	传播者研究
	传播内容研究
	受众研究
	传播媒介研究
	传播技术研究
	传播效果研究
	传播法律与制度研究
	传播伦理研究
	传播教育研究
	传播史研究
	新媒体传播研究
	传媒经营管理研究
	国际及跨文化传播研究
	文化传播研究
	公共关系及广告研究
	传播理论方法论研究
	政治传播研究
	组织及人际传播研究
	传播生态环境研究
	媒介素养研究
	传播学研究之研究
	公共传播研究
	媒介批评研究
	健康传播研究
	认知传播研究

5. 陆续设立传播院系，开展理论与实践并重的传播学教育

传播影响世界，教育则决定传播人才。新闻学教育和传播学教育也是没有分开的。清华大学、北京大学皆设置新闻与传播学院。清华大学新闻与传播学院的前身，是1985年在中文系设立的编辑学方向和1998年10月成立的传播系；北京大学新闻传播学院下设新闻学系、传播学系等。一些大学的传播学属于新闻学院，比如中国人民大学、复旦大学新闻学院下设传播系。复旦大学传播学系建于2002年，在国内最早设立传播学专业。复旦大学传播学专业在加

强新闻传播学理论和方法教学的同时，还开设了网络传播和媒介经营管理两个专业方向，偏重实战能力的培养。该专业教育注重理论与实践的结合，聘请业界和学界资深人士来学院讲课，并经常组织学生参加各类社会实践、调查研究，充分发挥了传播学的跨学科性和应用性。[①]

除这些老牌学校设置传播系之外，一些新兴学校也陆续开设传播学系或专业。如四川传媒学院的传播系专门开展传播学教育，新闻系则在课程设置中把传播学课程作为学生必修的基础课程。

中国的新闻传播教育存在重理论、轻实践的问题。但无论是国际、国内传播形势的变化还是新媒体的扩张，新闻传播教育改革都是大势所趋。清华大学新闻与传播学院院长柳斌杰在谈“传媒业改革进入攻坚阶段”的时候特别提到新闻传播教育要实行多方面的改革，其中“教学体系要改，除了马克思主义新闻观、新闻史、新闻理论外，要增加一些新的研究方向，包括文化产业、新媒体传播、国家形象、国际关系等，使新闻传播教育既有通用的研究方向、也有专业的研究方向，既能满足社会的需要，也能扩大就业的选择”。

这些年，在重视理论学习的同时，为弥补新闻传播教育中技术与实践技能缺乏的问题，部分院校也开始了积极尝试，开展实战训练。比如，中国人民大学建立了国内一流的新闻传播实验中心、思科网真实验室；复旦大学新闻学院成立了 SMG 演播中心，引进企业资源为学生提供实践技能锻炼；四川传媒学院更是斥巨资打造全景式新闻演播室、融合媒体中心，并购买 3D 转播车为学生提供实践的平台。

6. 传播实践有新的突破

首先，传统传媒走新路。

2013 年最后一天，上海《新闻晚报》宣布关闭，这无疑是对传统传媒的当头棒喝。一直以来，面对报纸消亡论、电视消亡论，我国传媒都没有坐以待毙，而是积极应对。只是，这样毫无征兆的关闭，确实令各界措手不及。事实上，无论该报关闭与否，传统传媒都是要转变的，走新路是大势所趋。

《人民日报》有电子报刊和人民网，人民网又专设人民电视。此外，《人民日报》还开设自己的官方微博、微信客户端（APP）等，各种方式使得平面的、单向的、缺乏反馈的报纸实现了互动和分享。

中央电视台有央视网，并开办中国网络电视台（英文简称 CNTV），该网

① 参看复旦大学新闻学院：http://www.xwxy.fudan.edu.cn/node2/fdxwxy/gywm/gxjs/index.html。

络电视台已建设网络电视、IP电视、手机电视、移动电视、互联网电视五大集成播控平台，建立了拥有全媒体、全覆盖传播体系的网络视听公共服务平台。不仅如此，中央电视台还开办了自己的官方微博、微信客户端（APP）等，并利用央视客户端、央视微视“CCTV微视”实现了人们想在任何时间、任何地点获得任何想要信息的目标。

中央人民广播电台的新路和中央电视台很像，既有自己的央广网、客户端，还有自己的官方微博、微信客户端（APP）。广播电台与电视台的不同就在于牢牢抓住“堵车经济”实现全面车载，获得固定的收听人群，突破传统传播赢利模式。

除中央级别的报纸、广播、电视之外，省级卫视、电台也基本采取了同样的传播手段。湖南卫视、浙江卫视、江苏卫视等皆制定了自己的新媒体发展战略。

其次，新媒体传播形式层出不穷。

网络新媒体、移动新媒体、数字新媒体的传播形式丰富多样，具体表现为：基于移动终端、传感器、社交媒体、大数据、定位系统的场景传播，基于社交关系而形成的圈层传播，基于算法、大数据的个性化传播，等等。新媒体传播形式层出不穷，最主要的原因在于传播技术的推陈出新、更迭换代。每一次技术的升级，都带来一种新的传播方式，形成新的文明。也许，微博、微信、抖音、Bilibili、知乎等当下最流行的传播符号的载体在未来某一天也将被替代。

第四节　传播学的研究方法

传播学研究方法众多，但大致可分为定量和定性两种。其中定量研究方法包括了内容分析法、实地调查法、控制实验法等；定性研究方法包括个案研究法、焦点小组访谈法、民族志法等。

一、内容分析法

按照哈罗德·拉斯韦尔的“5W”模式来分析，内容毫无疑问处于传播过程的中心位置。因此，探讨对传播内容进行分析的方法意义重大。

哈罗德·拉斯韦尔认为，内容分析就是通过将信息内容分类，以便测度某些变量的途径对传播信息进行研究。这种对内容进行定量研究的方法有一些好处，其表现在于，首先，因为信息与传播者、受众都是分开的，那么研究者无需接触有可能不愿意或难以接触的传播者，就可以从内容中得出结论；其次，因为内容在生产和消费之外经常有着自己存在的意义，所以，对有可能使用的各种档案资料开展纵向研究，反而会使这些资料比传播者、受众或者传播内容中人、事存在的时间更长；再次，编码小组将大量的信息或数据进行量化或测量简化为数字，能够把数据和数据之间有意义地区别保留下来；最后，内容分析法可以毫无限制地用于各个学科或者各个领域的各种重要问题的研究。

（一）内容分析法的用处

第一，从国家的角度讲，可以从对被符号化了的传播内容进行分析，研究出不同国家意识形态传播的方法与手段，从而提高本国对外传播的意识。尽管从表面上看哈罗德·拉斯韦尔是对第一次世界大战和第二次世界大战中各交战国之间的传播技巧进行研究，实际上他的研究也是在为美国是否参战、如何参战、如何赢得胜利提供计策，这是其一。其二，从国家对内传播来讲，势必会有新事物、新科技、新经验、新法规、新观点、新计划等向民众推行，使用内容分析法，可以了解这些新东西推行的力度。

第二，从传媒的角度讲，可以重点分析传播内容对受众中期或者长期的影响，从而找到有效的传播途径。

第三，从竞争角度讲，可以比较同一国家不同媒介或者不同国家的同种媒介的传播内容，从而找到竞争的突破点。

第四，从某一次传播内容来讲，可以了解本次传播内容是否符合国家政策法规、是否合乎道德伦理、是否符合受众需求等。

（二）内容分析法的步骤[①]

实施一项内容分析；

概念化与目的；

确认问题；

回顾理论和研究；

提出明确的研究问题和假设；

---

① 丹尼尔·里夫、斯蒂文·赖斯、弗雷德里克·菲克著，嵇美云译：《内容分析法——媒介信息量化研究技巧》（第二版），清华大学出版社，2010 年版，第 161 页。

设计；

界定要分析的内容；

具体说明正式的设计；

产生虚拟表（dummy tables）；

操作化（编码协议和编码表）；

具体说明总体和抽样计划；

预检验并建立可信的程序；

分析；

处理数据（建立信度和编码内容）；

运用统计程序；

解释和报告结果。

以上步骤中有几个关键环节需要注意：

首先，明确地提出研究问题和假设。这个环节的缘起是需要建立在大量客观事件之上的，无论是对纸媒还是视听媒介的传播事件都需要认真地分析材料，甚至整合以前的文献材料进行对比分析。要明确几个问题，事实是什么？为什么？有哪些人做过类似研究？他们怎么做？可以利用的地方是什么？如何做出本次研究的假设？本次研究的假设是什么？所有的研究都要在这些基础之上才能进行。

其次，操作化，即制作编码协议和编码表。要将编码协议写清楚，对大量的事实进行量化，做好编码表。

再次，计算分析单元即编码表中出现的单词、词组等出现的频数。计算过程中容易产生误差，因此需要仔细核对信息。

最后，统计分析，验证假设，得出结论。

（三）内容分析法的注意事项

第一，做好研究设计要素。研究设计要素最好说明研究的时间框架、要用到多少个数据点以及可能会涉及的任何比较。研究设计的各个要素要能够让研究者回答具体的研究问题，顺便思考其他的例子。

第二，确定好测量的尺度。一般而言，测量的尺度包括定类测量、定序测量、定距测量和定比测量四种，每种测量都有其特殊意义，因此要根据不同的情况或者假设，选择好具体的测量尺度。

第三，选择好抽样方式。一般而言，抽样方式包括概率抽样和非概率抽样，需要根据资金、人员等因素考虑每种抽样方式的优缺点，从而选择跟研究相关的抽样方式，以便在可行范围内得到可靠的结果。

第四，掌握好编码员信度的评估。所谓信度是指不同编码员对内容归类的一致性。编码员往往会因为类目方面的问题以及与其他编码员之间的关系等原因造成一定的偏差，因此，在对编码员信度进行评估时要使用恰当的检验方法，否则会使内容分析法得出的研究结果失去效度。

第五，尽量保证自己的研究是具有效度的。效度包括内部效度和外部效度，内部效度是指一项实验说明令人信服的因果关系的能力。而外部效度与研究的外部效度有关，取决于内容分析法可以探究的内容的社会意义、研究者所创造的内容分析的类目与学术圈以外的人们的关联，及其对于学术圈以外的人的重要性。[①] 由此看来，重视效度的科学研究能够向尽可能多的人，说出尽可能真的话。内容分析法中效度问题的研究精髓也就在此了。

第六，尽量保证数据分析过程的准确性，减少误差。其实数据分析本身就是一个探索和解释的过程，误差也不可避免，这就需要操作员在统计、计算、分析中尽量做到准确。

第七，合理使用计算机。能够从计算机当中找到可用的数据库或者计算机程序便可以事半功倍。

二、实地调查法

实地调查法是研究者以客观的态度，运用科学的方法对某种社会现象，在确定的范围内进行实地考察，并搜集大量材料以统计分析得出结论，从而解决实际问题的方法。这是一种定量研究的方法，该方法最早源于 19 世纪后期的欧洲，到 20 世纪初，因为统计方法的成熟，使其在社会科学领域应用得更加广泛、科学和精确。在美国最早使用这种方法的机构是盖洛普民意调查研究中心，其主持者乔治·盖洛普是杰出的数学家，他通常使用抽样调查法对总统大选进行民意测验。传播学四大奠基人之一保罗·拉扎斯菲尔德将这种方法引入传播学，对 1940 年的美国总统选举进行调查，其成果《人民的选择》成为实地调查法的经典之作。

我国在引进传播学时也重点引进了实地调查法来研究收视率、收听率、发行量等。我国最早使用该方法来研究受众是在 1982 年，主要对北京地区的受

① 丹尼尔·里夫、斯蒂文·赖斯、弗雷德里克·菲克著，嵇美云译：《内容分析法——媒介信息量化研究技巧》（第二版），清华大学出版社，2010 年版，第 161 页。

众进行调查。而20世纪90年代比较出名的研究莫过于《关于“中国青年对日本的认识”的〈中国青年报〉读者调查》了，虽然，作为国内早期的传播学研究，也许在研究态度上不见得那么客观，政治色彩也比较浓厚，但不管如何，该研究的确给国内传播学研究带来了一线曙光。

（一）实地调查法的优点

第一，可以获得实证资料，无论是直接接触还是间接接触。

第二，具有较强的概括性和推广性。实地调查法的研究对象一般是具有一定规模的某个群体，这种方法一般不关心个案，不关心研究对象中的特殊情况或者例外，因此使用实地调查法得出的结果可以推及其他。

第三，量化特征使实地调查法获得的数据在统计分析时更直观、更清晰。尤其是在计算机技术越来越进步，统计分析软件更简单精确的今天，分析结果往往使用表格、图表或者公式来表示，与其他方法相比，实地调查法就显得更加方便、客观、全面、准确。

第四，信度比较高。实地调查法一般采用封闭式问卷，因此能够减少因为调查人员素质不同而造成的误差。

（二）实地调查法的缺点

第一，不适合回答“为什么”和“怎么样”的问题。使用封闭式问题能够得出一些调查人员想要的信息，但是有时候问题会显得比较表面化，深层次的分析还需要结合其他方法，才能真正解决实际问题。

第二，效度比较低。实地调查法大量使用封闭式问题，但是研究者所设计的问题及列举的答案不见得能够真正囊括研究对象所经历、思考的事件或想法，因此会使得实地调查法的效度存在一定的问题。

第三，容易造成研究对象的逆反或者迎合心理。实际上实地调查法设计的冗长的问卷，会使得研究对象在填写答案的过程中有一定的逆反情绪，从而使得问卷的结果失去效力。另外，一般实地调查法会有礼品，所以一些研究对象会根据礼品来迎合研究者的需要，这也可能使得填写结果失去效力。

（三）实地调查法的步骤

1. 确定研究主题，提出理论假设。

实地调查法研究的问题往往是社会上一些比较突出的问题，调查研究的目的就是解决这些问题。因此，我们要根据一些社会现象、事件或相关数据，确定各种变量之间的关系，并在此基础上提出研究假设。

2. 依据理论假设，确定总体范围。

实地调查法研究问题涉及的调查范围都比较大，因此要根据需要来确定研究的范围，不宜过大。有几点原因，首先是调查需要足够的人力、物力、财力，因此在这些都不足的情况下，不适宜大范围调查；其次，范围过大，在统计的环节，误差也较大。

3. 根据研究范围，确定抽样方式。

既然实地调查法不适宜普查，就需要选择好抽样调查的方式。抽样调查的方法主要有概率抽样和非概率抽样，概率抽样主要分为简单随机抽样、系统随机抽样、分层抽样及整群抽样；非概率抽样分为配额抽样、方便抽样及目的抽样。一般情况下，最好使用分层抽样，这样能够保证每个层次的样本都能被抽到。此外，在知道总数、想要计算误差且人力物力也相当充足的情况下，最好使用概率抽样。相反，只是想了解一种产品的使用情况则可以使用非概率抽样。

4. 设计小范围测试问卷，修订分发正式问卷。

一般而言，设计问卷要注意几点：

首先，在至少50人的范围内进行分发填写，根据他们的填写来改进问卷中语序、连贯等方面存在的问题。将修订好的问卷在指定的研究范围内分发填写。

其次，在设计问卷过程中格式要准确、用词要通俗易懂、题序要正确；切忌一题多问；不能暴露调查研究对象隐私。此外，设计问卷尽量不要使用形容词。所谓格式准确指的是要包含标题、说明信、问卷编号以及问卷主体部分；所谓用词通俗易懂是指要根据所调查研究对象的文化层次考虑问卷的问题及选项设置的可读性；所谓题序正确是指问卷设计的问题前后要对应，最好层层推进；所谓一题多问是指一个问题中涉及多个问题，一般情况下，问卷中一个问题只问一个事情，如果有多个问题一定要分开问；所谓暴露隐私是指在设计问卷过程中如果问到研究对象的家庭住址、电话号码等个人隐私问题，而这些个人隐私容易被不法分子利用时，在设计问卷问题时一定要做到保护研究对象的隐私；所谓不用形容词，是因为形容词考察的是被调查者的主观态度，但由于每个被调查者所生活的环境不同、教育程度不同、职业不同，对同一个形容词的理解也是千差万别。因此，如果大量使用形容词就不能真正了解被调查者。

再次，设计问卷最好使用封闭式问题。封闭式问题便于后期统计分析。开放式问题不便于统计，但可在问卷中起到补充说明的作用，因此，开放式问题可以在最后一个环节使用。

最后发放问卷，可采用纸质问卷和在线问卷两种方式。

（5）收回问卷，统计分析，验证假设，撰写研究报告。

如果使用纸质问卷，可结合使用各种先进的统计软件，但毕竟问卷的量比较大，录入数据的过程也比较麻烦，因此难免有误差。统计分析可分为描述性分析，包括对比分析、平均分析、交叉分析；探索性分析和验证性分析，包括相关分析、因子分析和回归分析。另外，在验证假设阶段，往往会出现证实和证伪的情况。所谓证实就是统计分析结果证明自己的假设是正确的，所谓证伪是指统计分析结果证明自己的假设是错误的。无论证实还是证伪其实都是为了解决问题，只有把研究和实际运用相结合才能促进问题转化。

三、控制实验法

控制实验法是指研究在室内进行，而且在研究进行时对某些实验因素加以人为的控制，这种方法适用于微观的、探究因果关系的研究。[①] 这种方法除卡尔·霍夫兰使用之外，传播学奠基人之一的库尔特·卢因也经常使用它来研究把关现象。

（一）控制实验法的优点

第一，简单易行。控制实验法一般只需要放映机、阅读机、录音机、记录研究对象反应的仪器，因此实施起来比较简单。

第二，可以重复操作。一般而言，研究者根据自己的研究目的进行研究，并经常重复操作实验以便达到理想的效果。

第三，效度和信度较高。因为涉及的人员较少，测量工具也简单，所以效度和信度都比较高。

第四，可以准确测量变量与因变量之间的关系。

第五，费用低廉。测量工具简单，涉及研究对象一般仅为几十人，不用像分发问卷一样涉及成千上万的研究对象，所以费用较少，简单易行。

---

① 胡正荣、段鹏、张磊：《传播学总论》（第二版），清华大学出版社，2008年版，第46页。

（二）控制实验法的步骤

第一，根据研究问题，提出研究假设。与实地调查法一样，控制实验研究依然是要根据现有的问题、情况、数据等因素提出研究假设。不同的是，控制实验法假设的提出往往要依靠前期对问题和情况的粗略分析，对大量的数据进行分析。但是假设，无所谓对错。只有经过研究结果证明以后才能准确得出结论。

第二，设计实验室环境，确定研究自变量与因变量。与实地调查法相比，控制实验法相对容易操作，但是关键就在于如何设计好实验室的环境。一般情况下，研究者要在自己能够把握的情况下控制或改变实验室内的自变量，才能通过控制实验刺激的强弱或者有无来考察到自变量和因变量之间的因果关系。另外，我们的实验环境和自然环境要尽量接近，才能尽量减少误差。

第三，招募志愿者，确定控制组与实验组。招募志愿者的方法有许多种，可以通过媒体登载广告，也可以找特定的人群等。无论哪种方式都要在研究前告知研究对象相关信息，保障研究对象的知情权。于是，这就涉及另外一个问题，即对研究对象迎合心理和逆反心理的规避。另外，实验还要将研究对象依据研究目的进行配对分组，一般分为控制组和实验组。这两个组的成员在性别、年龄、教育程度等各方面的条件应该尽量相似。只有这样才能看出两组成员在刺激实验之后产生的差异。这种差异越大越好，这样，才有利于考察自变量和因变量之间的关联。

第四，根据试测，进行实验。一般而言，定量研究都会有一个小范围的测试，根据测试中出现的情况，更正一些影响因素，以便在正式测试中使用。试测之后，就可以进行正式的实验了。实验一般遵循“前测－刺激－后测”原则。这里需要特别注意在前测环节应尽量告知所有研究对象实验过程，以及可能会遇到的问题，保证每个研究对象都接收到了相同的信息。另外后测之后要面对面听取所有人对实验的意见以及对其中产生的问题的建议。

第五，统计分析实验结果，验证研究假设，撰写研究报告。实验结束后要对实验的结果进行详细的统计分析，以验证研究假设。验证假设过程中依然会涉及证实或者证伪的问题，若证实，那就依据研究结果解决实际问题；若证伪，那就修改假设，解决实际问题。研究报告也是必须要写的，以供解决问题参考。

四、传播学研究的其他重要方法

传播学四大奠基人，政治学家哈罗德·拉斯韦尔、社会学家保罗·拉扎斯菲尔德、实验心理学家卡尔·霍夫兰、社会心理学家库尔特·卢因的共同之处就是都将本学科的研究方法和一些重要理论引入传播学，正是他们的引入，才使得传播学作为一门学科，形成一个专门的研究领域。沿着他们的思路，一些学者还专门提到了传播学研究的重要方法。

（一）个案研究法

传播学当中的个案研究法最早是由大卫·怀特从心理学引入的。当时他利用这种方法来重点研究把关人的作用。个案研究法一般是针对某一个体在某种情境下的特殊事情，系统广泛地收集有关该个体的资料，从而进行系统地分析、解释、推理的过程，主要起到丰富个体多方面特征的作用。因此，与传播学研究常用的内容分析法、实地调查法、控制实验法相比，个案研究法用不着提前做研究假设，只需要搜集大量材料，得出结论。

（二）民族志法

这种方法是人类学和民族学的一种重要研究方法，最早源于西方殖民活动。西方探险者包括探险家、传教士、商人、旅行者等造访一些原始部落，并将自己所到地区的自然风貌、风土人情、风俗礼仪等记录下来，形成文字资料。将该方法走向专业化的学家是人类学者博厄斯和马林诺夫斯基，马林诺夫斯基的参与观察法对民族志法走向专业化起到了非常重要的推动作用。

民族志法要求研究者亲自深入某一社群的文化，并在其中长期生活，从“内部”提供对该文化的意义和行为的叙述。研究者要直接参与该社群的社会、经济、仪式等方面的活动，并通过学习该社群的词汇和思考的方式，来理解它的文化。[①] 研究者还要运用观察、访谈以及其他田野研究手段深入细致地描绘某一特定研究对象及其文化。一般而言，民族志法重视一群人的活动过程，而不是仅仅描述孤立事件，它描述同一文化群体中的人的生活方式，包括他们如何行动与互动、为自己的行为赋予意义等。因此，进行民族志研究，得出民族

① 雷跃捷：《媒介批评》，北京大学出版社，2007年版，第63页。

志报告，这既是一个过程，也是一个结果。[①] 后来这种方法常用来做媒介素养研究。

随着网络与新媒体的发展，该方法也逐渐发展为网络民族志法。

关于网络民族志的概念，学界有着不同的界定。这种基于互联网的民族志研究又被称为虚拟民族志、在线民族志、赛博人类学、网络志、网页民族志、数码人类学、数字民族志。名称的多样性既体现了来自不同领域的学者对传统民族志方法的兴趣，又体现了这一领域正处于发展阶段，在学术共识性与规范性方面还有待提升。

部分学者认为，“网络民族志以传统的民族志方法为基础，注重对成员在线交互内容和形式的定性分析，旨在研究在线群体呈现出来的亚文化、交互过程和群体行为特征。相对传统方法而言，网络志方法在研究素材的客观性、丰富性和连续性上更胜一筹，因此迅速发展成为一种较成熟的互联网定性研究方法”[②]。

与传统民族志一样，网络民族志常用“参与式观察”的方法进行研究，可以大致分为“进入”“收集资料”“分析资料”等环节。“进入”是网络民族志法实施的前提和基础，只有进入研究对象的日常生活空间，才能更好地收集材料。因此，通过QQ群、微博超话、微信群、知乎讨论群等方式进入研究对象所属群体是一个可取的办法。

（三）焦点小组访谈法

传播学中的焦点小组访谈是由于拉扎斯菲尔德和莫顿在1941年11月23日为了广播研究项目而产生的。当时他们主要是利用这种方法来了解听完广播节目之后，个人对于媒体信息的理解。焦点小组访谈往往适用于先做出假设，然后通过实地调查或者实验法来获得更加量化的资料检验假设的情况。

焦点小组访谈通常由6至12人组成，调查对象围坐一张桌子，面对一个调查者或者主持人，围绕一个话题进行讨论。焦点小组访谈对主持人的要求比较高，需要他反应灵敏，并能够及时引导小组成员回到话题讨论。这种方法，同样考察了群体动力，或者叫群体影响。

除以上方法之外，根据实际研究的需要，还可以采用文本分析法、定性田

---

① 陈阳：《大众传播学研究方法导论》，中国人民大学出版社，2007年版，第251页。

② 秦朝森：《网络民族志的研究——以山东乡村的基督教传播实践为例》，《新闻大学》，2017年第4期。

野研究、传播网络分析法、计算传播等。

本章思考题

1. 传播学是如何起源的？
2. 传播学的学科背景有哪些？
3. 传播学的主要贡献者是谁？威尔伯·施拉姆是“传播学之父”吗？为什么？
4. 传播学的研究方法有哪些？
5. 实地调查法的步骤是什么？
6. 问卷设计的注意事项有哪些？
7. 内容分析法的步骤是什么？
8. 控制实验法的步骤是什么？
9. 什么是民族志法？
10. 什么是焦点小组访谈法？
11. 传播学在国外、国内发展的特点有哪些？
12. 西方传播学的学派主要有哪些？有哪些主要代表人物？
13. 西方对传播学的批判有哪些？有哪些主要代表人物？

中篇　传播学在实践中的运用

第三章　传播理论在平面媒介中的运用

传播过程中，平面媒介涉及的传播学理论包括二次销售原理、组织形象传播、社会责任论、议程设置理论等。本章主要介绍在《南方周末》《青年文摘》中所涉及的一些基本理论。

第一节　社会责任论等传播学基本理论

一、二次销售原理

二次销售指的是传媒先将其产品卖给终端消费者（读者、听众、观众、网民等），然后，再将消费者的注意力卖给广告商或广告主的过程。也就是说，第一次销售，传媒向受众提供信息，满足受众对信息的需求，消除受众对一些事件的不确定性，此次销售的是信息，外化为具体的产品比如报纸、电视节目。第二次销售，则是将受众的注意力售卖给广告商，以赚取广告费，此次销售的是受众的注意力，以此外化为受众具体的购买行为、消费行为，传媒则获得“注意力经济”“影响力经济”之下的广告收入。一般而言，传媒的第一次销售实际上是赢利极少甚至亏本的，只有第二次销售才能赚取可观的收入。

二、组织形象传播

本书在第一章就专门介绍过组织形象的问题。组织形象主要是指组织利用自己的产品设计、建筑风格、房屋装饰、徽标以及组织成员的着装、仪表、行为方式等外在的、物质的、符号的、行为的因素去阐释该组织的理论、价值观等，这是一个总体性的评价系统。

组织形象的 CIS 系统主要通过 MI、BI、VI 来展现。其中 MI 是核心，BI、VI 围绕着 MI 来一一展现。平面媒体也许谈不上建筑风格、装饰等细节，但是其报头设计、版面装帧、系列活动、记者行为等皆能传达出一个媒体所拥有的特殊形象。

三、社会责任论

社会责任论主要是由威尔伯·施拉姆和西奥多·彼得森等在《报刊的四种理论》中提出的。社会责任论强调：一定的民主，总是伴随着一定的责任；自由总是有限制的。没有不负责任的民主，也没有不受限制的自由。新闻事业享有新闻自由的权利，同时也应该担负起对社会应尽的责任，承担起对社会安定、国家安全和公民身心健康的法律道德责任和社会义务。①

虽然社会责任论起源于美国，有其特殊的社会背景和历史渊源，但在处于转型时期的中国，重提社会责任论仍有特殊的现实意义。

第二节 《南方周末》等的传播理论运用

一、二次销售原理在平媒中的运用

报纸市场的规则是一个典型的二次销售模式。第一次是卖报纸，第二次是将读者卖给广告商，但是卖报纸实际上是亏本的，只有第二次的销售才能弥补报社的损失，并通过第二次销售来实现赢利的目的。因为报纸价格便宜，发行量比较大。发行量决定了广告投放的种类、价格等。因此发行量越大，报纸的广告价值就越高。这种模式在世界上是一种普遍模式。

（一）《南方周末》的二次销售策略

20 世纪 80 年代，《南方周末》就沿用这种二次销售的模式。1984 年创刊时，《南方周末》发行量仅为 7000 份，到 1999 年，其发行量已迅速扩张到

① 胡正荣：《传播学总论》，中国传媒大学出版社，1997 年版，第 199 页。

130多万份[①]，发行量的剧增使得其该年的广告营业额突破了9470万元，名列全国报纸媒介第55位，并在综合类周报中独占鳌头。[②]

进入20世纪的《南方周末》对二次销售原理有了一定的颠覆。2003年1月，《南方周末》全国发行32版，价格提到2元每份；到2008年8月7日，价格又提高到3元每份。一系列提价动作使得《南方周末》的发行量在2008年8月有所下滑，但到9月，尤其是10月以后，其发行量又回升甚至超过了以往发行旺季时的销售量。2014年，《南方周末》每期发行量在150万份左右，能够保持如此大的发行量，主要是因为在《南方周末》20多年的积累过程中拥有了黏度极强的读者群，他们影响着中国，《南方周末》则影响着他们。

《南方周末》的读者年龄一般在25到44岁之间，其读者对象一般具有高学历、高收入、高消费能力的“三高”特征和极强的决策能力，他们是社会发展的生力军，他们的思想和行为影响着中国的前进和发展。特别要提到的是，这类人购买力较强，对社会又有着独立见解。基于此，《南方周末》把出售给读者的广告定位在具有高价值和高品位的汽车、建筑房产、数码产品、珠宝首饰上面。由系统循环的思想，我们可以得到一个有效的良性循环基模：在这个系统的循环的过程中，影响力作用于读者，使得读者的数量增多，读者的数量和质量构成广告公司广告投入的一个重要指标，同时也增大了报纸的发行量，而广告商广告投入在增加报纸广告收入的同时，又增强了报纸的影响力，由此完成报纸的二次销售的系统循环。《南方周末》正是通过这样一个系统，在媒体竞争中获得经济效益的。

当然《南方周末》的成功还与其独特的内容为王策略有着密不可分的关系。正是由于其具有较高价值的深度系列报道、专题报道等内容才能维持读者对《南方周末》持有的黏度。

---

① 李小勤、王天权、李苗：《从读者分析角度看〈南方周末〉的广告吸纳策略》，见 http://www.chinaadren.com/html/file/2005-3-4/2005342338541274.html。

② 李小勤、王天权、李苗：《从读者分析角度看〈南方周末〉的广告吸纳策略》，见 http://www.chinaadren.com/html/file/2005-3-4/2005342338541274.html。

南方周末广告价格表

2013年1月1日起执行

规格高*宽(CM) \ 版次	封面版	2、3版	4、5版（第一中心跨页）	6、7版		9版（一封底）19版（二封底）29版（评论版头版）	13版（三封面）21版（四封面）	10-32版（新闻、经济版，以上特殊版除外）	
	彩色	彩色	彩色	黑白	彩色	彩色	彩色	黑白	彩色
6*31.4/12*15.5(1/8版)				59000	68000			52000	61000
8*31.4/16*15.5(1/6版)	270000			79000	93000			70000	80000
10*31.4(1/5通版)	311000			97000	111000			86000	99000
12*31/24.5*15.5(1/4版)	359000	196000	181000	127000	142000	187000	179000	114000	127000
16*31(1/3竖版)		246000	225000	161000	187000	229000	221000	143000	167000
49.5*16/24.5*21(1/3版)		274000	249000	180000	208000	252000	245000	161000	186000
24.5*31.4(1/2竖版)	682000	309000	331000	238000	278000	338000	327000	213000	248000
49.5*15.5(1/2横版)		379000	349000	249000	288000	351000		222000	257000
34*29.6（小全版）		399000	365000	270000	298000	370000	361000	241000	268000
49.5*31.4(整版)		693000	634000	464000	549000	641000		414000	482000
2*6.3（头版报眼）	94000								
2*5(报花)		10400	9460	7000	8200	9500	9200	6300	7300
特殊形式									
2*6+2*10+3*31.4(版块组合)						264000	254000		
2*31.4（报眼广告）				78000	90000			69000	80000
24.5*15.5(通栏1/4横版)		312000	285000	203000	231000			181000	206000
24.5*15.5（1/4版面中间）		369000	339000	238000	274000	334000		212000	245000
24.5*31.4（横竖版居中）		481000	437000	309000	360000	440000	436000	276000	321000
76*65.3(1/3横跨版)				373000	434000			333000	387000
24.5*65.3(1/2横跨)			648000	479000	558000			428000	496000

在这里，读懂中国

图 3－1　《南方周末》广告价格表[①]

（二）《青年文摘》的二次销售策略

如果说报纸一般侧重二次销售中的第二次销售的话，那么杂志则看中二次销售中的每一次销售。创刊于 1981 年 1 月，面向广大青年的《青年文摘》杂志就是典型。《青年文摘》主编张景岩接受龙源期刊网采访时提到，《青年文摘》在 1984 年的发行量最高是 123 万册，到 2003 年 4 月，其月发行量达到了 250 万册。经过几年的发展，到 2008 年 4 月，其月发行量已经超过 300 万册。当然售价从 3 元每本到 2009 年的 4 元每本，彩版则是 5 元。以每月 300 万份计算，每年销售所获得收入至少是 1.44 亿。因此，从发行环节来看，《青年文摘》已获得大量收入。

由于拥有庞大的发行量，广告价格也会水涨船高。1998 年《青年文摘》的广告年收入只有 100 万元，2004 年上升到 1500 万元，六年的时间增加了十几倍。[②] 到 2011 年时，《青年文摘》的广告收入已近 2000 万元。[③] 2014 年，《青年文摘》无论是上期（红版）还是下期（绿版）的封底、封二、封三的广告价格均是 15 万，彩色插页的价格是 10 万，而内页跨页的价格则是 20 万。[④] 按以往的操作模式来看，《青年文摘》在 2014 年的广告收入应该还会超过 2000 万元。

① 图表来源：南方周末广告网，http://www.nfzmgg.com/。

② 《青年文摘》——青年读者的精神家园：http://www.sm114.com.cn/s/mtzjht/145447356.html。

③ 《青年文摘》形象期刊说明：http://blog.sina.com.cn/s/blog_6a12a3ab0101bc8x.html。

④ 广告买卖网：http://www.admaimai.com/Magazine/Detail2_9114.htm。

《青年文摘》能够维持巨大的发行量，源于其准确的受众定位。其实《青年文摘》与《读者》的受众在很大程度上是有重合的，但《青年文摘》根据自己的办刊宗旨重点抓住中学生、大学生及刚刚踏上工作岗位的大学毕业生，做他们喜欢的内容。特别要提到的一点，《青年文摘》杂志的读者和报纸的读者表现的黏度有着巨大的不同。前者的读者对象在中学时代所养成的阅读习惯可能会延续到结婚生子或者人生拼搏的阶段。尽管现在及未来是电子化时代，但在这群人心目中，捧着纸质的《青年文摘》回忆自己的青葱岁月，那种感觉还是不错的。另外，在中国现今强调回归阅读的形势下，这群人也许还愿意将这种读书的感觉传给下一代。那么，代代相传的黏度，对《青年文摘》传播知识或者赢利都有极大帮助。

无论是报纸还是期刊，在经营过程中，都比较倾向二次销售原理。并且，尽量做好每次销售，以便赚取足够的收入维持报社、杂志社的运转。

二、组织形象传播在平媒中的运用

（一）《南方周末》的形象传播

组织形象传播主要靠CIS系统中MI、VI、BI来体现。报纸的形象主要由办报理念、版面设计、报社平时组织的活动及编辑或者记者平时的行为体现。一般而言，办报理念会通过版面设计、专栏设置、头版头条等体现出来。

首先，《南方周末》拟定了其独特的办报理念，即MI（见表3－1）。

表3－1　《南方周末》不同时代的办报理念

年代	理念	时代背景
1984—1995年	服务改革，激浊扬清	改革开放已经6年，社会经济有一定发展，人们的生产、生活、娱乐也发生了变化。传媒既要突出党的宣传工作，统筹兼顾，平衡各方利益，还要将知识性、思想性、教育性融合，服务百姓。
1996—2000年	让无力者有力，让悲观者前行	20世纪90年代，改革开放比较深入，改革的普遍受益者已经呈现，但改革的失意者却逐渐被抛出改革的主流，成了弱势群体。当时，社会保障体制虽有提及但未成形，法制建设又处在发展阶段，传媒既要针砭时弊，还要为弱势群体说话。

续表

年代	理念	时代背景
2001—2002 年	深入成就深度	进入 21 世纪，中国经济发展突飞猛进，社会变革巨大，传媒既要传达认识时代发展的知识，还要秉持“深入”的态度，做好记录的本分。
2003—2006 年	记录时代进程	
2007 年至今	在这里，读懂中国	2006 年以后，中国经济呈现财富性增长，“复兴”是中华民族的要求，但高速发展带来的巨大变化，却让人看不清未来的方向，传媒既要激励自己还要同国人一起“在这里，读懂中国”，才能发现真实的中国。

从表 3-1 可以清晰地看到，《南方周末》的理念从创刊之初到今天发生了几次变化。但每一次变化基本上都符合社会发展与时代需要，紧扣时代脉搏，体现传媒应有的社会责任。

其次，《南方周末》拥有其独特的视觉识别，即 VI。

1. 报头设计

图 3-2 《南方周末》报头设计

《南方周末》的报头设计从 1984 年 2 月 11 日创刊到 2002 年 3 月 28 日一直沿用了 18 年。但为了符合时代发展，强化该报的品牌形象性和识别性，《南方周末》将沿用了 18 年的报头做了大规模的改进。首先，《南方周末》将“南方周末”四个字外围一粗一细两条文武线框改成了中国传统印玺的肌理效果；其次，《南方周末》将“南方周末”四个字的正品红中加入了少许蓝、黑，使得原有的红色更接近朱砂色，成为著名的“南方周末红”。

2. 版面编排

版面的编排本身就反映了报社的办报理念，且不同时代的办刊理念也会体现出不同的编排特色。比如 1984 年，刚从“文化大革命”中走出不久的中国，已然进行了一系列的改革开放，但是当时人们对信息的需求并没有那么旺盛，因此，《南方周末》只有4个版去反映“服务改革，激浊扬清”理念，也是可以理解的。但其每一次的增版、改版都总与时代相切合。比如，2007年7月26日，经济版改版定位为“我们关注国强，我们亦关注民富；我们既要关注这个时代国家的经济韬略与经济变革，我们亦关注个人的经济觉醒与经济自由”。同年11月15日，全新推出“时局”版块，定位为“讲政治，看时局，洞察权力运行，分享政治智慧”。刚好就是反映当年《南方周末》“在这里，读懂中国”的理念。

表3—2　《南方周末》不同时期版面及内容的变化

<table>
<tr><td rowspan="20">南方周末版面及内容</td><td rowspan="4">1984年2月11日（第1期）：4版</td><td>一版主要刊登思想文化领域新闻</td></tr>
<tr><td>二版是“求知”“家庭与社会”</td></tr>
<tr><td>三版有“旅友”“体育场”（3月底改为“彩色广场”）</td></tr>
<tr><td>四版是“艺林”</td></tr>
<tr><td rowspan="8">1991年11月1日（第403期）：扩至8版</td><td>第一版为综合版</td></tr>
<tr><td>第二版“家庭生活”和“医药与保健”轮流刊出</td></tr>
<tr><td>第三版“长篇连载”</td></tr>
<tr><td>第四版“艺林”</td></tr>
<tr><td>第五版“人与法”</td></tr>
<tr><td>第六版“寰宇”</td></tr>
<tr><td>第七版“文海撷英”</td></tr>
<tr><td>第八版“芳草地”</td></tr>
<tr><td colspan="2">1996年1月：扩至16版，新增“众生相”“世界经济”“时事纵横”“社会观察”“时尚”及“五羊角”漫画等专版。</td></tr>
<tr><td colspan="2">1998年4月24日：首次推出4版（17—20版）“实验特刊”，即“消息”“天下”“浮世绘”“成长”等。</td></tr>
<tr><td colspan="2">1998年4月24日至11月13日：陆续推出17次“实验特刊”，即“解密新闻”“人物”“专家视角”“文字游戏”等。</td></tr>
<tr><td colspan="2">1998年11月6日（第769期）：“新生活”试刊，新闻、文化、生活三版块确立。</td></tr>
<tr><td colspan="2">1999年1月22日：推出“财经特刊”（不定期出现24版）。</td></tr>
<tr><td colspan="2">1999年6月18日：“新文化”专栏出台（第21—24版），即“文化月评”“文眼”“视野”“专题”等。</td></tr>
<tr><td colspan="2">1999年6月25日：“新经济”专栏出台与“新经济”交替出现在第21至24版，即“财经”“来论”“业界”等。</td></tr>
<tr><td colspan="2">2000至2001年：稳定新闻、经济、文化、生活四大版块，扩至24版。</td></tr>
</table>

续表

<table>
<tr><td rowspan="10">南方周末版面及内容</td><td rowspan="4">2002 年 3 月 28 日：推出城市版，在广州、北京、上海三地发行，扩至 32 版</td><td>新闻（1—12 版）</td></tr>
<tr><td>经济（13—16 版）</td></tr>
<tr><td>文化（17—24 版）</td></tr>
<tr><td>城市（25—32 版）</td></tr>
<tr><td rowspan="2">2007 年 7 月 26 日：经济版改版</td><td>第一版块为“经济·国”即“经济头版”“政治”“财经”“产经/公司”</td></tr>
<tr><td>第二版块为“经济·人”即“财富”“原富”“民生”“民富”</td></tr>
<tr><td rowspan="4">2007 年 11 月 15 日：全新推出“时局”版块</td><td>时局·头版</td></tr>
<tr><td>时局·动向</td></tr>
<tr><td>时局·天下</td></tr>
<tr><td>时局·重点</td></tr>
</table>

《南方周末》从刊登文体娱乐新闻到严肃的社会新闻，再从刊登严肃的社会新闻到以读懂中国为旨趣的政经新闻，一次又一次的转型，都与国家发展主题保持同步。但众所周知，依照麦克卢汉“冷媒介”和“热媒介”的理论，报纸属于冷媒介，传播信息的清晰度低，要求受众的参与程度较高。而关于从“读文时代”走向“读图时代”的读者是否依然习惯高强度的参与问题，我们可以从报纸销量锐减得出一般性结论。基于此，《南方周末》没有故步自封，而是不断推陈出新，通过插图、新闻照片、缩短栏距等方式方便读者快速阅读，以增加读者对象的黏度。

图 3−3 《南方周末》头版[①]

① 图片来源：http://image.so.com/i?q=%E5%8D%97%E6%96%B9%E5%91%A8%E6%9C%AB&src=tab_www。

再次，《南方周末》有其独有的行为识别，即 BI。这里主要就《南方周末》所开展的部分活动来讲述。

表 3-3　《南方周末》所开展的活动情况

南方周末活动情况	《南方周末》希望小学
	“珍爱生命　远离毒品”系列宣传活动
	“全民乱拍”活动
	“幸福七巧板”活动
	“用爱架起一座桥”义卖活动
	《南方周末》责任同行系列活动——社会责任大讲堂
	“再见，乌托邦”2009《南方周末》高校纪实电影周
	关注特困大学生——南方周末义卖行动计划
	中国首届旅游文化“天骥奖”系列评选活动
	《南方周末》策划“资治通鉴”
	《南方周末》高校纪实电影周活动

从以上《南方周末》所开展的活动来看（如表 3-3），它不是一家只做报纸的媒体，它还能够通过活动去反映时代理念，通过活动去关心社会事件，通过活动让人们真正认识《南方周末》。

（二）《青年文摘》的形象传播

《青年文摘》主要从报纸、青春型杂志和书籍中精选名篇佳作，以故事或美文的形式去吸引青春、活力且有一定文化知识的人群。因此针对这一群体，《青年文摘》也有自己的一套独特的形象传播策略。这里主要围绕 MI、VI、BI 三个要素来分析。

1. 建立了一个令人过目不忘的理念，即 MI

《青年文摘》早有一个很明确的宗旨“引导青年，服务青年”，该宗旨成为其选择名篇佳作的标准。但是，在《青年文摘》封面上无法找到标识性很强的字句来描述其核心理念。这是一个杂志发展的关键性问题，因为只有标识性很强的词句才能让读者在平时阅读或交谈的过程中清晰地记忆起其优势。

2. 设计了令人耳目一新的视觉识别，即 VI

（1）封面设计，包括刊物名称、色彩、图画运用等。

《青年文摘》的“青年文摘”四个字从 20 世纪 80 年代的手写体变化为今

天的字体，给人清新、文雅的感觉。

图 3—4 《青年文摘》封面字体的变化

《青年文摘》目前发行了三个版本，分别是红版、绿版和彩版三种。

图 3—5 《青年文摘》红版、绿版和彩版三个版本封面

这三个版本无论是刊名色彩的选择还是漫画人物的选择都给人青春活力的感觉，反映了其内容“成长”“情感”“人生”“社会”“时尚”“视野”等几个版块的核心。

(2) 其栏目设置也尽量体现其主要目标。

在栏目的设置上三个版本有各自的特色，比如绿版的栏目设置就比较能反映其宗旨，如表 3—4 所示。

表 3-4　《青年文摘》绿版栏目设置

栏目	细分版块
成长	青年一代、成长笔记、前程谋略、心理视窗
人物	名人故事、名人轶事
情感	青春风铃、爱情讲义、至爱亲情
社会	今日视点、尘世走笔、个人立场
流行	时尚看点、潮人潮事、影音节拍、点击
人生	人世间、感悟人生、滴水藏海
热读	文苑漫步、经典回顾、悦读会、心跳剧场
视觉	典藏
万叶集	珍珠滩、生活锦囊、开怀一笑、我说我话、封面

3.《青年文摘》采取了适合青年发展的改革、活动，即 BI

从创刊以来，《青年文摘》就比较重视通过活动来体现对青年的关注。1983—1987 年，《青年文摘》与团中央宣传部、中央电视台联合举办历届五四青年智力竞赛，通过竞赛展现青少年的风采，展现青少年关心国家改革的热情。进入 20 世纪 90 年代，《青年文摘》举行了有奖阅读知识竞赛暨读者意见调查，通过一系列活动来判定其发展的方向。随着时代的发展及读者的需求，《青年文摘》增加了人物刊，由月刊改为上半月刊和下半月刊。进入 21 世纪，为了收到更好的阅读效果，《青年文摘》的纸张由 52 克凸版纸改为 60 克胶版纸。事实上，无论是哪个时代的变化，《青年文摘》始终努力践行着更好地“引导青年，服务青年”的宗旨。

三、社会责任论在平媒中的运用

中国的传媒，虽然讲究“事业性质、企业管理”，但“服务于社会、服务于人民”的宗旨一直没有发生变化，体现了中国传媒强烈的社会责任感。

（一）《南方周末》的社会责任

《南方周末》创刊 30 年来，其办报理念从“服务改革、激浊扬清”改为“让无力者有力、让悲观者前行”再改为“在这里，读懂中国”，其每次所报道的、关注的始终都是国计民生。正如其经济版有这么一个定义“我们关注国强，我们亦关注民富；我们既要关注这个时代国家的经济韬略与经济变革，我们亦关注个人的经济觉醒与经济自由”。寥寥数语，把《南方周末》关注中国之经济、中国之政治、中国之文化、中国之社会、中国之生态的社会责任展现给所有中国人，这就是《南方周末》。

表 3－5　《南方周末》重大报道[①]

办报理念	报道时间	重大报道
服务改革、激浊扬清	1984 年 10 月 27 日	《〈雅马哈鱼档〉一出生就登大雅之堂》
	1988 年 6 月 3 日	《东莞：二十多万双外来的手》
	1988 年 9 月 2 日、9 日	《怪乎？惨乎？悲乎……一位女研究生被拐卖始末》
	1989 年 1 月 13 日	《走出时代迷信——真理标准讨论始末》
	1989 年 8 月 11 日	《“走穴”大曝光》
	1992 年 3 月 20 日	《珠海爆出“科技富翁”》
	1994 年 8 月 19 日	《南粤禁赌》
	1995 年 10 月 27 日	《做好事招来的横祸》
让无力者有力、让悲观者前行	1996 年 3 月 1 日	《一个纳西族汉子的男儿泪》 《废墟上的新年》
	1996 年 7 月 6 日	《本报牵头解救被拐女》
	1996 年 9 月 20 日	《谁是真正的受害者?》
	1996 年 12 月 27 日	《寒梅苦争春——一个弱女子的漫漫上访路》
	1997 年 2 月 28 日	《伟绩留青史万众送小平》
	1998 年 8 月 14 日	《我们的勇气与抗争精神》
	1999 年 1 月 1 日	《总有一种力量让我们泪流满面》
深入成就深度	2001 年 4 月 5 日	《沙尘暴正在改变的现实》 《治理沙尘暴：不可能完成的任务?》
	2001 年 6 月 21 日	《百色：感受扶贫的力量》
	2001 年 8 月 16 日	《苏共亡党十年祭》
	2001 年 9 月 13 日	《美国遇袭之后的世界》
	2002 年 11 月 16 日	《他们眼中的胡锦涛》《解读新一届中央委员会》《未来 20 年的中国之路》

① 根据南方周末 25 年纪事整理：http://www.infzm.com/content/31615。

续表

办报理念	报道时间	重大报道
记录时代进程	2003 年 1 月 1 日	《“全面小康”与“公正社会”》
	2003 年 4 月 24 日	《靠什么战胜“非典”》
	2003 年 8 月 21 日	《一千家报纸哪里去？》《中国启动最大报刊改革》
	2004 年 6 月 3 日	《一位令老百姓落泪的女公安局长——任长霞传奇》
	2005 年 3 月 31 日	《本报对话江丙坤——56 年，国民党归省大陆第一团》
	2005 年 10 月 12 日	《“神六”飞天三大悬念》和《惊心动魄十分钟》
在这里，读懂中国	2007 年 3 月 12 日	《矿工谢延信：用半辈子只做一件事情》 《有种爱，无法衡量》
	2007 年 4 月 12 日	《官方审计显示“中国母亲”真相》
	2007 年 6 月 7 日	《30 年，被高考改变的命运》
	2007 年 10 月 25 日	《中国下一步》，主要内容包括《中国已无回头路》《中国到了该冲的时候了》《会场上的外国记者们》《中央党校教授谈民主政治建设下一步》《外国驻华使节评说十七大》
	2008 年 2 月 7 日	《让历史记住这一“年”》，重点文章有《非常广州站》《郴州十日》《京珠高速公路贯通前 45 小时发生了什么》《风雪那边是我家》《面对自然灾害的个体与国家》
	2008 年 4 月 24 日	《全球高粮价时代已经来临，中国低粮价时代可否继续》《国际米贵，国内抛荒》《粮库里有粮吗？》《粮食政策该怎么调？》
	2008 年 5 月 15 日	《绝境的生命高于一切》《北川，悲伤成川——第一时间抵达“消失的县城”》《大灾撼动锦官城》《绵竹：看不见脸的幸存者》《什邡：大雨落下者春已逝》《地震专家眼中的汶川大地震》《多想再握你的手》
	2008 年 5 月 22 日	《汶川震痛，痛出一个新中国》
	2008 年 8 月 28 日	《盛事、国家与未来》
	2008 年 10 月 2 日	《我和我的国家》，共分四个部分：我为国家做什么？国家为我做了什么？我还能为国家做什么？国家还能为我做什么？

续表

办报理念	报道时间	重大报道
在这里，读懂中国	2008 年 11 月 20 日	《中国当代官员读书生态》
	2011 年 4 月 8 日	《大学团干之死》
	2012 年 3 月 21 日	《跨专业“科硕”们的困局》
	2014 年 5 月 22 日	《金饭碗、铁饭碗、粗制大饭碗：公务员的新焦虑症》

表 3−5 并没有把《南方周末》每年所关注的内容全部列举完，当然也没办法列举完，但从现有的总结就已经能够看出《南方周末》社会责任感的端倪。

（二）《青年文摘》的社会责任

如果说《南方周末》的社会责任感是针对较高的教育程度、较高年龄层次的读者，那么《青年文摘》则主要针对十几岁到二十几岁左右的青年人。这一年龄层次的人对成长、情感和社会有着自己独特的见解，对新生事物极其敏感，对未来发展有着美好的期待。他们会成为社会的主力军、中坚力量。为此，《青年文摘》思考着如何树立他们正确的人生观、世界观和价值观。每一期的“名人故事”“名人轶事”帮助青年人正确看待人生的艰难、困苦、挫折与成功；每一期的“青春风铃”“爱情讲义”帮助青年人正确地对待感情中的失望、焦虑；哪怕是每一期的“开怀一笑”都能帮助青年人释放生活中的压力。《青年文摘》的各种社会活动诸如有奖阅读系列活动等，也帮助青年人增长知识，增强社会活动能力。总而言之，《青年文摘》的社会责任感在发行每一期时就已经体现了。

四、如何在平媒中用好传播理论

第一，熟知传播学中涉及的基本理论及主要案例。

第二，熟知传播学中重要理论的关键步骤。比如，运用二次销售原理时，要弄明白第一步要抓发行量，因为发行量决定了第二步中广告的投入种类及费用，比如，运用组织形象传播原理时，要弄明白 MI、VI、BI 每一个概念所涉及的具体细节，先建立好一个良好 MI，这个 MI 一定要让人过目不忘。设计好理念以后再通过各种 VI、BI 去体现，当然，关键还在于怎么样通过传媒去传播这些 MI、VI、BI。

只有报刊在读者中有一定地位才能真正实现自己的目标：讲究社会责任。

本章思考题

1. 平面媒体要如何利用传播理论来应对新媒体的挑战？
2. 新的理论可以如何来阐释传播实践？

第四章　传播理论在视听媒介中的运用

视听媒介与新媒体传播方式的有效结合，在一定程度上契合了现代视听传播发展的趋势。视听媒介传播过程中涉及的传播学理论包含传播过程模式、使用与满足理论、受众即市场理论、沉默螺旋理论等。本章主要以中央电视台2014年1月播出的《出彩中国人》为例讲述视听媒介所使用的一些传播理论。

第一节　沉默螺旋等传播学基本理论

一、传播过程模式

（一）拉斯韦尔线性传播过程模式

线性传播模式是由哈罗德·拉斯韦尔首次提出的，该模式描述了以传播者为起点，以受传者为终点的单向、线性的传播过程。哈罗德·拉斯韦尔在这个模式中归纳了传播过程五要素，即“谁？说什么？对谁说？通过什么渠道？取得什么效果？”，以及针对这个五个要素进行研究的传播学五个研究领域即控制研究、内容研究、受众研究、媒介研究及效果研究后来被阐释为“5W”线性模式，如图4－1。

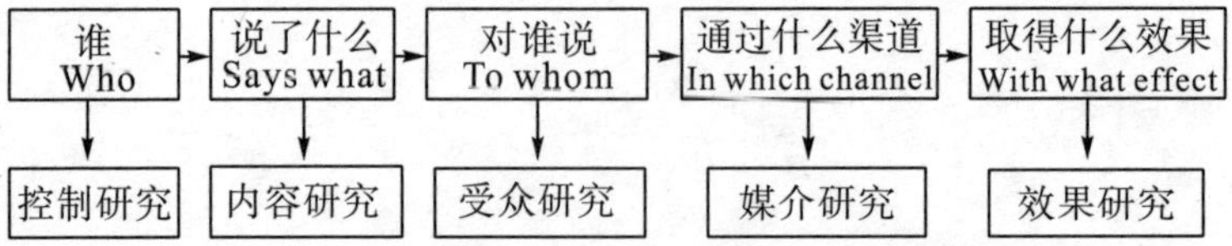

图4－1　传播学研究的五个领域及传播过程五要素

尽管后来的研究者将这五个要素扩展为更多、更精细的环节。但无论如何，这“5W”仍然是传播过程中所必须要把握的要素。尤其是受众，没有受众的传播就是无稽之谈。

（二）施拉姆大众传播过程模式

与单向线性传播过程模式相比，施拉姆的大众传播模式发生的变化主要在于传受双方的转变。该模式既描述了传播者收集、过滤、加工信息并将信息传播给为数众多、成分复杂的受众的过程，还描述了受众以群体的形式接收或反馈信息的过程。受众不仅仅只是信息的接收者，他们的存在也会对传播内容产生决定性的影响。此外，这个模式最大的优点还在于融合了申农、拉扎斯菲尔德、卢因、霍尔等学者的概念，如编码、译码、把关、反馈、两级传播、舆论领袖、群体动力理论等。将这些概念融合之后，这个模式既可诠释大众传播的过程，更将一些细节展现得一目了然。

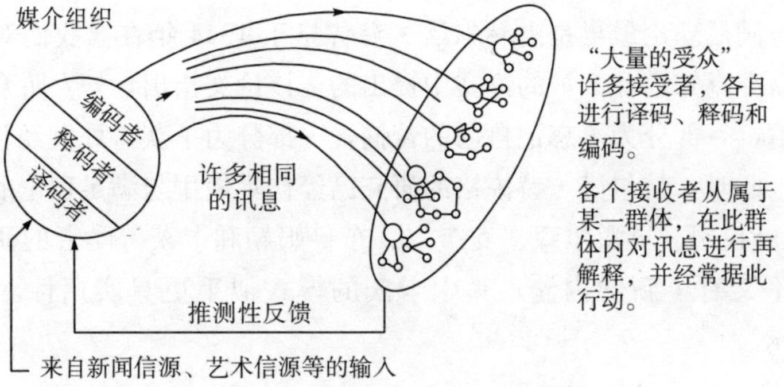

图 4－2　施拉姆大众传播过程模式

此处就该模式的缺点“缺少噪音环节”，本书做了小小的改动，改动模式如下：

此处，本书专门使用系统论中“社会总系统”这个概念，是想弥补“缺少噪音环节”的缺陷。这样处理，就使得大众传播成为一个由众多子系统所组成的系统，同时大众传播这个系统还要受更大的“社会总系统”的限制和约束。因为，无论是传播者、传播内容还是媒介组织、受众、效果，抑或是受众的反馈等，其实都受到“社会总系统”中诸如政治、经济、文化、军事、教育等因素的控制。

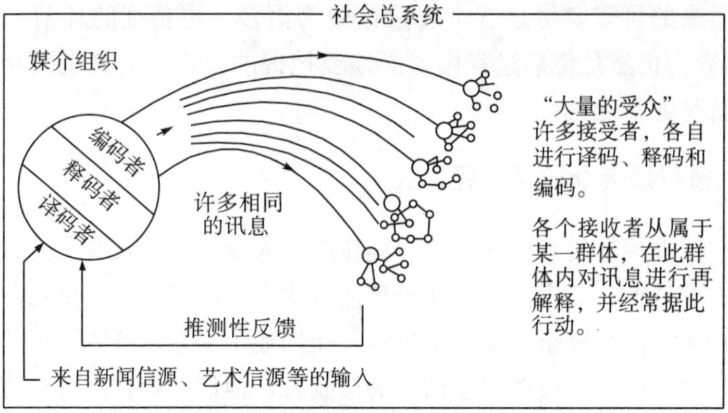

图 4－3　**施拉姆大众传播过程模式**

二、使用与满足理论

使用与满足理论最早是由赫尔塔·赫佐格于 1944 年在《我们对白天连续节目的听众究竟知道什么》的论文中提出的。该论文指出，妇女听众一部分为了发泄感情，一部分为了忘记自己的苦恼，一部分为了获得处世经验的指导而收听节目。此时，赫尔塔·赫佐格的研究已经初具使用与满足理论的雏形。经过 30 年来施拉姆、贝雷尔森、麦奎尔、布鲁姆勒和卡茨等学者的研究，使用与满足理论又有了新的内涵，其中卡茨的模式似乎更具实用性，其模式如图 4－4所示。

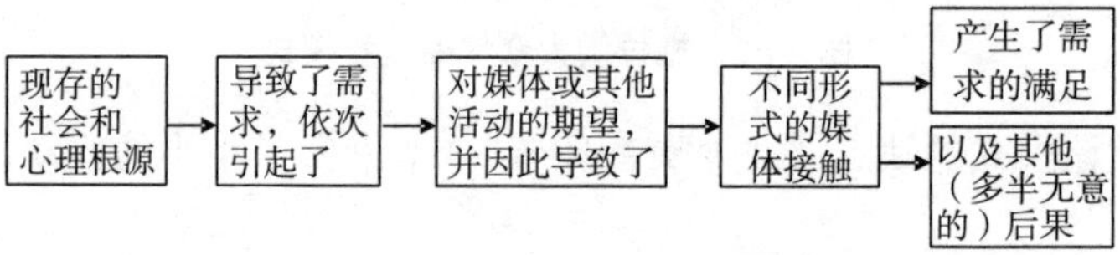

图 4－4　**卡茨使用与满足模式**

无论何种使用与满足模式，都表明这样一个观点：从受众角度来讲，受众希望能够通过大众传播媒介获取自己所需的各类信息及体验，与此同时，也希望通过这个媒介发表自己的见解及主张；从传播者角度来讲，受众不是被动的信息接收者，而是积极的大众传播的参与者，传播者把受众当作有特定需求的个人，承认受众的主体地位，并认为受众接触媒介的活动是基于这种需求，从而来满足个人需求的过程。

三、“受众即市场”理论

“受众即市场”是说传播受众的数量决定着传播媒介的市场经济效益。由此反映出传播媒介的经营性、商品性、竞争性等[1]特点，有些学者提出这是资本主义概念，不能在中国提倡。但作为理论而言，其对传媒行业有着普遍的适用价值而言，笔者认为还是有必要提及的。本书中的受众即市场理论是指将受众视为大众传播产品的消费者，受众读报纸、听广播、看电视与其在超市购买商品一样，这一过程中，传播者则运用相关有效营销策略（即各种传播方式的采用）吸引受众、让受众掏腰包，最终，传播者能否满足受众的需求是最重要的标准。传播者与受众是一种买卖关系，传播者是信息产品的制造者，受众是信息产品的购买者。而市场结果的好坏评定，则是由传播效果来验证的。

四、沉默螺旋理论

沉默螺旋理论最早是德国女传播学家伊丽莎白·诺尔-诺依曼于 1974 年在《传播学刊》上发表的一篇论文——《重归大众传播的强力观》中提出的观点。该观点认为由于大众传媒长期形成的共鸣、积累和普遍效果，使得大众传媒所提出的意见往往被当作优势意见，而其他人所持的往往是劣势意见。传媒不断传播，容易造成优势意见“大声疾呼”，持劣势意见者要么转而支持优势意见，要么变得沉默，从而形成巨大的舆论螺旋。

时下，媒体对节目的报道宣传也很容易形成一个巨大的信息漩涡，所营造出的舆论氛围十分浓厚，大多数受众在潜移默化中，会受到舆论氛围的影响。在各种媒介整合传播的强势环境下，受众的意愿会随着宣传强度的不同而做出相应的改变，并最终卷入宣传造势的漩涡。

第二节 《出彩中国人》的传播理论运用

本节主要是以《出彩中国人》为例，分析传播理论在视听媒介的运用。

---

① 郭庆光：《传播学教程》，中国人民大学出版社，1999 年版，第 107 页。

一、《出彩中国人》传播过程模式解读

（一）《出彩中国人》中的线性传播过程模式运用

大众传播本身是一个不断运动的过程。无论是传统的线性模式还是建立了反馈系统的大众传播模式，归结起来都离不开基本的五个要素：“谁？说什么？对谁说？通过什么渠道？取得什么效果？”据此分析，《出彩中国人》无论从策划、制作到播出，都是一个完整的传播过程，五个要素缺一不可。此处，主要讲述五个基本要素。

1. 传播者

《出彩中国人》是央视一套与上海灿星文化传播有限公司（灿星制作）强强联手打造的大型励志真人秀节目，于 2014 年 1 月 12 日起每周日晚 20：05 在央视一套播出。该节目共 11 期，每期都在全国范围内寻找各行各业的劳动能手和行业标兵担任出彩候选人，这些候选人逐一展示自己的才艺和故事，并评选出当周的“出彩明星”。之后，10 位单周“出彩明星”争夺当季“出彩之星”的称号。既然其赛制比较特殊，又是一个全民性节目，所以就必须选择好传播者才能达到理想的效果。传播者位于线性传播过程模式的五要素之首，对于整个信息传播起着举足轻重的作用。《出彩中国人》的传播者主要是央视、灿星制作、导演组、主持人等。

央视在中国的地位是毋庸置疑的。至于灿星制作，其能够跟央视合作其实力当然也不可小觑。事实上，灿星制作本身也确实有一定地位，它是新闻集团所属星空传媒旗下致力于打造国内一线电视节目的国际化制作公司，曾因引进《英国达人》的版权制作《中国达人秀》，引进《荷兰好声音》的版权制作《中国好声音》等节目红遍大江南北。灿星制作也因其与浙江卫视合力打造《中国好声音》而首次将真正意义上的“制播分离”引入中国（内地）传媒界，并由此成为其他传媒公司与卫视所模仿的典范。此外，灿星制作直接参与浙江卫视的广告分成模式在业界影响不凡，引起了一场新的赢利革命。

《出彩中国人》的导演组、主持人等都是节目传播者方面的亮点。星空传媒制作总监、灿星制作副总裁、《出彩中国人》总导演陈涤认为，在舞台的造型、舞美、灯光方面，不应采用炫丽灯光、音效等，而应使用舞台上质朴、简单的氛围，还原普通群众生活中的淳朴、纯真的生活。为此，导演组选择设计出一个简单的剧院式舞台。但是，该舞台具有正反两方面的效果。正面，于观

众和评委而言，是个非常简朴的舞台；反面，于选手而言则是一个富丽堂皇的剧场。正是这样的设计使得登上舞台的节目传递出普通群众的真情、真心、亲情、友情、能力、拼搏奋斗以及团队精神等，真正为普通群众创造出了一个可以实现自己梦想的舞台。当然，复赛在人民大会堂、决赛在央视新的一号演播厅（央视春晚舞台），及世界巡演的噱头更是传播者聪明才智的体现。

《出彩中国人》的主持人是撒贝宁。众所周知，自从他进入央视以《今日说法》主持人的形象出现在万家电视机前，直到现在，他在受众心目中塑造的形象均是正面、积极向上、和善的。撒贝宁所主持的《开讲啦》《我们有一套》等节目在树立形象方面也起到很大作用。《出彩中国人》作为全民励志选秀类节目，选择撒贝宁以正能量的代表担当主持人在树立节目形象方面起到了积极作用，对节目的宣传与推广也有推动作用。

在节目进行的过程中，《出彩中国人》延续了《中国达人秀》侧幕主持的方式。主持人撒贝宁在侧幕与参赛选手进行交流和沟通，欣赏选手的表演，感受他们的情绪，用自己的情绪与选手进行互动，然后通过他们之间的互动激起观众的共鸣。几乎在每期节目中我们都可以看到，撒贝宁用风趣的语言频频为现场带来惊喜。当选手们在台上各显神通的时候，他则在侧幕频频搞怪，不但和选手比拼才艺，还和老戏骨李连杰“飙戏”，这种为观众发声的主持风格，确实也为《出彩中国人》的火爆奠定了一定的基础。

因此，任何一档节目，无论是已经火爆异常的《中国好声音》《非诚勿扰》《中国达人秀》《谢天谢地你来啦》，还是新节目《出彩中国人》，其成功的因素皆在于选好了传播者。无论是制作团队、播出平台还是主持人，传播者是决定节目传播是否真正成功的关键。

2. 传播内容

能够吸引受众的传播内容也是传播过程能够顺利完成的根本，传播内容的质量直接决定了传播的效果。《出彩中国人》宣传总监陆伟认为：“《出彩中国人》和一般的达人类节目最大的区别，在于它的主题并不偏重才艺形式上的五花八门、奇功绝技，而是更关注表演者的内心，力图呈现选手身上最出彩、最耀眼，让人感到愉悦、振奋、敬佩、赞赏的精神气质。”就此，《出彩中国人》节目制作团队在吸收其他选秀类节目精华的基础上，又进行了一些本土化的改造，以确保传播内容的档次与质量。其中惊艳的节目包括独一无二的“掌风琴”、家庭主妇的“平衡术”、莹麟姐妹的杂技、“舞藏王朝”的劲歌热舞、藏族孤儿的武术《少年中国说》……无不令人过目不忘、回味无穷，这也许就是该节目所倡导的“不求一鸣惊人，但求润物细无声”的宗旨的体现吧。

节目组按照《出彩中国人》“让每一个有梦想的中国人去实现梦想，让每个平民百姓对梦想充满希望”的节目理念，选择的参赛选手都有特殊的梦想，每个选手背后的故事以及他们的优秀品质都体现出了人们积极向上的人生态度以及“中国梦”主题。此外，整档节目也传达出一种正能量，一种积极向上、奋斗进取的精神，从正面引导了人们的人生观、价值观。节目所倡导的“真实娱乐”和“民生娱乐”，让中国传统文化的价值观真正回归主流，既宣扬了自信、自强的精神，又把最清澈质朴、真诚有力的内容带给了观众。

3. 传播对象

节目的观众在传播过程中既是终点，更是起点，对传播效果起着重要作用。由于《出彩中国人》参赛选手情况的千差万别，来自各行各业、各个年龄层次，因此，其受众也可以说是并非某一特定的群体，无论男女老少都可以看。当记者问到“对于CCTV－1观众的收视习惯，你们（灿星制作）采取了怎样的策略”时，《出彩中国人》总导演陈涤说：“引导和迎合相结合。首先让本来的观众群看他所想看的东西，然后引导更多的观众看新的东西，这样才能把观众群做大。我们做《出彩中国人》时，也是引导和迎合相结合，让央视大多数观众看到他们喜欢看的节目，也让更多观众关注央视。”正是传播者事先做好的各种策划，才使节目拥有了大量的观众。

《出彩中国人》赛事设置也决定了其观众对节目所保持的一种特有的黏度。第一轮海选，节目组从全国寻找各行各业的劳动能手和行业标兵、群艺文化中的佼佼者、社区和企业文化中的优秀节目，各位出彩候选人逐一展示才艺和故事，选出当周“出彩之星”。第二轮，在激烈的竞争后，10位单周“出彩之星”，争夺当季的“出彩之星”称号。其间又有复活赛等各类赛事，环环紧扣。正是环节设置的紧凑，才使得观众自觉或不自觉地紧随节目播放进度，特别是在前期，若选定了某一欣赏的选手，那么在该选手晋级与否、最终获胜的是谁这些悬念的牵引下，观众便会更加的关注这一节目的进展。

4. 传播媒介

《出彩中国人》这个节目主要以电视为主要传播媒介，运用视听结合的手段传播节目的精彩内容，彰显节目中的真人、真事和真情。在新媒体水涨船高的时代，该节目也充分利用新老媒介结合的模式，形成了以电视节目播出为核心，综合运用网络、手机终端等多样化传播手段的特色。

5. 传播效果

传播效果，可以这样理解：不管传播者有没有主观意图，他们所进行的传播活动总会伴有相应的反应。在传播学领域，传播效果指的是传播过程，尤其是纸媒、视听传媒等大众传播媒介的进行，对受众和社会环境所造成的一切影响及结果的主体，不管这些影响是有意的还是无意的、间接的还是直接的、显而易见的还是潜在的。[①]

节目收视率的高低是看传播效果好与坏的关键因素之一。从收视表现来看，走主旋律路线的《出彩中国人》确实找准了央视观众的口味，借助大平台优势，取得了很好的收视效果。

《出彩中国人》第一期播出后收视统计的具体数据详见表4－1。

表4－1　《出彩中国人》第一期收视统计[②]

收视表现 统计平台	收视率	市场份额
CSM48城	2.255	5.55
全国网	2.06	5.21
CSM33城	2.30	5.60

据CSM48城统计数据显示，《出彩中国人》这个收视成绩仅次于第二季《中国好声音》第一集，位列全国季播综艺节目首集收视历史排行榜亚军。在带来如此高收视率的同时，《出彩中国人》中的参赛选手，如“高智商理工男”李天达、“狱警程楚喻＋曾服刑人员兰新”组合、小童星张峻豪等，成为广大观众讨论的对象，热度极高。

在传媒界有这么一个众所周知的共识：一个真正成功的节目，收视率并不是唯一的判断标准。针对《出彩中国人》的收视狂潮，类比于同类型节目《中国达人秀》，相关人士撰文指出：“考察一个节目是否成功，至少有三个方面：一是节目的社会反响，包括舆论导向和受众评价；二是节目的经济效益，节目的收视率表现和广告份额；三是节目的创新，节目在内容和形式上是否有所创新和突破。”[③] 就节目的社会反响而言，《出彩中国人》还是有其独特的一面，它秉承了“传递正能量主流文化，传承中华文化”的节目宗旨，不仅将“新、奇、绝、真”的行业标兵、社会能人带到了大家面前，更是把他们励志、进取

① 郭庆光：《传播学教程》，中国人民大学出版社，1999年版，第187～191页。

② 数据来源：《出彩》首播收视破2完胜同类型《达人秀》，http://yule.sohu.com/20140210/n394691365.shtml。

③ 李德顺：《从〈中国达人秀〉的成功反思电视节目“三俗”之源》，载《新闻记者》，2010年第11期，第72页。

的故事带给了大家。其正面效果、正能量确实毋庸置疑。因而，这样的节目是受人喜欢的，这样的节目也渐渐将成为主流娱乐节目的代表。随着《出彩中国人》的播出，一系列节目同样也会借鉴其优点和长处，将其精髓层层递进地传递给每一位观众，观众再将信息变为自己的思想或理念，随后外化为充满正能量的行为，这样的结果就是传播效果的最好体现。

（二）《出彩中国人》中大众传播过程模式的运用

《出彩中国人》节目组的“零门槛”设置，从普通人中挑选志愿参赛者，而非从明星中挑选，这个噱头吸引了大量的观众。由此，缩小观众与节目参选人物的心理距离，让观众更加关注参赛者接下去的命运。随着观众对电视节目参与热情与需求的日益增长，观众迫切想把自己的观念在电视节目中表现出来。电视传播者也不是任由观众想表达什么就表达什么，而是经过层层过滤，再进行译码和编码，将内容制作成与央视地位、节目质量，甚至与广告商相符合的节目，再传播给为数众多、成分复杂的观众。而如今的观众也不是任由电视摆布的玩偶，他们有自己独特的见解，能够决定看不看、什么时候看、看哪些等。但不管如何，观众中只要有部分观看了，即传播学中常说的舆论领袖，他们就会通过发微信、微博、BBS、评论等形式的人际传播对《出彩中国人》进行反馈。这种反馈是可见的，比如他们传播“高智商理工男李天达”的参赛信息等。

当今的电视传播正由传播者单向传播向传播者和受众交互传播转化，选秀类节目常常设置许多观众参与的环节，给观众部分的淘汰决定权，增强节目的参与性和互动性。传播模式不再局限于单一的传播路径，不仅实现了从传播者到受众、传播效果的单向路径，又达到了通过传播效果的反馈，将信息回馈给传播者的过程。

无论是《出彩中国人》这个节目，还是中央电视台、灿星制作，抑或是参赛选手和每一个观众其实都生活在社会总系统中，其观念、行为、语言都受到社会总系统的限制。

二、《出彩中国人》中使用与满足理论的运用

从观众角度来说，如今生活节奏加快、人们生活压力越来越大，为了缓解各种压力，他们越来越倾向于将自己空闲时的娱乐和休闲活动转入室内，并且大多借助互联网、电视来弥补这一需要。因此，受众选择电视节目，实际上是

为了满足自身的某种心理需求。对一些喜欢唱歌、跳舞、表演的受众来说，他们通常就会把注意力转移到文艺类节目上。而如火如荼的选秀类节目也势必会引起这些受众的注意。当然从《出彩中国人》的高收视率情况来，观众也得到了满足，也许是为了放松，也许是为了发泄感情，也许是学习技巧，也许是看看别人如何面对生活，也许是听听别人的励志故事以鼓励自己，也许是为了保持一种开电视的习惯，总之，观众接触的目的，在一定程度上都会得到满足。

从传播者角度来说，要想提供不同的节目以满足观众本身就有难度，但不管如何，传播者传播信息的目的就在于满足观众某方面的需求。于《出彩中国人》而言，这种难度似乎更大些，因为，中国从 2004 年开始至今整整 10 年里，选秀节目种类繁多不胜枚举。《出彩中国人》要想在中间取得佳绩，难度可想而知。为此，《出彩中国人》节目组必须要弄清楚观众的层次，并从他们的层次来看他们的需求。事实上，在满足观众需要上《出彩中国人》做得比较到位，因为相较于其他选秀节目多是将收视群体年龄层下移而言，它则是反其道而行之，通过扩大选手范围、丰富表演形式、加大宣传力度、扩展传播渠道等方法，将老年、中青年甚至青少年收视群体都带到选秀类节目中来，尽量去满足受众的需求。比如《出彩中国人》中被誉为“最小广场舞帝”的张俊豪，节目中他的形象、表演效果及表演内容就赢得了各个年龄层段受众群体的喜爱。

三、《出彩中国人》中“受众即市场”概念的运用

在信息传播过程中，将受众视为大众传播产品的消费者，受众读报纸、听广播、看电视、上网、发微信、刷微博与其在超市购买商品一样，只是获得某种传媒产品，使自己的某种需要得到满足。受众与传播者之间，似乎就成了一种显而易见的买卖关系。受众如果想购买传媒产品，那么似乎就不在乎掏腰包，相反，如果受众不想购买某种产品就会使劲捂紧腰包；传播者为了让受众掏腰包或者投入更多，就需要运用各种传播方式（即相关有效营销策略）来吸引并维持受众黏度。虽然该理论有过激的地方，但作为一种赢利策略，其还是有不少可取之处。

《出彩中国人》以 CCTV－1 作为传播平台肯定要先考虑其社会效益。当满足这个条件之后，做一定的营销宣传赚取收入是可取的。这里简要探讨《出彩中国人》的传播方式（营销策略）。众所周知，从 2013 年开始，随着 CCTV－1 诸多新节目的上档，其观众群也在不断发生变化。针对 CCTV－1 观

众的收视习惯，该节目制作团队从受众根本需求的角度出发，采取引导和迎合相结合的方式。具体来说，首先让原先的固定观众群看他们想看的东西，然后引导更多的观众看新的东西，这样就把观众群做大了。让央视大多数观众看到他们喜欢看的节目，也让更多观众关注央视，这样，也就进一步扩展了央视的收视群体。

（一）利用平面媒介和视听媒介塑造品牌效应

《出彩中国人》节目组在前期节目造势方面，综合选择平媒与电视的组合承载对节目品牌的初始推广。比如，《出彩中国人》就曾用《中国民航报》等报纸做了前期宣传。当时的报道内容如下：“大型励志真人秀节目《出彩中国人》2月9日大年初十上映。对于这档节目，央视在去年底就一直在做各种推介活动。在评委名单上，有李连杰、周立波和蔡明，据传冯小刚也要与该栏目合作。该节目主持人撒贝宁也没闲着，不但要和选手比拼才艺，还将与老戏骨李连杰‘飙戏’，一展自己在演技上的天赋。”①

图4—5 《出彩中国人》的报道与宣传片

报纸对《出彩中国人》的推广比较滞后。该节目的前期宣传还是运用了电视媒体，主要是中央电视台。央视平台的霸主传播优势极其明显，CCTV－1除了将《出彩中国人》的形象宣传片和节目预告片列为第一优先级预告以外，还在节目开播前数周以每天不低于5次的高频率播放。央视其他相关频道也持

① 《初十亮相，出彩中国人，能出彩吗?》，载《中国民航报》电子版，http://editor.caacnews.com.cn/mhb/html/2014－02/07/content_133023.htm。

续不断地播放宣传片，起到了全方位的宣传效果；央视与平面媒体的合作，则是“所有的合作媒体能够在节目播出的前一天或者前二天出文章”即可。

（二）利用门户网站全面推广打造主流价值观

《出彩中国人》在CCTV官网、人民网、腾讯、搜狐、新浪、网易、凤凰网等几大门户网站及新华网等新闻门户网站进行全面推广，其推广目的主要是提炼和扩散其作为平民选秀节目的主流价值观，通过我们摘录的部分标题（见图4-2）可以看出节目组试图向公众传递的符合主流价值系统的观点和信息，例如央视网社区的“《出彩中国人》给你自信和力量”。

表4-2　《出彩中国人》在各大门户网站的推广主题

媒体	典型标题
新华网	央视节目《出彩中国人》开录，导师混搭，期待火花
人民网	央视推出励志节目《出彩中国人》，挖掘普通人的“小梦想”
央视网社区	《出彩中国人》给你自信和力量
腾讯网	乐清7岁男孩参加《出彩中国人》获封“吉他天才”
新浪娱乐网	《出彩中国人》宣传总监：关注选手内心
凤凰网	《出彩中国人》办研讨会专家：承载理想　传播美德

（三）运用社区讨论方式为选手造势扩大受众范围

《出彩中国人》节目组对SNS的主要推广应用在于赛前、赛后不间断的讨论与探究，比如开设“出彩中国人吧”或者相关论坛，上传大量节目现场视频、选手的故事和视频集等来吸引网民。网民对节目进行过程中感兴趣的话题点，通过发帖的形式表达自己的感受或用“盖楼”的形式为自己喜爱支持的参赛者进行造势。随着2013微博热的到来，贴吧、论坛已远不能吸引更多的受众。因此，节目组依然在探讨微博宣传模式。

图 4－6　《出彩中国人》百度贴吧主页[①]

（四）借用微博的病毒式传播极速扩大节目影响力

《出彩中国人》节目组独具慧眼，主动和新浪微博形成合作，创建官方微博账号，由专人负责及时有效地传递节目最新预报、实时动态发布节目信息。微博账号还通过全程直播、及时与粉丝互动、邀请微博知名大 V 与之合作争取更多关注度等方式，有意识地使微博成为《出彩中国人》实现从话题到视频进行病毒式传播的主要平台，以此扩大这个节目后续的影响力。此外，很多原先不看电视的用户也可以通过弱关系形成的微博账号、手持新浪 APP 客户终端随时随地了解这个节目，如果他们感兴趣则会通过电视或者网络关注以后的节目。

（五）利用知名网络视频网站建立互动播放平台

《出彩中国人》在电视上的播出与在国内著名的搜狐视频网站的播出几乎是同步进行的。除此以外，他们还将宣传视频精剪辑，上传至诸如土豆网、PPTV、PPS、酷 6、乐视等知名平台播放，使该节目覆盖面和吸引力更强。众所周知，该节目播出后，视频网站就成为最具传播价值的重复播出平台，其影响力实在不可小觑。各视频网站也遵循“短小精悍”的剪辑原则对视频进行精剪，精剪之后的推广视频通常不超过 3 分钟，让相关用户在网上快速流畅地看到内容并激发兴趣，从而使被动的电视观众转向主动的电视用户角色。

---

① 图片来源：http://tieba.baidu.com/f?kw=%E5%87%BA%E5%BD%A9%E4%B8%AD%E5%9B%BD%E4%BA%BA&ie=utf-8&ie=utf-8&ie=utf-8&fr=wwwt。

表 4－3　《出彩中国人》视频播放网站网址

播放平台	视频网站网址
搜狐网	http://tv. sohu. com/20140420/n398531179. shtml
土豆网	http://zone. tudou. com/cczgr/
PPTV	http://www. pptv. com/page/280817. html?set _ id=9032964
PPS 爱频道	http://v. pps. tv/play _ 3D5P54. html
酷 6 网	http://v. ku6. com/show/chdIg－oYKirxDmZU0MjArA... html?hpsrc=1 _42 _1 _4 _0
乐视网	http://www. letv. com/ptv/vplay/20066233. html

（六）合理运用即时通讯工具针对性地发布节目信息

图 4－7　《出彩中国人》还利用以上工具对节目进行推广①

2013 年是“微博年”。2014 年绝对是微信“当红”的一年。节目组不仅仅选择了用户最多的即时通讯平台“腾讯 QQ”进行节目推广，同时与时俱进，利用大众生活中最火爆的即时通信软件“微信”这一接地气的通讯工具，以弹框方式来推送节目播出讯息、节目最新动态等相关内容。此外扫描二维码也是一种简单易行的传播节目信息形式。宣传团队并不是盲目铺陈而是根据需要有针对性地对特定的微信群做宣传。

正是运用了如此众多的、全面的全媒体宣传手段和营销策略，才使得《出彩中国人》在播出阶段深入人心，既使节目赚取了一定收入，又使得诸如长安汽车这样的广告商产品销售量大增。

四、《出彩中国人》中的沉默螺旋理论运用

根据沉默螺旋理论，在各种媒体间的整合传播强势环境之下，被动的受众

① 图片来源：http://image. so. com/i?q=腾讯 QQ&src=srp。

在潜移默化中，变为主动的信息接收者。《出彩中国人》运用全方位的宣传方式已经使得“出彩中国人”五个字无孔不入，那些从来不关注的人也只有两种选择，要么通过电视、网络、手机、微信、微博等持续关注《出彩中国人》，要么沉默，做自己的事情。

随着新媒体时代的到来，各类信息层出不穷，为此只有面面俱到，才能将传播效果发挥到极致。近几年，整个视听媒介行业，节目使用短信投票和现场互动的顶峰时期已经过去。《出彩中国人》节目组从内容到品牌全部通过全媒体传播是其最大亮点，这也给当代视听媒介带来了有价值的启示：在新媒体时代，一档电视节目要具有强烈的吸睛效果，除了进行节目模式和内容的创新之外，更重要的还是要从新媒体的角度进行推广和传播。

《出彩中国人》使用丰富多样的宣传手段来吸引受众，其“受众即市场”的观念比较清晰地展现了出来。

五、如何在视听媒介中用好传播理论

首先，一定要先熟悉传播理论中的基本原理或步骤。

其次，无论针对何种理论，传播者的选择是重中之重，因为他决定着整个传播过程。传播者的选择除了考虑品牌形象以外，最重要的还是要考虑传播者的素质，包括文化素质、政治素质、业务素质等。

再次，操作具体的理论步骤如下：

（1）针对传播模式。

第一步，选好传播者。

第二步，选好传播媒介。

第三步，选好传播内容。

第四步，也是最关键的一步，确定清楚受众。到底你的节目是做给谁看？什么年龄的人看？什么教育程度的人看？什么职业的人看？什么时间看？什么地点看？看什么？如何保证他们能看到？

（2）针对使用与满足理论和受众即市场观点。

第一步，关键是弄清楚受众。因为只有弄清楚他们的基本特征才能做出有针对性的节目。

第二步，做满足受众需求的节目，或者叫作刺激他们的某种需求。前提是在保证社会效益之后，采取多种多样的宣传模式，吸引受众。其实只要吸引了他们，无论是传播主流价值观还是广告都是可以同时实现的。

(3) 针对沉默螺旋理论。

第一步，选好传播媒介。

第二步，持续的、全方位的宣传。

本章思考题

1. 视听媒体到底要如何利用传播理论应对新媒体的挑战？
2. 你有没有更好的理论运用案例？

第五章　传播理论在自媒体中的运用

2013年1月15日，中国互联网络信息中心（CNNIC）发布第31次《中国互联网络发展状况统计报告》（历史最新报告可关注CNNIC），《报告》显示，截至2012年12月底，我国微博用户规模为3.09亿，较2011年底增长了5873万，网民中的微博用户比例达到54.7%。手机微博用户规模2.02亿，占所有微博用户的65.6%，接近总体人数的三分之二。由此可见，微博在传播信息中所发挥的作用是传统媒体无法替代的。回顾2012年的大事，诸如方韩之争、北京大暴雨、“表哥”被查等舆论事件，都与微博关系密切。

2014年1月16日，中国互联网络信息中心（CNNIC）发布第33次《中国互联网络发展状况统计报告》（历年最新报告，可关注CNNIC网站），该报告显示，截至2013年12月，中国网民规模达6.18亿，全年新增网民5358万人。互联网普及率为45.8%，较2012年底提升3.7个百分点。2013年微博、社交网站、论坛等互联网应用的使用率较2012年有所下降。减少使用微博的人中，有37.4%转移到了微信。由于微博、微信传播者有自主性强、无论何时何地发布任何信息的特点，我们一般把微博、微信称为自媒体。尽管微博用户一度减少，但是其作为自媒体运用传播理论的技巧却值得研究。本章将通过分析2012年著名的家电商微博大战来分析自媒体对传播理论的运用，以便得出一般性规律。

第一节　议程设置等传播学基本理论

日常生活中，上至世界动态，下至个人趣闻，各种新闻事件不断涌现。面对数量和种类如此繁多的新闻，个体依据自己的兴趣爱好、习惯、需求有选择性地了解自己感兴趣的新闻。同时，提供这些新闻的媒介，也通过它们报道的方式对所报道的新闻予以筛选，在这种筛选的过程中，媒介虽然不能满足每一个受众的具体需求，但它们通过筛选所留下的内容，对大多数的媒介讯息接收者产生了不同程度的影响。这种对新闻的把控行为构成了议程设置理论的基本轮廓。

一、议程设置理论

议程设置理论是一种基于解决媒介对受众认知影响的理论。该理论最早由马尔科姆·麦库姆斯和唐纳德·肖于1972年提出，但在他们做出详尽解释之前早有一些哲学家们、研究者们做了相关的研究。该理论发展经历了漫长的假说、实际调研和论证的探索过程。

17世纪，约翰·洛克就曾概述过信息的传播过程与人类心灵发展的关系。20世纪早期，沃尔特·李普曼提出，人们直接参与重大事件或是重要新闻现场的机会是十分有限的，公众了解这些事件的过程与结论，大多是通过媒介的相关报道得来的，而他们并未亲自付诸求证。

更近一些，伯纳德·科恩在1963年写的一本书中，提出了一条关于媒介对于其受众产生了何种影响的重要线索。他指出："很多时候，媒介也许在告诉人们'怎么想'方面都不太成功，但在告诉读者去'想什么'方面却惊人地成功。"

其他学科的学者也沿着同样的思路进行研究，提供了其他一些元素。比如，社会学家库尔特·朗和格拉迪斯·朗发现，媒介每时每刻都在向公众传达着大量的信息，人们通过使用媒介获得对各类所需信息的把握与了解。以竞选为例，人们对于竞选本身的认识，与媒介经过把关于筛选后向受众提供的议题成正比。媒介虽然未曾公开表明自身的观点与倾向，但却通过这种把关实现了对于受众思维方向的有效控制。

在20世纪60年代中期，美国洛杉矶加利福尼亚大学的一个新闻学研究小组就最先注意到，当一件本来可以成为重大新闻的事件被淡化处理时，它对于公众的影响也似乎大大减退，反之亦然。马尔科姆·麦库姆斯和唐纳德·肖按照这一假说，对美国当年总统选举北卡罗来纳夏贝尔山地区部分居民的投票情况进行了全方位的调查研究。

研究表明，新闻媒介的议程设置功能确实存在。他们并没有指明选民应该如何想这些议题，但它们确实指明了哪些议题应该被想起，而这些议题正是候选人最强调的。

1972年，美国人再次面临总统选举。在此之前的1971年秋，马尔科姆·

麦库姆斯和唐纳德·肖牵头，在北卡莱罗纳大学召开了一系列的研讨会，以设计新的研究方案。这次采用计划性研究策略的研究过程被称为夏洛特研究。

夏洛特研究具有多重目标，每一个目标都与议程设置过程的解释有关。其中的主要目标表 5-1 所示。

表 5-1　夏洛特研究项目的主要目标及具体任务

目标	具体任务
界定概念	归纳议程设置理论特征，完善假说阶段概念。
明确个人议程的信息来源	通过深入了解人们从何处获得信息，从而对竞选议题的显著性进行排序
关注“排序持续”	找寻排序持续对个人议程设置的影响
了解选民的个人特征	探求相同的新闻议程设置对于不同特征人群的影响
探索政治与议程设置的影响	进一步明确议程设置在美国的政治程序中所起到的作用

这种全方位的目标设计，对研究美国大选中新闻报道的议程设置现象起到了关键性作用，它的关注目标不仅仅局限于选民、新闻报道者、媒介报道者个体本身，更重要的是透过个体去挖掘与之相关联的内在特征。

经过长时间的研究，研究者对各个主要目标做了如下说明。

目标 1，概念澄清。麦库姆斯和肖指出，许多早期大众传播学者所进行的研究只是去了解大众传媒在以下过程中所产生的影响（尤其是政治影响）：

第一，媒介使受众对所设议题本身产生极大关注。

第二，媒介向受众中的成员提供一定的信息，而这些信息通常能够满足受众自身的需求。

第三，对接受这些信息的人而言，大众媒体提供了个人态度形成直至改变的重要前提和基础。

第四，在卷入上述过程的受众中，这些态度决定了他们的行为。

研究发现，媒介通过议程设置使新闻唤起了人们对事件本身的关注，人们通过收看新闻获得了这些事件中的信息。相较于人们是否因为收看新闻而改变对事件看法和认识而言，更重要的问题是对这些新闻事件，人们几乎无法进行求证，而只是经历一个被动接受的过程，所以他们中的大多数人在接受过程中选择了认可新闻中对事件的描述与报道，而正是这种认可引导了他们的行为。

从总的理论视角来看，马尔科姆·麦库姆斯和唐纳德·肖重新把注意力放到认识问题上来，即认为媒介的议程设置与对相关信息的提供具有重大的影响。议程设置成为现代社会中媒介参与受众对现实社会性建构的过程之一。

马尔科姆·麦库姆斯和唐纳德·肖建议，在展开大量研究前，议程设置最好仍停留在假说阶段，即新闻媒介的议程设置功能确实存在。他们并没有指明选民应该如何想这些议题，但他们确实指明了哪些议题应该被想起，而这些议题正是候选人最强调的。

目标 2，个人议程的信息源。议程设置假说预测，通过接触新闻在竞选中选民对议题的重要程度的判断，与媒介对不同的议题的强调之间，存在某种对应关系。这很可能是一种长期的影响。然而，夏洛特研究的设计只提供了 4 个月时间来观察这一影响。尽管如此，研究者对当年 6 月和 10 月媒介设置的议程与选民议程的相关性做了计算，媒介与受众议程设置的这种相关性随着时间的推移也越来越明显。

个人议程设置的主要信息来源是电视网以及报纸报道的竞选新闻。电视上的付费政治广告也许有助于增加大众对候选人个人的印象，但对个人的议程设置并无太大的影响。大众之间对候选人和议题的谈论也许也起到了一定作用，但最佳的结论仍然是，新闻媒介对议程设置起了较大的作用。麦库姆斯和肖指出："新闻媒介与其他人帮助我们形成自己的观点。仅仅在某些时间，传媒的声音似乎更大一些。或者，可能它只是重复得更多一些。这对于选民的主观判断是至关重要的。"

目标 3，议程设置过程中的排序持续。议程设置被定义为一个随着时间的推移而发生的过程。夏洛特研究发现，每一种媒介都具有不同的传播效果。

目标 4，个人特征和议程设置。影响不同的媒介接触模式的主要内容有三：

一是选民对内容感兴趣的程度，即他（或她）感到这一内容与自己切身利益相关的程度；

二是他（或她）对这些内容中议题的不确定程度；

三是确定提供相关信息的可靠信源的费力程度。

前两个因素，即"相关性"和"不确定程度"被麦库姆斯及其同事合并为"导向需要"的概念。所以，"导向需要"很可能是导致选民去简单接触媒介内容的个性因素。可以提出一个简单的假说：需求越强，注意越多，这进而又将增加议程设置的影响。这一概念无须把"费力程度"包括进去，因为大众传媒无处不在，以至于可以认为这种"费力程度"，是一个对每个人来说都相同的常量。

夏洛特研究的数据证实，虽然对相关性和不确定性因素的测量方法多种多样，但是不同程度的导向需要与媒介接触量，以及议程设置效果的强度都是相关的。

在绝大多数情况下，有高导向需要的选民同时也是媒介使用量最大的，有中等导向需要的人次之，低导向需要的人又次之。不同等级的导向需要者得出的结果都是一致的。这些等级也在很大程度上与传媒的议程设置效果相关，虽然并不是在每个例子中都那么明显，不过总的结果都为一般假说提供了大量的支持，即导向需要（由两个因素构成，即对媒介内容相关性和不确定性的感觉）会导致媒介接触，并对议程设置产生影响。

目标 5，评估议程设置在政治方面的作用。议程设置过程从最初形成概念，到进行研究、形成理论，都是在选举、投票和大众媒介对政治议题的报道的背景下进行的。夏洛特研究的设计力求做到科学的计划性研究，即建立在过去的议程设置研究的基础之上。然而，在很多方面，它的研究对象仍然是十分传统的。它考察了那些控制着政治过程的人与被控制者之间的关系。因此，议程设置关注的是“新闻媒介权力”这一经典理念在政治上的体现。这意味着大众传媒是我们流行政治文化的主要制造者，大众把他们每天的报道看成是政治现实和政治热点。这同时也意味着大众传媒是我们精英政治文化的主要制造者，精英媒介也可以被视为大多数决策者的信息来源。议程设置是社会传播过程的一部分，个人正是通过这个过程来形成并分享整个社会的政治意义的。具体来说，当选民在建构选举活动、候选人形象、政治问题的度量等领域的社会现实时，正是议程设置导致了媒介和选民联系在一起。

议程设置研究现已成为传播学研究领域中被广泛涉猎的重要问题。1981 年，韦弗、格拉伯、麦库姆斯和伊艾尔进行了另一项规模更大同时也更为精密的研究，他们分析了 1976 年选举中新闻在议程设置中的角色。从设计方法上看，它是夏洛特研究的扩大版本，对许多相同的议题进行了更深入的探索。

综合议程设置理论的研究探索历程，可以得出这样一个定义，所谓议程设置理论，即是指媒介通过对其传递讯息的把关，使受众对所获得的讯息的认识与媒介本身的传播目的保持一致。该理论认为，大众传媒往往不能决定人们对某一事件或意见的具体看法，但可以通过提供信息和安排相关的议题来有效地左右人们关注某些事实和意见及他们议论的先后顺序；大众传媒对事物和意见的强调程度与受众的重视程度成正比。

虽然议程设置理论侧重强调了媒介对于新闻事件的把控和筛选，但媒介的一切活动均在坚持新闻真实性原则的基础上进行，侧重于媒介对受众的影响而不是干预。也就是说，应用议程设置理论，受众的个人主观爱好、习惯并不会发生显而易见的变化。此外，议程设置理论强调受众对所获信息的认识与媒介的传播目的保持一致；议程设置理论注重对受众认知层面的影响；议程设置理论注重整体性和持久性，强调的不是某次新闻报道产生的短期效果，而是一系列的报道和传播所产生的宏观的、综合的社会效果。

二、两级传播理论

1940 年到 1948 年，保罗·拉扎斯菲尔德在伊里县对美国的两次总统大选进行了民意调查，并于 1948 年出版的《人民的选择》一书中提出了著名的两级传播理论，即大众传媒－舆论领袖－受众。在这两级传播过程中关键角色就是舆论领袖。

舆论领袖在受众群体中比较活跃，主动从大众传媒那里获取信息，并通过人际传播的方式将信息传播给周围的其他受众。保罗·拉扎斯菲尔德所提出的舆论领袖的特点主要表现在：

第一，在社交场合比较活跃。

第二，通常被公认为见多识广，具有一定的影响力。

第三，与其他受众处于同一团体并有共同兴趣爱好。

第四，比一般受众更多、更主动地接触各种信息来源，更多、更主动地接触群体之外社会环境中的各种信息。

第五，通晓这些信息并愿意主动将这些信息传播给他人。

这些年，新媒体形式层出不穷，传播方式也变得多样化，舆论领袖概念也随之发生一定变化，具有了以下更加突出的特点，比如，舆论领袖往往在事发现场，具有强烈的现场感；舆论领袖生动化的表达容易引起受众的共鸣；舆论领袖具有特殊的名人效应、粉丝效应。

第二节　“家电微商大战”的传播理论运用

从 2010 年开始，微博这种自媒体就以其用户具有草根性、表达具有碎片化、传播氛围极具围观性等特点被社会各界所青睐。一些明星、平民、企事业单位、商家纷纷开通微博账号传播信息，以树立个人或单位形象。在这些利用微博传播信息的现象与过程中，涉及一些基本的传播理论，本节将重点介绍家电商的微博大战对议程设置理论和舆论领袖概念的运用。

一、议程设置理论在自媒体中的运用

（一）家电商微博大战事件回顾

第一回合：京东宣战，京东宣称大家电要比美苏便宜一成。

2012 年 8 月 14 日上午 10：48，京东商城董事局主席兼首席执行官刘强东的一条微博，在新浪微博上掀起了一阵风暴。

@刘强东：即日起，京东在全国招收 5000 名美苏价格情报员，每店派驻 2 名。任何客户到国美、苏宁购买大家电的时候，拿出手机用京东客户端比价，如果便宜不足 10%，价格情报员现场核实属实，京东立即降价或者现场发券，确保便宜 10%！欢迎离退休人员报名，月薪不低于 3000 元。报名：zhanglingling@360buy. com。

此微博一出，转发量超过 6 万条，评论有 1 万多条。

@SOHO 中国 CEO 张欣：刘总出的这是什么牌？雷锋式的？还是黄继光式的？

@刘强东：呵呵呵，什么式不重要，重要的是效果。

网友：能给俺娘找份工作吗？

@俏妞儿的围脖：这是真的吗？我妈妈可以报名吗？

@周家涛：强哥最厉害的地方今天已经显示出来了，公司的一个促销信息不需要打广告，强哥发十条微博，就可以有今天的爆头哥被爆头一样的热度。

第二回合：美苏应战，苏宁、国美争相表示更便宜。

8 月 14 日 15：51，苏宁易购执行副总裁看到微博后，进行了回应。

@苏宁易购李斌：价格竞争是市场竞争永恒的主题，持续性的价格优势取决于采购规模、供应链效率、运营成本、资金实力。正是基于上述综合优势，苏宁易购保持合理利润，仍然可以确保绝对价格优势，这才是商业规律的真正体现。只有那些没有底气的企业才会在嘴上炒作低价，亏本赚吆喝先考虑自己能否活下去，呵呵。

16：08，@苏宁易购李斌再次发微博：保持价格优势是我们对消费者最基本的承诺，我重申：苏宁易购包括家电在内的所有产品价格必然低于京东，任何网友发现苏宁易购价格高于京东，我们都会即时调价，并给予已经购买反馈者两倍差价赔付。明天 9：00 开始，苏宁易购将启动史上最强力度的促销，我一定能够帮刘总提前、超额完成减员增效目标。

看到此，网友@光头王凯回复：今天微博看得我想把家里的电器全换了。京东、国美、苏宁，你们仨不是一头儿的吧？

@苏宁电器深圳大区副总经理马越海也回应说：2011 年京东商城毛利率约为 5%，亏损近 12 亿元人民币。今年打算亏多少亿？

苏宁董事长@苏宁孙为民：公司在内部不止一次强调，京东还是个孩子，苏宁要帮它，共同做好中国的电子商务行业。在竞争中培育对手、壮大企业，是苏宁 20 多年来始终坚持的经营风格。

苏宁回应后的 40 分钟，@刘强东立即回应：

从明天上午 9：00 开始，京东商城所有大家电价格都比苏宁线上线下便宜！并且无底线的便宜，如果苏宁敢卖 1 元，那京东的价格一定是 0 元！买大家电的人，不关注京东必吃亏！

而晚上 21：47，国美电器官方微博称：

京东卖一元，国美就卖九毛五，废话不多说，明天 9：00 起，国美电器电子商城全线商品价格比京东商城低 5%。

第三回合：幕后暗战，有人开始放暗箭？

8 月 14 日晚，这场热闹的微博价格大战，引起了全国媒体的关注，央视经济频道也在晚间节目进行了讨论。就在电视新闻已经播出后，没想到价格战又出现新的情况。

昨天 21：10，@刘强东发布微博：

有人要赖了：开始四处施压供货商要停我们货源！呵呵呵，已经晚了！

33 分钟后，@刘强东又发布微博：

很多人猜测这场战争的原因，我公开出来：造谣京东没钱卖地给普罗斯我没怒；店庆来砸场没怒；枪文来黑京东没怒；阻挠供货商和京东合作没怒；但是动用个别地方政府关系来整我们，我怒了！我要用阳毒来打击你们的阴毒！

@刘强东发布微博又称：这次要辛苦家电部门的同事了，他们都在加班，紧急备货和分配盯梢任务，大战来临，都像打了鸡血似的！

京东对美苏的价格大战，很快就演变成了一场跨界的营销大战，不少企业纷纷“借位营销”，借机宣传。

@易迅网官网：从 9 月开始，易迅网将掀起下半年大规模的整体促销，届时易迅不仅大家电要比京东便宜，3C 产品也要比京东便宜，并将定期发布自己监测和第三方的比较报告。耳听为虚，眼见为实，在此，我们也呼吁消费者主动比价，理智购买。

@当当网李国庆：当当网手机、电脑和小家电等以及当当网国美在线大家电旗舰店全品种迎战！欢迎顾客货比三家！

@一淘网市场总监吉光：鼓励一切对于消费者有利的价格战行为，将在下半年的优惠、返利补贴在原计划2.5亿的基础上增加一倍到5亿，同时继续为各大电商提供关于约价的任何技术、服务上的支持。电商价格战，我们不敢说哪一家肯定更便宜，但不管谁便宜，通过一淘网买肯定是最省的。

360@周鸿祎：电商价格大战，360不能光看热闹，还要煽风点火！我们@360极速浏览器为用户准备了实惠的比价利器。我像@刘强东一样做出一个决定：任何转发此微博的人都可参与抽奖。奖品：两部4.5英寸大屏、双核1G、前置300万像素的360特供机夏新大V!

58同城CEO@姚劲波：我宣布明天京东、苏宁之战，我们不参加。但，为了鼓励大家拼命购买，我们已开通二手家电转让绿色通道，欢迎大家将家里有用没用的电器用10秒发布到58同城半卖半送，处理干净，腾出地方，添置明天可能的零元家电。

@优酷网：等待明天9：00家电电商血战。谁买到了PK中的一元彩电，我们就送他一年的免费不限量高清视频观影券！行不?[1]

在这场持续一个月的较量中，京东、苏宁、国美、当当等多家国内家电巨头多次借助微博这一平台，发布降价促销宣传信息，这些信息被网友转载大多愈万次，虽然经国家发改委和众多消费者以及网友联合监督发现，这场持久的价格战存在多处漏洞甚至有欺骗消费者的嫌疑。但从商家角度来看，价格战的打响大幅度地提高了他们的商品销售量，一定程度上达到了采用“微博价格战”战略的真正目的，可谓是一场以微博为传播载体进行商业宣传并成功达到目的以维护自身利益的案例。

如果对以上价格战中京东和苏宁双方进行一个简单分析，就不难发现，他们其实是利用微博进行议程设置引起大家的关注，从而更快、更好地销售自己的商品。但是，仔细分析，可以看到京东和苏宁之间有明显的后台操作痕迹。负责为京东商城进行微博策划的是《创业家》前执行主编申音，他带领着NTA创新传播机构为本次大战服务；负责为苏宁易购进行微博策划的是《京华时报》前经济部主任段志敏，他带领着海唐公关为本次大战服务。这些来自

---

① 资料来源：《京美苏家电价格大战微博打“价”意在相互炒作?》，大河网——河南商报，http://news.shangdu.com/201/20120815/11_5681943.shtml。

传统媒体的媒体人都相当熟悉传媒的操作模式，且深知议程设置的传播模式能够给企业带来的好处。

（二）家电商微博大战中议程设置理论运用分析

第一，家电商们利用微博议程设置功能向其粉丝提供讨论的话题。

当京东 CEO 刘强东发出关于比价的消息之后，SOHO 中国 CEO 立刻回复："刘总出的这是什么牌？雷锋式的？还是黄继光式的？" 刘强东的微博粉丝"俏妞儿的围脖"也立刻回复："这是真的吗？我妈妈可以报名吗？" 另外，易迅网官网、当当网李国庆、360 周鸿祎、58 同城 CEO 姚劲波、优酷网等也迅速参与其中。当时，一些公司的负责人及业内权威人士的微博状态大量运用了"一降到底""绝对最低价"等吸引眼球，以超越消费者有限感受的字眼来吸引消费者的关注，另外，还结合商品的季节销售趋势和消费者的购买心理，对降幅大的商品信息反复进行刷新报道。可见，家电商们非常善于利用微博为大家提供讨论的话题，而这恰好就是议程设置理论的第一步。尽管家电商们通过微博不能决定其粉丝对某一事件或意见的具体看法，但确实使得大多数粉丝在短时间内对这些话题极其关心。

第二，京东商城刘强东和苏宁易购李斌等人之间的论战利用了议程设置中决定受众讨论先后顺序的功能。

2012 年 8 月 14 日，京东 CEO 刘强东、苏宁易购李斌、苏宁董事长孙为民等人之间的论战在当时成为人们争相讨论的话题。因为那天既有"埃及总统全面控制大权"，也有"朝鲜洪涝"，更有"乒乓冠军搭乘熊猫出租车感受伦敦"等新闻，但这些新闻都极少被人关注，大家还是主要关注了家电商的微博大战。这正是议程设置功能之一，决定人们对事件讨论的先后顺序。

第三，家电商们的微博强调价格问题与受众关注价格问题成正比。

对家电商的微博进行分析，可以发现，从 2012 年 8 月 14 日开始，他们微博的转发数、评论数十分庞大，京东微博 2012 年 8 月 14 日至 2012 年 08 月 19 日共有 423701 条转发量，苏宁微博 2012 年 8 月 14 日至 2012 年 08 月 19 日共有 406998 条转发量。这说明，家电商微博大战打得越激烈，粉丝及普通民众关注他们就越强烈。这恰好就是议程设置的功能之一，传播者强调程度与受众关注程度成正比。这些情况可以从图 5－1 看出来。

本次家电商的微博大战，反映出议程设置在自媒体运用上也是非常成功的。只要利用得当，也就能创造传播奇迹。

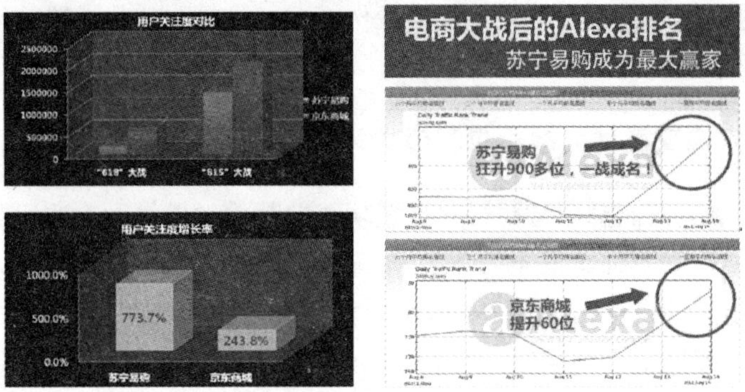

图 5-1　苏宁易购、京东商城在“电商大战”期间的关注程度及排名①

（三）如何在自媒体中运用好议程设置功能

第一，找到具有名人效应或权威性强的传播者。

第二，适时利用微博、微信等平台发布想传播出去的信息，以引起粉丝的关注。

第三，不断刷新微博、微信等平台上的信息，刷新的内容越抢人眼球越能在短时间之内吸引关注者的注意。

二、两级传播理论在自媒体中的运用

（一）两级传播的运用

对家电商的微博大战进行分析，不难发现，两级传播理论在自媒体传播中发展得很好，甚至转化为了多级传播。比如，刘强东通过发布“即日起，京东在全国招收 5000 名美苏价格情报员，每店派驻 2 名。任何客户到国美、苏宁购买大家电的时候，拿出手机用京东客户端比价，如果便宜不足 10%，价格情报员现场核实属实，京东立即降价或者现场发券，确保便宜 10%！欢迎离退休人员报名，月薪不低于 3000 元。报名：zhanglingling@360buy.com”之后，“俏妞儿的围脖”不仅回复、评论了刘强东的信息，更将这条信息转给了自己的粉丝，“俏妞儿的围脖”的粉丝在获得信息之后又进行了评论和转发，这样的传播链条一直延续下去，就使得两级传播变成了多级传播。这正表现出

① 图片来源：《8.15 电商微博大战内幕：两个媒体人的对决》，站长之家，http://www.chinaz.com/news/2012/0821/270465_2.shtml。

了新媒体时代、自媒体时代的传播特点。

（二）舆论领袖的运用

家电商的微博大战之所以能够引起人们的关注，还在于利用好了关键角色，即舆论领袖。

当然这里的舆论领袖与保罗·拉扎斯菲尔德所提的舆论领袖相比，除表现出活跃度高、乐于接受和传播信息的特点之外，还体现出了新时代舆论领袖的特点：名人效应、粉丝效应、草根性。

首先，刘强东作为京东商城的董事局主席兼首席执行官，其个人影响力极大。

刘强东创办了京东商城，曾荣获《创业邦》“2009 中国杰出创业人物 25”称号；荣膺“未来十年新经济人物”；荣膺“2011 年度华人经济领袖”殊荣；2011 年度中国经济年度人物；入围亚洲 25 位最热门商界人士；荣登 2012 胡润少壮派富豪榜，是江苏省首位上榜者。众多殊荣却属于一个不到 40 岁的男人，可以想见其社会影响力。不仅如此，与刘强东相关的著作如《杀出一条血路来：刘强东的逆向商业信念》《刘强东：注定震惊世界》《无意冒犯：刘强东》简直是大卖。另外，刘强东的微博粉丝有 4173811 人，这也解释了为什么只要他在微博上发布消息，其转发量、评论量绝对上万的原因。虚拟世界的事情，也能转化为现实中的京东商城销售量，这就够了。

其次，苏宁易购李斌、苏宁董事长孙为民也均有自己固定的粉丝群体。苏宁易购李斌拥有 1577547 个微博粉丝，孙为民拥有 2142603 个微博粉丝，这也解释了为什么在家电商大战期间，只要他们发微博回应京东，就会有大量的粉丝进行评论、转发。

如果说京东刘强东，苏宁易购李斌、孙为民都利用了名人效应的话，那么他们的粉丝所形成的强关系或弱关系群体之间的传播则更是名人效应和粉丝效应的综合体现，但其最明显的特征还是草根性。

（三）如何在自媒体中运用好两级传播理论

第一，找到关键角色——舆论领袖。

第二，为舆论领袖找到具有吸引眼球的话题。

第三，拓宽传播渠道，无论是传统媒体还是新媒体。

综上所述，自媒体传播时代，传播方式千变万化，传播理论也在随着时代的发展而不断丰富，以更加符合时代的需要。但作为从事传媒行业的相关工作人员，还是需要熟悉基本理论的，因为只有对传媒领域的基本理论、方法、步骤熟悉了之后，才能去应付行业内的一些变化。

本章思考题

1. 自媒体如何利用传播理论不断完善自身并与其他媒体并驾齐驱?
2. 请列举熟悉的案例并尝试进行理论分析?

下篇　考研精华荟萃

第六章　新闻传播学考研指南

第一节　方向比努力更重要：你为什么考研？

经过“苦高中，要大学”理念培养的你们，进入大学也许会看见有那么一波人，每天不间断地在图书馆、自习室疯狂地学习。这些人，选择放弃使用高精尖的摄像、制作设备，选择放弃明艳的服装，选择了与很多人完全不同的方向。这些人，只为踏上人生更美好的舞台，而努力备考硕士研究生招生考试。新闻学、传播学本身是实用性很强的学科，但大家选择考研肯定有一些只有自己才知道的原因。考研是一个相当艰苦的过程，不是所有人都能坚持下来。因此，在开始准备考研复习之前，就必须要首先回答“为什么考研”这个问题。也许是想看看外面的世界，也许是想把自己本科学历换一换，也许是为了逃避生活的艰辛，也许只是单纯地想换个地方好好看看书，如此等等，但无论基于何种原因，你们必须要清楚地知道“为什么”。

每个人因成长背景不同、经济状况不同，做出的选择也必然不同，但没有哪个人会比你自己更了解自己到底缺少什么、到底想要什么、到底想追求什么、实现目标的路径是什么。人生就像是一次没有回头路的旅行，每个人都不知道如果自己选择另外一条路会有什么样的结果；人生不是游戏，没有任何一个人有退而再走的机会，所以每走一步都要慎重。

既然如此，考研的同学在备考之前就必须明白：一个基于自己内心渴望或是自身需要的选择，往往决定着你在践行这一选择过程中的态度，从而影响你的这个选择的最终效果。所以，在你决定考研前以及着手准备初期，一定要认真仔细地回答“为什么考研”这个问题，你最好是拿本子写下来，一定要写下来。因为考研的真正原因不仅影响着你考研的态度，影响着择校，更影响着你考研的成败。

此处，必须要提醒的是，从你决定考研的时刻起，就不要投入太多精力去想找工作、考公务员、考选调生、考研的性价比之类的问题。因为任何的选择都必将有舍有弃。常言道，舍得舍得，有舍才有得。因此，当你决定考研时，就不妨用心去完成其中的每一个细节，认认真真、脚踏实地地去走好每一步，并好好体会和享受每一步所赋予你的痛苦、幸福、快乐、成长。考研本身不仅意味着一个升学的机会，一次心智走向成熟的机会，也能让你更加明白人生坚持的力量和意义。当然，这也适用于任何一个你要努力奋斗的目标与方向，只要你用心做。

第二节　天道酬勤：坚持才能胜利

梁启超先生在论述《学生自修之三大要义》时提到，学问之要义在“勤也，勉也”。可见一个人成功与否，关键在于勤勉。考研若想达到录取意义上的成功，就需要“99％的主观因素＋1％的客观因素”；主观因素如“5％的兴趣＋5％的悟性＋90％的坚持”。90％的坚持，这需要你付出多大的努力，只有你自己才能确定，但必须要确定。客观因素则包括天气、考试环境等。

考研是一场持久战。一般而言，兴趣是最好的老师。既然决定考研，那么无论出于何种原因，总是有一定兴趣的。对知识的悟性，在一定程度上决定了事半功倍的可能。但不是所有人都有很高的悟性，因此，考研复习的过程中，只有坚持才能真正成功。

尤其在临近考试的一个月，知识已经过了好几遍，天气又比较寒冷，同时，人的精力也已耗费得差不多，如果这个时候放弃，真的就是前功尽弃了。唯一要做的，就是坚持。考研，只有坚持才能胜利。

第三节　选择报考学校：考研的第一步

这是一个信息极为丰富，传播信息又非常灵通的时代。因此，同学们可以在网络上查找到自己要报考的学校和专业的所有信息。一般而言，报考学校，可以从以下几个因素考虑：

首先是地区。不可否认，一个地区的发展与其传媒业的发展是成正比关系的。而在传媒发展较好的地区，你所能提高的空间可能大些——如果你好好利用这些资源的话。但是切忌好高骛远，选择一些不切实际的地方。因此，选择学校时，自己的家庭住址、家人期望、未来准备发展的地方就是你要考虑的因素。一句话，地区的选择，是考虑学校的因素之一。

其次是导师。你需要大致了解一下，你所倾向报考的几个学校的导师的信息，看看他们中谁的研究方向是你所喜欢的。选择一个自己喜欢的导师，符合自己的研究兴趣，决定了你在复习过程中的认真程度乃至成功的速度。

再次是参考书。了解一下自己要报考的学校是否规定了参考书，有哪些参考书等。如果发现参考书过多，对自己来说有难度，就需要调整。如果自己认为完全能够克服就要找来认真研读。

下面列举一些基本的学校常识。

（一）研究生考试考区以及 34 所自主划线的院校

招生单位分区。

教育部根据全国不同地区经济发展情况和教育水平等，把全国不同地区分为两类，分别为一区和二区。前者分数线高，后者稍低。与之相对应，大家会被分成 A 类考生和 B 类考生。

一区包括北京、天津、上海、江苏、浙江、福建、山东、河南、湖北、湖南、广东、河北、山西、辽宁、吉林、黑龙江、安徽、江西、重庆、四川、陕西等 21 省（市）。

二区包括内蒙古、广西、海南、贵州、云南、西藏、甘肃、青海、宁夏、新疆等 10 省（区）。

考生只要有一门课或者总分不过国家线，那么就意味着此次考研失败，且没有机会参加调剂。如果 A 类考生单科或者总分没过一区的分数线，但过了二区的分数线，那么你有机会参加二区招生单位的相应学科的调剂。

（二）新闻传播学专业考研招生院校一览表（部分，每年最新情况应至各招生办公室网查询）

1. 新闻学考研新闻理论方向招生院校

中国人民大学、中国传媒大学、清华大学、北京大学、武汉大学、复旦大学、兰州大学、四川大学、暨南大学、郑州大学、河北大学、南京大学、河南大学、南京师范大学、浙江大学、湖南大学、华中科技大学、上海大学、西北大学、安徽大学、大连理工大学、山东大学、南昌大学、广西大学等。

2. 新闻学考研新闻业务方向招生院校

中国人民大学、复旦大学、中国传媒大学、清华大学、武汉大学、暨南大学、兰州大学、郑州大学、南京师范大学、南京大学、四川大学、浙江大学、西北大学、湖南大学、湖南师范大学、南开大学等。

3. 广播电视新闻学专业考研招生院校推荐

中国人民大学、中国传媒大学、清华大学、复旦大学、武汉大学、暨南大学、郑州大学、南京师范大学、四川大学、浙江大学、西北大学、湖南师范大学等。

4. 公共关系学专业考研招生院校

中国人民大学、中国传媒大学、清华大学、复旦大学、中山大学、厦门大学、浙江大学、武汉大学、国际关系学院、暨南大学、深圳大学等。

5. 国际传播学专业考研招生院校

北京大学、华中科技大学、上海外国语大学、国际关系学院、上海大学等。

6. 网络传播学专业考研招生院校

北京大学、南京大学、华中科技大学、兰州大学等。

7. 媒介管理学专业考研招生院校

华中科技大学、浙江大学、兰州大学、西安交通大学、湖南大学、中山大学等。

8. 媒介经济学专业考研招生院校

浙江大学、河北大学、郑州大学、湖南大学等。

9. 技术传播学专业考研招生院校

中国科技大学、大连理工大学、河南大学、北京电影学院、北京印刷学院等。

10. 新闻传播学专业考研特色招生院校

上海交通大学、上海外国语大学、北京师范大学、中央民族大学、中国农业大学等。

11. 新闻学专业考研其他招生院校

云南大学、广西师范学院、成都电子科技大学、重庆大学、华中师范大学、武汉理工大学、湖北大学、湘潭大学、苏州大学、上海财经大学（媒介管理）、同济大学、华东师范大学、山东师范大学、西北政法学院、陕西师范大学、新疆大学、内蒙古大学、黑龙江大学、天津师范大学、南京政治学院、上海体育学院、成都体育学院、山西大学、西南政法大学、江西师范大学、四川省社会科学院、北京工商大学（广告）、中央财经大学、西南大学等。

以上只是部分新闻与传播研究生招生院校，每年情况也会有所变化，具体一定要以中国研究生招生信息网公布的信息或者以自己所关注学校的招生简章为准，因此就需要同学们在考研前根据自己的情况及时查找相关信息。尽早确定学校，确定专业才能购买专业书，尽早进入学习状态。

第四节　学术硕士与专业硕士：选择很重要

我国硕士研究生按照培养目标和培养方式，可分为学术学位研究生和专业学位研究生两种。学术学位与专业学位处于同一层次，但二者在培养规格上各有侧重，在培养目标上也有明显差异。学术学位按学科设立，其以学术研究为导向，偏重理论和研究，主要目标是培养大学教师和科研机构的研究人员；而专业学位以专业实践为导向，重视实践和应用，主要目标是培养在专业和专门技术上受到正规、高水平训练的高层次人才。专业学位教育的突出特点是学术型与职业性紧密结合，获得专业学位的人，主要不是从事学术研究，而是从事具有明显职业背景的工作。①

一般而言，设新闻学、传播学专业的院校，硕士点中都会有学术硕士，但并不是所有院校都会有专业硕士。因此，同学们在选择时要仔细。下面附上部分院校的新闻传播专业硕士情况，如表 6－1 所示。

表 6－1　新闻传播专业硕士招生院校及方向（部分）

院校名称	专业/领域名称	研究方向
中国传媒大学	新闻与传播	（01）全媒体新闻实务 （02）媒体市场调查 （03）国际新闻实务 （04）新媒体实务 （05）广播电视新闻采编 （06）品牌营销传播 （07）国际广播电视（中外合作办学项目）

---

① 中国研究生招生信息网：http://yz.chsi.com.cn/。

续表

院校名称	专业/领域名称	研究方向
浙江传媒学院	新闻与传播	(01) 广播电视新闻（含话语与传播、影视传播） (02) 数字媒体与智能传播（含融媒体计算） (03) 全球传播与传媒教育（含媒介素养） (04) 新媒体运营管理（含广告与品牌传播） 05) 口语传播（含播音与主持）
四川大学	新闻与传播	本领域不设研究方向
电子科技大学	新闻与传播	(01) 影视传播 (02) 数字传播与文化 (03) 新媒体传播与技术

至于学术硕士与专业硕士，同学们主要可根据自己的实际情况来选择，下面提供一些参考。考研的同学应该从什么方面选择？首先，从学术硕士和专业硕士要求的条件来考虑。一般而言学术硕士的英语成绩要求要高于专硕，因此，同学们要分析一下自己的英语水平。当然，英语能力是可以提高的，不过，在备考之前，还是需要做一个分析。其次，思考自己未来的发展方向，比如未来的打算是就业、考公务员还是继续深造、考博、进入高校、从事科研等。

在备考过程中，信息的重要性不能忽略。如果在备考之前找到一位你要报考学校的学长或学姐了解一下关于报考专业以及报考导师的情况是最好的。同时，你也可以向对方了解一些该专业或者专业方向的学习、就业情况等。

第五节　笔记整理：考研规定动作

每个考研人都有自己的复习方式，有人喜欢做笔记，认为自己在第二轮甚至在第三轮复习中要看笔记；有人则不喜欢做笔记，认为依次把参考书上的内容抄下来是浪费时间。因此，做不做笔记，主要还是要看自己的学习习惯。

但是，笔者认为做笔记是绝对有好处的。第一，做笔记可以帮助自己理清众多参考书的脉络，可以把各种参考书当中历年考过的内容做详细的梳理，便于进行第二轮的复习。第二，做笔记可以帮助整合知识点。比如，报考学校指定的参考书对某个知识点讲得不够详细或者不适合自己理解的时候，那么，你就可以参照其他资料，对这些知识点进行补充，以自己能够理解的方式去整理，复习起来也就快很多。事实上，整理笔记的根本目的是在后期进行复习时方便记忆。

做笔记时，建议划分段落，习惯性的分成数个小节和知识点，这样看起来脉络清晰，便于理解。而且，一定要把关键字勾画出来，重点记忆。需要提醒的是，做笔记不是抄书，而是把参考书中的或者历年真题中的知识点进行归纳总结，有自己的观点。以复习《中外新闻史》为例，可以这样来复习：

其一，报纸、电视台、通讯社。首先，介绍其基本情况，如谁，什么时候，在哪创办，什么时候停办，其地位是什么（比如是否属于商业报纸，或者开创了什么先河之类的），其性质是什么等；其次，介绍其突出特点；最后，评价其影响。

其二，人物。首先，宏观评价其一生；其次，介绍其传媒经历，比如办了什么报，办了什么通讯社，留下什么著作等；再次，介绍其传媒理念；最后，评价他对传媒业的贡献。

其三，事件。首先，对事件做一个总体评价；其次，介绍事件的来龙去脉，包括时间、地点、原因、经过、结果、主要参与者、意义等。

特别要提醒同学们的是，做笔记时一定要记得分段。尽量把同样的知识点放在同一段，不同知识点放另一段，以方便自己复习、查找、增补、记忆。养成分段的习惯，答题时就会轻松些。此外，分段也方便老师阅卷时给分。

第六节　考研复习步骤：程序决定成败

再次重申，考研是场持久战。大一、大二时，可以对一些事情稍微了解，关键是要养成良好的学习习惯、睡眠习惯，学习重心在英语。因为一般考研失败，都是因为英语不合格。因此，大一、大二阶段还是要以兴趣为老师把英语学好，争取通过大学英语四、六级考试。

大三时，大家就要开始有目的地去了解考研，弄清楚考研到底是怎么回事，了解一些报考的知识，比如考区的分类、自主划线院校是哪些以及他们在划定分数线的区别，了解各个院校的专业和方向的设置以及它的特色，近几年的参考书是哪些、是否有变动、变动在哪里？只有对自己想报的院校有一个了解之后，才能够选择学校。择校时最好是以三、四所自主划线院校作为自己主要了解和学习的方向，避免报考时还不知道专业和研究方向的关系以及自己倾向报考的院校这个专业下设了哪些方向。在图书馆借阅自己所倾向报考的院校的参考书，主要是为了打好基础。大部分院校新闻学与传播学考试的参考书都会涉及新闻学理论或概论、中外新闻史、新闻采访、新闻写作、传播学等内容，多看这些方面的书籍不会错。如果不看书，进入相关网站了解最新形势也好，要特别关注每年国家在考研方面的政策以及对新闻工作、传播工作、宣传工作新的要求、新的动作等。

做完以上工作，大三暑假，就可以着手制定正式的考研复习计划了。

一、关于英语的复习

保持学习英语的习惯，了解考研英语的新动态。重心还是在背单词，做题。下面介绍一位网友的做法。

1. 词汇

（1）从网上下载一份5500词的大纲，用一个月时间把所有单词试着填一遍，那些一看就会的，彻底抛弃！你若每次都留恋abandon几秒，这个词也许就预示着你不远的结局。这样下来你至少可以抛弃2000个单词，还剩3500个。

（2）从3500词里面，把考过的词单独摘出来，这是一直到考前，你需要反复看、日日看的大约1500词，这样下来你还剩2000词。

（3）2000词里面，再分为三类：A没考过的但是重要的；B没考过的次重要的；C几乎考不到的。分好以后，你需要着重看A；抽空看B；消闲时瞄几眼C。

2. 真题

“真题可以8月份开始做，我没有做真题以外的任何题目，我把真题做了三遍，这三遍的目标是这样的：第一遍能选出对的；第二遍知道其他为什么错；第三遍能翻译全文，熟用做题技巧。”①

上述方法是阿布同学的技巧。也有人是不单独背单词的，只是做题，每天做阅读理解，从阅读理解中把那些不会的单词摘抄下来，集纳成一个小本子，随身携带，方便就看。因此，每个人的方法是很不同的，适用于阿布的方式也许不适用于你，只有自己在学习时多留心，才能找到适合自己的方法。但无论采用何种方法，英语都必须每天学，不能停顿一天，否则就会前功尽弃。

---

① 摘自阿布的新闻传播博客，http://blog.sina.com.cn/s/blog_4c75e9070102e0oq.html。

二、关于政治的复习

对于政治，很多同学都在纠结需不需要报班的问题。笔者访问上百位考研学生后得出的结论是可以报一个。原因如下，第一，培训班会帮助你科学规划政治的学习节奏，如什么阶段学新知识、什么阶段回顾、什么阶段练题、做题有什么技巧等，这样就容易避免走弯路；第二，有经验丰富的名师带领，学习效率和效果都会大大提升（建议公共课按“名师”找机构）；第三，可以直击考试重点，节约复习时间。毕竟，考研是一场与时间赛跑的战役，我们从一开始就要树立时间意识，明白节省时间、把时间用在刀刃上的重要性。当然，如果你本身政治就不差，又有足够的自信和毅力，自己学习也是完全可以的。

下面介绍一位网友的做法。

建议把政治复习时间分为三个阶段：

第一阶段：7—8 月

强烈建议大家从暑假甚至更早就开始政治的复习。这一阶段，大家可以主攻马克思主义基本原理（下称“马原”）、毛泽东思想和中国特色社会主义理论体系概论（下称“毛中特”）的选择题部分，主要以看书（或自己购买的资料）为主，练题为辅。对于“马原”这个学科来说，理解为主，记忆为辅。对于“毛中特”，理解和记忆并重。

关于政治练题资料，推荐用肖秀荣老师的“1000 题”或者蒋中挺老师的“800 题”来练习，这些资料都是考研学生公认的质量较高的复习资料。

第二阶段：9—10 月

到了 9 月，大家可以开始中国近现代史纲要（下称“史纲”）、思想道德修养与法律基础（下称“思修”）的学习了，也是主要攻破选择题部分，以看书为主，做练习题为辅。这两门学科都主要以记忆知识点为主，因为它们主要是以知识再现型的题目来考察。

到了 10 月，建议开始学习时政热点，同时进行“马原”“毛中特”“史纲”“思修”的第二轮复习，并逐步开始进行论述题的背诵。

第三阶段：11—12 月

这一阶段是政治提分最快的一个阶段，应延续上一阶段继续进行时政学习，因为越靠近考试时间的时政越容易被考察。同时，这段时间市面上会出现诸多模拟试题，在这里主要推荐肖秀荣老师和蒋中挺老师的模拟试题。

关于选择题部分，建议大家在这一阶段好好利用真题和模拟试题进行第三轮复习并进行查漏补缺；同时，论述题部分的背诵也是重点，大家可以直接利用肖秀荣和蒋中挺两位老师的模拟试题进行背诵。当然，到时候很多考研论坛和 APP 也会帮大家梳理出各位老师的预测考点，大家亦可直接背诵。①

三、关于专业课的复习

纵观所有考研人的经验，大多数在复习专业课的时候都会分为几轮，好处在于保持一个良好的习惯。当然也不宜把战线拉太长，战线长了自己也容易麻痹。这里大致说一下时间安排，也许不适合每一个人，但是他山之石可以攻玉。大三下学期就正式复习的话，时间表大致是：4 月至 8 月中旬进行第一轮复习，8 月中旬至 10 月中旬进行第二轮复习，10 月中旬至 11 月底进行第三轮复习，11 月底到上旬进行第四轮，12 月上旬到 12 月考试前为第五轮。其中最重要、最关键的是第二轮和第三轮。

1. 第一轮，熟读参考书至少三遍

第一遍，对所有参考书进行通读，特别是要把握其总体框架，目的很简单——培养对这门学科的悟性。

第二遍，理清全书框架。开始做笔记，把平时专业课老师强调的地方与自己认为是重点的地方，或是让自己觉得很有学习价值的地方结合起来，最好能单列成笔记本。另外，此时要特别注意将参考书中，自己理解起来有难度的知识点进行梳理，寻找其他参考材料，进行补充、细化，寻找自己能够理解的方式。

第三遍，把所有参考书的框架背下来，记忆重要知识点。

2. 第二轮，研读真题至少两遍

第一遍，仔细研究历年真题，归纳和总结考点，弄清楚考哪些、如何考、有哪些题型、近几年题型变化是什么、新增了哪些内容。一定要弄清楚！把真题中主要参考书目和自己标识的其他参考书目的知识点相结合，详细做笔记。另外，参阅其他院校的试题，看看同样的知识点，其他院校出的何种题型。

第二遍，将历年真题的答案进行分析，仔细研究答题技巧。做到真题上的题目再次考时不丢分。

---

① 摘自微信公众号：田心考研，https://mp.weixin.qq.com/s/sjpJ8rvcNwoovSImNjAnhw。

3. 第三轮，跟踪论文，回归课本

首先，阅读和学习传媒界重要的或最新的论文。特别是要找到所报院校专业导师的论文，并适当拓展范围学习。另外，就算你没有报中国人民大学，也可以多读一下喻国明老师的论文；多搜集并阅读《现代传播》《国际新闻界》《中国记者》《新闻大学》等期刊，从中了解目前新闻学界研究的前沿和热点问题。

然后，再回归一次课本，重点记忆笔记。并在该笔记的基础上，总结出一份浓缩的笔记，比如中外新闻史，如果之前的笔记是依据章节而作的，那么现在就按新闻事件等专题来总结，这份笔记剔除一些次要的知识点，把常考和重点考的要点归入其中。

4. 第四轮，记忆笔记，完善笔记

翻阅和记忆课本的主要章节及浓缩版的笔记，进一步修正和完善框架，力求把整本书的框架清晰地装进自己的脑海里。

5. 第五轮，强化记忆，查漏补缺

对所有的知识点进行强化记忆，并做好查漏补缺工作。

这里要特别强调一点，专业课复习分五轮，但并不代表复习专业课的时候就不看英语和政治。把每天的时间安排好，英语、政治、专业课并行！英语不放弃，政治在 8 月开始进入复习。

第七节　最后一个月复习攻略：成功在此一搏

一、大体思路

在考试之前一个月，专业课复习该做些什么？首先，要巩固基本知识点，如中外新闻史、新闻业务、传播学等的名词解释、简答题等。到最后一个月的时候，对这些知识点一定要做到心中有数。同时，要学会用自己的话对其进行归纳。推荐一个办法，自己拿笔和本子把需要掌握的名词解释和简答题写出来。

其次，好好研究真题。一定要做到真题上出现过的题目坚决不失分。当然，做题时，你可能会碰到许多没见过的题，那么对那些完全没把握的陌生题，有几点可以做到：要尽量把相关原理答出来；在阐述的时候，一定要联系实例。言之成理，即可得分。

再次，一定要进行“模考”。在考研复习初期，大家基本都是在进行知识的输入；到了中期，逐渐开始进行分题型练题；而进入后期，在分题型练习的同时，大家就需要开始进行“套题”练习了，即按考试时间完成整套题的练习。因为一般来讲，考研科目特别是专业课的题量比较多，题型也比较复杂，大家在进行几次“套题”的模拟考试后才能学会如何分配做题时间，明白对于不同类型、不同难易程度的题目应如何处理。

最后，看期刊论文。到了 12 月，很多媒体都会有一个年终新闻盘点。在复习的最后一段时间，可以将这一年发生的重大新闻事件集中浏览一下，作为在考试中答题的案例。同时，也可以在各个网站的传媒频道、人民网或者中国知网等平台搜集相关文章进行专题复习。面对同一个媒介热点，要看不同的专家是以何种角度、何种观点、何种理论切入分析的。要记住，这对拓展答题思路很重要。

二、如何平衡各科复习时间

决定你能不能进复试的不仅是总分，对于单科过线分其实往往也有要求。所以，学会平衡各科的学习时间也很重要，建议大家在复习时间分配上做如下安排。

1—6 月：暂不开启政治的复习，专业课与英语的复习时间比为 1∶1；

7—8 月：从 7 月起，可以开始进行政治的复习了，专业课、英语、政治的复习时间比建议为 2∶2∶1；

9—10 月：专业课、英语、政治的复习时间比建议为 2∶2∶1。

11—12 月：专业课、英语、政治的复习时间比建议为 2∶1.5∶1.5。

以上均为建议，希望大家在这份计划的基础上结合自身情况做出一份适合自己复习节奏的时间规划。[①]

① 摘自微信公众号“田心考研”：https://mp.weixin.qq.com/s/sjpJ8rvcNwoovSImNjAnhw。

第八节 考研专业课题型解析：知己知彼百战不殆

一、名词解释题及答题技巧

名词解释题不外乎几大类：基本概念、人物、事件、原则、报刊、广播电视、法律法规、新概念等。此处，将列举一些名词解释做详细分析，帮助大家梳理名词解释的答题技巧。

（一）基本概念

1. 新闻学的基本概念

新闻价值、新闻体制、新闻线索、新闻敏感、新闻自由、新闻选择、消息头、新民文体、时务文体、新闻专业主义、新新闻主义、媒介素养、媒介审判等等。

以上基本概念，每个学者在定义时，其实都有自己的一套思路，因此同学在回答时，要尽量抓住关键词汇。比如，“新闻价值”这个词，需要抓住三个关键词即事实、素质、总和。详细来说，新闻价值是指事实本身所包含的能够引起社会各种共同兴趣的素质的总和。这个素质包括：时效性、重要性、接近性、显著性、趣味性。

以上概念中稍微难一点的是“新闻体制”。那些对政治不是特别敏感的同学，对此可能就要死记硬背了，但是可以抓住关键的句子，即，新闻体制是新闻事业的所有制性质，决策机构的构成。

另外，对同学们来说可能稍微陌生的是“新新闻主义”和“新闻专业主义”。在答题时，可能只能从平时特别熟悉的概念着手去分析，找到一些与原有知识相联系的知识点，再展开解释。当然，最好的办法还是要在平时的复习过程中扩展自己的知识面，做到会的不失分，不会的少失分。

2. 传播学的基本概念

信息、符号、选择的或然率、拟态环境、把关、舆论领袖、两级传播理论、议程设置、沉默螺旋、子弹论、知沟理论、培养理论、使用与满足理论、全球混乱理论、六度分割理论、编码/译码、文化工业、公共领域、第三人效果理论、民族志法、实地调查法等。

以上大部分概念，在传播学课程中都是有涉及的。比如舆论领袖，这是拉扎斯菲尔德等人 1940—1948 年间做了伊里调查之后提出的，他们发现，在选民做出投票决定的过程中，有一些对他们施加个人影响的人物，即舆论领袖。简单说，活跃在人际传播网络中，愿意从媒体上获取信息，又愿意将这些信息传递给周围人群，甚至对他们产生影响的人，可以称为舆论领袖。

比如“编码/译码”，在讲传播学的批判学派时，也是有讲到的，如果考到名词解释，大致要答出以下一些内容：

“编码/译码”出自霍尔《电视讨论中编码与译码》一书的《编码/译码》一文。他在文章中指出，电视话语的产生和流通可以分为三个阶段：第一阶段是电视意义的产生阶段，即“编码”阶段。霍尔提出在编码阶段，传播者往往通过伪装、分解、重组几个阶段完成；第二阶段是“成品”阶段，居于主导地位的是电视作品意义的语言和话语规则；第三阶段是最重要的阶段，即观众的“译码”阶段，霍尔提出了三种译码模式，即著名的“霍尔模式”：（1）主导性－霸权译码，又称“支配－霸权立场”，指受众以编码者的意义来解读信息；（2）协商性译码，指受众与支配的意识形态始终处于一种充满矛盾的协商过程中；（3）对抗性译码，指受众能够看出电视话语的“制码”，但得出的解读意义与编码者的愿望格格不人。霍尔模式表明，意义不是传送者“传递”的，而是接受者“生产”的。

基本概念的答案在同学们平时复习使用的参考书中都是能够找到的，所以，做名词解释题的技巧就是，在平时复习的过程中对一些概念性的内容要找个本子记录下来。记录时，不妨详细一点，方便后面记忆。在不断复习的过程中则需要抓住关键词、句，重点记忆，保证答题时的准确性。

（二）人物

1. 新闻学的人物

汉斯·希伯、埃德加·斯诺、普利策、王韬、康有为、梁启超、黄远生、邵飘萍、徐宝璜、林白水、张季鸾、陈独秀、陈望道、范长江、邹韬奋、史量才、成舍我等。

这些人物基本上都是新闻史或新闻学课程中讲到过的人物，但在这些人物中，同学们相对陌生的就属汉斯·希伯。一般情况是，同学们遇到稍微陌生的题就会感到措手不及。所以，在此，建议同学们先把会做的做完，再回头分析不会做的题。在分析汉斯·希伯的时候，可以大胆猜测，既然是新闻传播学的考试，就一定跟新闻工作有关。那么不妨直接猜测他是一位新闻记者。事实上，这种猜测是对的。

2. 传播学的人物

哈罗德·拉斯韦尔、保罗·拉扎斯菲尔德、卡尔·霍夫兰、库尔特·卢因、威尔伯·施拉姆、马歇尔·麦克卢汉、李普曼、哈贝马斯、马尔库塞、阿多诺、霍克海默、凯文·凯利等。

以上这些人物在传播学课程也都有重点介绍，所以，同学们答起来应该不会有难度，但要拿高分，需要同学们掌握基本的技巧，即先对人物做一个简要的评价，再对他的具体事迹、贡献列举一二，最后做一个小结。

比如威尔伯·施拉姆，传播学之父，他将政治学、经济学、心理学、新闻学等学科的重要理论综合起来，形成一门新的学科——传播学；他不断著书立说，著有《报刊的四种理论》《新媒介》《传播学概论》等书籍；他不断发展传播学教育，使传播学成为一门真正独立的学科。

（三）事件

苏报案、癸丑报灾、大江报案、反客里空运动、曾格案件等。

这些事件都在新闻史或新闻学课程上有所涉及。但是在众多事件中，同学们不太熟悉的就是曾格案件。如果还是大胆使用猜测法的话，可以从争取新闻自由的角度出发。一般而言，新闻传播史上的好些事件都是和争取新闻自由，争取新闻真实，反对虚假新闻有关的。

（四）原则

如“全党办报，群众办报”、政治家办报、党性原则、用事实说话、群众路线、“走转改”等。

这些概念都是在新闻学课程中讲过的，同学们应该不会太陌生。比如“全党办报，群众办报”是我国新闻的工作路线，是毛泽东同志在《对晋绥日报编辑人员的谈话》中提到的，他说，我们的报纸要靠大家来办，靠全体人民群众来办，靠全党来办，而不能只靠少数人关起门来办。即坚持党的领导，全党和全体人民群众要为新闻媒介提供情况、材料和稿件。

在复习以上概念时，还要重点复习新闻宣传工作的原则、社会主义新闻事业的性质、任务等。

（五）报刊

《察世俗每月统记传》《时务报》《新民丛报》《知新报》《新青年》《湘江评论》《每周评论》《热血日报》《新华日报》《中国青年》《华尔街日报》《泰晤士报》《华盛顿邮报》和邸报等。

以上报刊，在新闻史课程中有涉及。但是要准确得分，还是要把报纸产生的年代、地点、创办的主要人物、主要内容、特点、贡献做一个小结，并做出简要评价。不过，邸报做名词解释就不太好弄清楚主要的人物、时间之类的。但可以这样答：邸报，是对中国古代报纸的统称，也可以称为朝报、邸抄等；内容多为皇帝起居、官员罢黜、战事、处罚等；邸报这种实物的形式产生于唐朝，而“邸报”二字则产生于宋朝；邸报的传播者在唐朝多为进奏官，宋朝为中央统一分派的官员；邸报的读者对象从各藩镇长官开始逐渐下移为热心仕途的知识分子；历朝历代都有对邸报进行改革，但在面对西方报纸的入侵时，邸报不堪一击。不管怎样，邸报对于我们了解古代社会之发展还是有积极意义的。

如果说中国的报纸，大家还能背得滚瓜烂熟；但是西方的报纸，大家复习起来就有一定的难度，这就希望大家在平时复习时，把西方报业的发展多浏览几遍，找到适合自己理解的技巧。

（六）广播电视

公共电视、公民新闻、民生新闻、电视纪录片、半岛电视台等。

在以上名词中，不太熟悉的可能要属公共电视了，但这一概念必须牢牢掌握。公共电视，英文为“Public Broadcasting Service”，也称公共广播协会或美国公共电视台，简称PBS，由354个加盟电视台组成。美国的公共电视起源于20世纪20年代前后的教育广播。1953年休斯敦大学创办了美国第一座公共教育电视台。1967年，美国根据卡内基委员会的专门研究报告，通过了《公共广播电视法案》（*Public Broadcasting Act*），扶植公共广播电视事业，并于翌年成立了全国性非营利的公共广播电视管理机构“公共广播公司”（Corporation for Public Broadcasting）。之后，“公共电视网”（Public Broadcasting Service，PBS），逐渐发展为公共广播电视系统的代表机构[1]。

---

① 魏永征、张咏华、林琳：《西方传媒的法制、管理和自律》，中国人民大学出版社，2003年版，第228页。

从以上的解释可以看出，名词解释中时间、地点、人物、大致经过是主要得分点。因此，同学们在平时复习的过程中，一定要把这些细节弄明白，当然可以做个时间表，把重要的事件标注出来，这样就一目了然了。

（七）法律法规

如《大清报律》《钦定宪法大纲》《报章应守规则》《戒严法》等。

这些法律法规都是在清末民初制定的，只有极少数大学有关注到。同学们可以在平时学习的过程中多收集一些今日中国新闻法制的新动向，如《著作权法》《广播电视管理条例》《电影管理条例》《关于进一步加强电视上星综合频道节目管理的意见》《关于做好 2014 年电视上星综合频道节目编排和备案工作的通知》等。

当然，在以上一些法律法规中，《大清报律》是有一定的地位的。所以，同学们可以稍微了解了解。《大清报律》是我国历史上第一部新闻法，1908 年 3 月 14 日由清政府颁布。《大清报律》将以前制定和颁布的报刊禁载事项全部收入，还增加了不少限制性的条款。其中规定：报纸在创刊前除了向警察机关注册外，还要交纳保证金；每期报纸发行前必须将样品送行政或警察机关审查；禁止报刊刊登诋毁宫廷、淆乱政体、妨害治安的言论，违者永远停刊；禁止发行未经官报、阁抄发布的谕旨和奏章；在国外出版的报刊违反以上规定者，由海关没收销毁。1911 年 1 月经修订，改称《钦定报律》。

事实上，新中国成立至今，还没有一部成文的新闻法。当然，成文的新闻法，在世界上都很少见。鉴于此，遇到一些违法事件时，我国往往从《宪法》《广告法》《妇女权益保障法》《未成年人保护法》等角度引用条款来判决。这就需要我们同学在平时复习的过程中，注意一些与新闻活动有关的条款。

（八）新概念

智能媒体、四全媒体、后真相、县级融媒体中心、“四力”、新型主流媒体、数字代沟、数字劳工、具身性传播等（关于新媒体、新概念一定要多读《新闻与传播研究》《国际新闻界》《新闻大学》《现代传播》“四大刊”以及其他 CSSCI 期刊和核心期刊的论文，从这些文章当中去掌握每个时代特有的新词汇）。

其实，新概念做名词解释是比较麻烦的，因为每个人有每个人的看法，也许同学们根据所看到的材料做出的答案并不是阅卷老师想要的答案。于是矛盾就出来了，怎么复习？怎么得高分？本书建议同学们在复习时还是要看“大家”的观点，所谓“大家”指的是在学术界有一定研究成果、有一定地位的学者。多看他们的观点，可以赢得老师的青睐。

在遇到新概念时，最好把概念提出者、提出时间、在哪篇文章哪次演讲中提出、大致内容是什么答出来，最后再给一个综合评价。

二、简答题及答题技巧

一般而言，简答题还是主要以人物、著作、事件、学派、理论或学说等为主要考察脉络。

（一）人物

·简述梁启超对新闻事业的贡献。

·简述史量才对《申报》的改革以及对后世的启迪。

·简述邹韬奋的办报经历及对后世的启迪。

·简述普利策的办报活动及其对当今的启示。

·结合拉斯韦尔、霍夫兰、拉扎斯菲尔德、施拉姆的主要研究成果，并简要分析美国经验学派的主要贡献。

·根据美国学者麦奎尔的概括，发展中国家的传播制度和媒介规范理论包括了哪些内容？结合我国传播媒介现状及发展说说你的看法。

·简述罗伯特·帕克对大众传播研究的主要命题。

·简述哈贝马斯对传播学理论研究的主要贡献。

·简述麦克卢汉理论的要点。

以上几道关于人物贡献或启迪的题，在新闻史和传播学课程中都是有所涉及的，但是同学们要得高分还是有一定的难度。原因在于，同学们不太清楚简答题的答题技巧，有同学以为只要把具体的要点答出来就够了。实际上这样的思路是不完整的。在答题时，首先要看一看分值的分布情况，根据分值来设计答题的要点。当然，答完要点之后，还要进行一个简要的阐述，尽量避免干点子的情况。同学们在平时复习的过程中，要加大对人物了解的力度，做好相关笔记。另外，如果自己所看的参考书中，知识不够完备，要多方寻找资料，以便使答案清晰、明了、全面。

（二）著作

·简述埃默里的《美国新闻史》或麦克布莱德等人所著的《多种声音一个

世界》。

·简述《传播的游戏理论》。

·简述《理解媒介》。

·简述《娱乐至死》。

同学们对这样的题目是比较陌生的，拿到卷子时，几乎都是无从下手。于是，我们发现，考研与平时的期末考试决然不同，它需要的不光是对一些固定知识点的熟悉，还必须要有较宽的知识面。拿到这样的题，同学们，不能慌，还是要首先思考思考怎么把没有见过的内容同自己平时学过的内容联系起来。一般而言，在遇到解释著作的题目时，都需要对作者做一个简要的叙述，然后再对书中的主要内容做一个简要的归纳总结，最后对这本书的贡献做一个综合的评价。

（三）事件及其特点或意义

·简述《对晋绥日报编辑人员的谈话》和《对华北记者团的谈话》的基本内容和历史意义。

·简述第一次国人办报高潮特点。

·简述解放日报的改版及其意义。

·阐述 1956 年新闻改革经过及意义。

以上几道题都是在新闻史课程中讲过的内容，书上是有答案的。但是同学们在复习时容易弄混淆，因此同学们在做笔记时，可以多留个心，做个简单的梳理和总结。把类似的题目、答案梳理清楚，在最后冲刺阶段重点记忆。

关于以上题目的作答，还是需要同学们学会总分总的模式，即先概括性的介绍，再分点论述，最后做个小结，也就是谈意义。

（四）学派

·简述芝加哥学派对传播学的贡献。

·简述德国法兰克福学派的代表人物及主要观点。

·简述英国文化研究学派代表人物及主要观点。

关于学派，在传播学课程中也是重点讲述的内容。但是学派并不好答，因为涉及的人物实在太多，涉及的观点也实在太多，因此，需要同学们在复习过程中把主要的学派和人物进行梳理，最简单的办法就是绘制表格。本书作者做的一个简表，如表 6-2 所示，大家可以在此基础上进行分析、补充。

表 6-2　传播学领域主要流派、代表人物及作品简表

学派	流派	主要代表人物	主要观点
传统学派		拉斯韦尔	内容分析法、宣传、5W、三功能说
		拉扎斯菲尔德	实地调查法、人民的选择、功能说
		霍夫兰	控制实验法、如何说服改变态度
		卢因	实验法、把关人、群体动力理论
技术控制论学派		申农	信息论
		维纳	控制论
		贝塔朗菲	系统论
		英尼斯	《帝国与传播》《传播的偏向》
		麦克卢汉	《理解媒介》、媒介是人的延伸、媒介即信息、冷媒介和热媒介、地球村
		梅诺维茨	《消失的地域》
批判学派	法兰克福学派	阿多诺	《启蒙辩证法》 文化工业理论
		霍克海默	
		马尔库塞	《单向度的人》
		哈贝马斯	《公共领域的结构与转型》
	文化学派	霍加特	文化研究站在大众文化的立场，反对传媒批判理论中的精英主义倾向，围绕文化研究的政治性、开放性、参与性这三个特征进行研究，背离了主观经验和形而上学的批判学派的视角，转而关注微观的、具体的、经验性的世俗生活
		威廉姆斯	
		汤普森	
		霍尔	
		费斯克	
	政治经济学派	默多克	《呼唤大众传播的政治经济学》 《媒体政治经济学》
		戈尔丁	
	意识形态学派	阿尔都塞	认为概念、词句在不断的复制、重组过程中贯穿着意识形态。
		福柯	任何权力的行使，都离不开知识的提取、占有、分配与保留
		梵迪克	《作为话语的新闻》

以上表格无法囊括每位学者的所有贡献，只能说是一个框架，帮助同学们去理解，最重要的还是要同学们自己多分析、多总结、多补充。

（五）理论或学说

·简析沉默螺旋理论的三个基本命题。

·你如何认识大众传播的拟态环境特点，议程设置理论是否意味着媒体可以随心所欲地为公众设置议题？

·简述赖特关于大众传播的四功能说，结合20世纪90年代以来电视媒介传播功能的演变谈谈你的认识。

·简述拉扎斯菲尔德和默顿的传播功能理论。

·简述极权主义制度下的新规范理论的主要内容。

·简述意见领袖的基本特征。

·简要说明麦克卢汉媒介理论的局限性。

·简述发展传播学的理论。

以上几道题都是比较常见的理论，所以同学们并不会感到陌生。只是需要同学们平时在复习中要善于归纳总结。在答题时，依然要采用总分总的模式，因为这种模式一目了然，方便自己记忆也方便老师阅卷。

此外，大家还需要注意经典理论在互联网时代的变迁，这也是各大高校的命题重点。

（六）其他

·简述新闻选择对新闻工作的意义。

·简述新闻记者的社会责任。

·简述新闻记者的职业道德。

这样的题，在新闻学课程上，老师是提到过的，教材上似乎也有答案。但是同学答这样的题一定要记住融会贯通，不要拘泥于某一个固定的知识点。最重要的还是要多参考不同的书籍，联系实际，把一些知识点变成自己的语言。当然基本的答题格式还是要有的，这个不能乱来。

综合来看，面对简答题可以从以下几个步骤作答：第一，审设问，确定立意范围；第二，审情境，提取有效信息，明确立意；第三，按要求组织答案。前面都针对不同类型的题目提到了相关的答题技巧。同学们在平时复习时，多熟悉熟悉。这里还得提醒同学们，简答题的答案要求包括条理清晰、表达准确、内容完整和卷面整洁几个方面。尤其是卷面整洁这一点，同学们要清楚，老师最怕看到卷面邋遢的卷子，如果卷面稍微整洁些，阅卷老师都会手下留情的。

三、论述题及答题技巧

一般而言，论述题的分值都比较重。同学们一定要多花点心思在论述题上，除掌握重要的知识点之外，最重要的还是要掌握答题技巧。分析历年各校考题得知，论述题一般涉及基本知识、联系实际。

（一）基本知识

·美国有关传播效果的研究经历了哪几个阶段？并举例说明其主要成果对中国当前大众传媒实践的启迪意义。

·论述新闻与宣传的关系。

·论述新闻工作的真实性原则。

·结合实际谈谈大众媒介的公共性和公益性。

·论述新闻专业主义的产生背景、主要内容。

这些题目，基本上都是一目了然的，同学们拿到题的时候一般都不会感到陌生，因此就会飘飘然，拿着题目就开始写。但往往同学们认为比较好答的题目往往容易失分，主要是因为同学们在答这样的题目时都习惯性地问什么就答什么，没有养成论述的习惯。

比如论述新闻与宣传的关系，同学们可能习惯性地就直接答二者之间的关系，这并不合适。一般而言，此题大概有几点需要注意：首先是新闻的概念，要解释清楚新闻的本源、特征等；其次是宣传的概念，要解释清楚宣传的特征、宣传的目的等；再次是解释新闻与宣传的相同之处；第四是要解释新闻与宣传的不同之处；最后是总结二者的关系。这只是要点，同学们在论述过程中是要尽量穿插实例的。

也就是说，同学们在答以上题目时千万注意不要问什么就答什么，要注意拓宽。

（二）联系实际

·在当今激烈的媒体大战中，大众传媒如何能保持“独家”报道的位置。

·论传媒与文化。

·论述新闻传播媒介在政治传播功能、传媒产业功能和新闻专业主义间的博弈状况和应该有的理性视角。

·新技术和大众传播媒介的关系是怎样的？新技术推进应用于传播媒介的

经济、社会动因何在？试用传播学理论分析之。

·结合三种假说谈谈你对电视暴力效果的认识。

·当今大众传播已经走向“小众传播”，但一些如世界杯、奥运会的媒介事件却仍能吸引大量受众，请谈谈对这一问题的认识。

与看似问什么就答什么的题目相比，这样联系实际的题目难度就要大些，所以需要同学们对自己所学过的大部分知识融会贯通，然后加上例子去阐述自己的主要观点。

比如传媒与文化这道题，涉及的知识面之多。实际上关于传媒与文化，在复旦大学李良荣的《新闻学概论》一书中是有详细解答的。但是如果只用该书的观点就会显得稍微狭隘了些。因此关于传媒与文化，可以参见四川大学蒋晓丽老师和蔡尚伟老师的相关著作和论文，这样在答题时会得心应手些。

整体而言，论述题的答题技巧还是沿用总分总模式，当然大量的知识点还是要靠平时的积累，切忌问什么就直接答什么。

综上所述，这里把论述题的解题思路和方法重申一遍：

解答论述题的一般思路是围绕中心议题，按照“是什么”“为什么”和“怎么办”的思路渐进深入地进行阐述。

第一，要确立中心议题。只有确立好中心议题才能保证自己在答题时不跑偏。因此简单的办法就是在草稿纸上把准备作答的观点也就是中心议题写出来。

第二，要确立论点。同学们要根据中心议题来确立分论点，一般而言论述题都是需要几个分论点去论证中心议题的，因此同学们在草稿纸上可以把要答的分论点做个简单的梳理，之后就在这个基础上进行展开论述。当然，要特别注意，分论点数量不宜过多，但要主次分明。

第三，选择论据。论述题中，论据是非常重要的。因此，同学们要从说明或证明论点的角度出发，选择那些能够强化自己前面所提的论点或对论点进行解释和论证的材料作为有力论据，使这些论据能够有效地为自己确定的论点服务。

第四，论证。用论据证明论点的过程就叫论证。在短时间内做到论证全面、充分，是有难度的，所以，同学们在考前一定要多看论文，学习“大家”们的行文方式。

第五，回应主题。也就是总分总模式中的第二个“总”。论述题结束部分要成为精华，要高度概括，所以需要同学们用最简洁的语言对本题内容进行总结，令阅者欣喜或首肯，以便拿到理想的分数。

四、实务题及答题技巧

常见的实务题有撰写新闻评论、进行消息改写、撰写采访提纲、进行新闻发布会提问、进行新闻策划等。这类题往往出现在“业务”卷（每个高校具体的考试科目名称不同）当中，分值较大，但难度不大。以下主要介绍考试中最常见的关于新闻评论撰写和消息改写的答题技巧。

（一）撰写新闻评论

“请为下面的新闻配写一则600字左右的短评，标题自拟。”

“请根据以下材料写一篇新闻评论，题目自拟，800字左右。”

这类题目一般会先提供一段材料，然后要求考生根据材料撰写新闻评论。

关于新闻评论，建议大家首先利用参考书搞清楚写作的基本原则，然后多阅读写作案例。在写作时，须通过阅读材料进行立意，然后进行谋篇布局。具体来看，对于应试的新闻评论类题目，建议考生使用单一型标题，且突出论点为好；正文部分，建议第一段就展现观点，后面的论据要围绕论点展开，具体的论证要条理清晰。如此，得到一个平均分是肯定没有问题的。

（二）改写消息

“请自拟角度，根据提供的以下素材写作一则短消息，500字左右。”

“根据以下材料写一篇600字左右的消息，并制作复合式新闻标题、提要题、分题。”

这类题目一般会先提供一段材料，然后要求考生根据材料和具体要求撰写一则消息。

建议大家对相关参考书进行阅读，学习消息的要素及结构，然后多阅读案例，多练笔。在考场上建议大家先对材料进行分析，了解材料大致陈述了哪几个方面的事实；然后确定自己的写作逻辑，一般来讲，如无特殊要求，建议大家使用倒金字塔结构；接下来进行材料的取舍，从材料中选出你认为重要的内容；最后，按一定逻辑成文。在此过程中，大家要注意以下几点：第一，消息结构要完整，一般来讲，标题、消息头、导语、主体、背景、结尾是不可或缺的；第二，字数不能超过题目要求；第三，消息稿一定要做到立场客观公正，不要有评论色彩。

第九节　相关参考资料：融会才能贯通

一、新闻基础知识

1. 理论部分

雷跃捷《新闻理论》、何梓华《新闻理论教程》、李良荣《新闻学导论》、陈力丹《新闻理论十讲》、李希光《新闻学核心》、刘建明《新闻理论应试精要》《新闻传播学考研复习专题精编（新闻学）》。

2. 新闻史部分

哈艳秋《中国新闻事业史教程》、丁淦林《中国新闻事业史》、黄瑚《中国新闻事业发展史》、李磊《外国新闻史教程》、程曼丽《外国新闻传播史》、方汉奇《中国新闻传播史》。

3. 新闻业务部分

赵玉明等《广播电视辞典》、曹璐等《广播电视新闻》、刘明华《新闻写作教程》、蓝鸿文《新闻采访学》、丁柏铨《新闻采访与写作》。

二、传播学基础知识

- 郭庆光《传播学教程》
- 李彬《全球新闻传播史》（公元1500—2000年）
- 李彬《传播学引论（增补版）》
- 胡正荣等《传播学总论》
- 威尔伯·施拉姆《传播学概论》
- 沃纳·赛佛林、詹姆斯·坦卡德《传播理论：起源、方法与应用》
- E. M. 罗杰斯《传播学史：一种传记式的方法》
- 斯坦利·巴兰、丹尼斯·戴维斯《大众传播理论：基础、争鸣与未来》（第三版）

三、新闻传播学拓展阅读

·汤姆·沃尔夫《新新闻主义》

·凯利·莱特尔（Kelly Leiter）、朱利安·哈里斯（Julian Harriss）、斯坦利·约翰逊（Stanley Johnson）《全能记者必备：新闻采集、写作和编辑的基本技能》（第7版）

·鲍勃·富兰克林《新闻学关键概念》

·威廉·E. 布隆代尔《华尔街日报是如何讲故事的》

·杰弗瑞·S. 威尔克森、奥古斯特·E. 格兰特、道格拉斯·J. 费舍尔《融合新闻学原理》

·杰克·海敦《怎样当好新闻记者》

·麦尔文·曼切尔《新闻报道与写作》

·安德鲁·博伊德《广播电视新闻教程》

·特德·怀特《广播电视写作与报道》

·麦克布莱德等《多种声音一个世界》

·哈罗德·拉斯韦尔《世界大战宣传技巧》

·威廉·斯蒂芬逊《传播的游戏理论》

·哈罗德·伊尼斯《传播的偏向》

·马歇尔·麦克卢汉《理解媒介》

·凯文·凯利《技术元素》

·尼尔·波兹曼《娱乐至死》

·尤尔根·哈贝马斯《公共领域的结构转型》

·赫伯特·马尔库塞《单向度的人——发达工业社会意识形态研究》

·大卫·阿什德《传播生态学》

·丹尼斯·奎尔《受众分析》

·古斯塔夫·勒庞《乌合之众》

·盖茨《未来之路》

·尼葛洛庞帝《数字化生存》

四、学术期刊

·《新闻与传播研究》

- 《新闻大学》
- 《国际新闻界》
- 《现代传播》
- 《新闻记者》
- 《新闻界》
- 《当代传播》
- 《现代出版》
- 《出版发行研究》
- 《中国出版》
- 《编辑之友》
- 《中国编辑》
- 《中国电视》
- 《中国广播电视学刊》
- 《电视研究》
- 《当代电视》
- 《新闻与写作》
- 《传媒》
- 《青年记者》
- 《中国记者》

五、报纸杂志

- 《南方周末》
- 《南方都市报》评论版
- 《新周刊》
- 《中国新闻周刊》
- 《三联生活周刊》
- 《新民周刊》
- 《凤凰周刊》

第十节　个别同学的学习心得：他山之石可以攻玉

一、湖南师范大学硕士研究生刘婷的《我的五年成广生活》

我的五年成广生活

2014年，时间又到了6月，又是一年毕业季。从18岁开始上大学，到现在已经23岁了。我拥有五年大学生活，并且分为截然不同的两个部分和两种心态。如果两年前有人跟我说要努力学习，要努力考上专升本，考上研，我一定会把他一把扔出去。但现在我会告诉你，大学都一样，不一样的只是你的态度。你失望的只是你努力想象却从未努力实现的一切。

一、前三年

故事的开始是2009年那场糟糕的高考，那个夏天的记忆是蒸笼般的高温天气。拿到分数的时候不开心了一阵，因为我的分数十分不理想。之后是填报志愿，然后来到了你们现在所在的地方，那时候的它还叫成广。

当我由最初刚上大学的新鲜感转为因前途渺茫而对学校产生厌恶感时，我急切期待走出校园开始职场生活。我每天做的事情就是拿一本书跟着室友去上课，因为我从不记得是在哪个教室上课，好几次上课翻开书才发现又带错了书。偶尔也会逃逃课，周末睡睡懒觉、逛逛街，反正期末成绩总是会及格的。生活没有任何的期待，似乎别人的大学生活才是青春美好的，而我有的只是迷茫和失望。

这种消极的态度伴随了我两年多的大学生活，最后以一场考试终结。

大二暑假，我在一个小传媒公司做小助理，工作内容无非就是端茶倒水，接收传真打印文件，工资微薄，交了房租、水电气费、宽带费，我每天吃饭都是问题，我不得不极力将自己每天的花费控制在10元以内。我已经知道没有学历，没有经验在职场中是不可能胜出的事实。我开始怀念校园生活，不仅因为它赋予我的学生身份让我衣食无忧，更重要的是似乎只有它才能重新让我燃起对于未来的希望。

于是大三，我辞职回了学校，开始复习专升本考试。学习对我其实是一件痛苦的事情，从小到大没有一次考试成功过，连高考也是一塌糊涂。这次考试对我来说，是背水一战。那时候的专升本考试分为大学语文、英语、计算机和一门专业课。总分300分，每个专业以5%的录取名额来算，每个班也就大概两个名额。我的平时成绩排名算是倒数几位，所以我是最不可能的那个，但是这次，我想要把它变为可能和必须。

因为英语词汇量太少，我开始狂背四级单词书，一本300多页的单词书10天背完一遍。方法是第一天背30页的单词，第二天先背前一天的30页，再背当天的30页，以此累加，到第8、9天的时候我一天就要花上四五个小时来背单词，几近疯狂地背了三个月，每天中午和晚上听半小时的听力，再加上每天一套题的练习，我的英语突飞猛进。我的语文基础还算不错，每天看看参考资料，背背文言文和诗词，占用时间不多。在那段时间里，我看到任何文字在脑海中都会自动翻译为双语，一种是英语单词，一种是文言文。计算机和专业课放在最后一个月突袭，专业课考的是李良荣的那本《新闻学概论》，这是我大一的课本，它却干干净净的没几个笔记，我把这本书看了三遍后，开始狂背。方法也是背单词的方法，三天背完一遍，一天背120页左右，两天背240页，第三天背完一本书。如此循环下去，三四天以后，我就基本对书本内容熟透了，这时候再开始看着目录开始背各部分的内容，到考前，我几乎不用翻书，看着目录就能把整本书的内容背出来，时间只需要一个多小时。

5月26日的专升本考试，我第一次在考场上感受到了充分准备后应考的快感。一个星期后看到了成绩，212分。我以全校第一的分数赢得了这次考试的胜利，我以一匹黑马的姿态赢得了大家的赞叹。第一次，前所未有的满足感、自豪感充满了身体的每个关节、每个细胞。似乎，改变自己并没有想象中那么难。

二、后两年

重新回到学校，我开始认真思考大学生活对于我的意义。211、985、几本对于大学生活都无关紧要，它只能决定你的四年在哪里生活、和什么人一起度过，和你的未来没有太大关系。如何度过这四年时光，决定着四年后起点的高低。我开始认真地对待我的大学生活。

为了给自己更多的可能，为自己创造更高的平台，我选择了考研。

那么，来谈谈我真实的考研生活。

考研前一年的4月开始上英语培训，上课时间是下午1点50分到6点。来回要花上三个小时坐公交。这时候我的精力都放在补修本科学分上，所以正式的考研复习是从暑假开始的，这时候要养成规律作息和良好的复习节奏，重点是熟悉考研英语的考试模式，以及看专业书。每天早七点、晚十点的复习节奏也算轻松。

9月回到学校，搬到了自习阅览室复习。一整个教室几乎都是考研的人，在那个难熬的冬天里我们相互鼓励支撑，这段经历成为我最为珍惜的记忆。天气开始渐渐地凉下来，窗外的树叶慢慢由绿色变为黄色，一阵风就能刮走一大片树叶，下过雨的早晨显得更加寂寥。我每天按部就班地去学习，七点起床，花一个小时朗读英语真题、背单词，再看一小时政治，剩下的时间就用来背专业书、看英语杂志。中午回宿舍睡个午觉，一整个下午都是研究英语真题，晚上花两三个小时背专业书、做笔记，做点政治题，再花半个小时背单词。每天晚上十一点回宿舍，我开始喜欢上这样充实的生活。

10月，周末开始上政治培训，复习强度越来越大，时间越来越紧。但是复习效果并不明显，英语真题做了几遍还是会在同样的地方出错，专业课的复习也只能按照自己的猜测来准备。我一直安慰自己要心态平和，因为时间总会给我一个交代，不管好坏。

11月，我开始大幅度压缩时间来提高效率，走路的时间用来听单词，上厕所的时间用来看英语杂志。起床时间提前到了六点，花一个半小时背单词、作文和朗读真题，七点半去食堂吃完早饭接着复习。复习计划中加入了英语作文写作和专业课必考的热点时评练习，政治复习比重逐渐加大，我的压力越来越大。每天回到宿舍，我都分不清楚窗外的寂静到底是深夜还是清晨，甚至不知道自己到底是要出去还是刚回来，因为窗外总是一样的黑。

12月，时间一步步地靠近，日历上画的叉也越来越醒目。早晨起床的时间已经提前为5点半，晚上回去也基本都在12点，甚至连午睡都改成了趴在桌上睡，周末还要上一整天的冲刺培训，我几乎没有休息过。教室的气氛异常紧张，有人终于放弃了，只剩下搬得干干净净的桌面让我们唏嘘不已。距离考试只有二十多天了，在这个敏感时期大家都在闷声中煎熬着，每个人的神经都濒临崩溃。

我的身体在长达半年多的睡眠不足再加长期的高强度压力下达到了瓶颈，例假也已经连续4个月对我发出强烈抗议了。最揪心的是，我每一科都准备不足，英语的正确率忽高忽低，做政治题永远都是连蒙带猜，最头疼的是专业课书目太多，总是背着上句突然忘了下句，我第一次感觉到自己真的快撑不住了。那晚，我妈给我打电话说起了我工作的事情，说某某熟人可以找关系让我回当地电视台。那一瞬间，积攒很久的压力终于爆发出来，内心开始大片塌方，原来我努力那么久什么都没有改变过，我还是在原地。挂完电话，半年来所有的委屈全部迸发出来，我扔下书，跑到楼下大哭了半个小时。这是我考研以来第一次彻底崩溃，哭完后回到教室，他们看着我红肿的眼睛，低头叹着气。

1月3号，考试前一天，跟两个朋友一起去西华大学看考场，去的路上还谈笑风生，回来的路上却开始沉默，我的内心极其紧张不安，晚饭基本是对着碗数着米粒，毫无胃口。回到宿舍仍旧开始看书，翻着政治书发现自己很久以前不会的还是不会，背不住的仍旧还是记不住，这一年来好像自己什么都没有做过，我沮丧到了极点，一种还未开战我已经缴械投降的感觉，努力那么久突然发现我其实什么都没做过。碰巧朋友给我打电话加油打气，我对着政治书上“爱国主义”四个字开始哇哇大哭，我没有信心去考试。哭得鼻子堵塞、脑袋发晕的时候挂了电话，去洗完澡出来接着看书。那一夜因为哭闹得没了力气，竟然睡得还不错，考试那天精神久违的亢奋，唱着小曲奔赴考场。因为我知道，事已至此我只能顺其自然。

1月5号下午，出了考场，站着太阳下等一起考试的小伙伴们，冬天的太阳明晃晃的耀眼却没有任何的温度，我用哽咽的声音给男朋友打电话说：“对不起，我再也不能创造奇迹了。”然后给父母和好朋友群发了一条短信：“我考完了，结果不是很乐观，这也许是我最努力却最失败的一次考试。”

接着是寒假，家里人知道我考得不好也都很识趣地闭口不谈考研的事。我的寒假是在痛苦中度过的，在家大睡了一整个星期后，终于开始出门晃荡了。每晚做梦总是梦见自己在教室复习，或者在培训机构上课，要么是梦见考前紧张复杂的纠结心情，要么就是等待分数的忐忑不安。我很痛苦，我极力安慰自己不要去计较结果，其时我在经历其中时早已拼尽了全力。我已经放弃了读研的念头，没有任何的不甘心，也不抱任何的侥幸心理。

2月20号，躺在床上睡懒觉，突然发现可以查初试成绩，平静的输入考号和身份证号查到了成绩，372分，我不曾期待过的分数。又一次，好运降临在我身上，我呆若木鸡。

接下来是回学校准备复试。4月，一个人拖着箱子去了湖南师范大学复试，之后复试的顺利通过宣告了我历时一整年的考研完美、成功地结束了。

身边皆是赞美祝贺的声音，可考研结果并未让我喜悦，我反而开始怀念考研生活，那个过程中的我很快乐。因为在那个过程中，我体会到了梦想的伟大，我怀着对于未来的期待，经历一次次的挫折和失落，以最大的忍耐力一次次地突破了自己的极限。我再次看到了不一样的自己，为自己的未来增加了一分可能。就如俞敏洪说的：从绝望中寻找希望，人生终将辉煌。

我想告诉你的是，没有任何人的未来是注定不会改变的，你远比自己想象的强大。不需要吹嘘你那些遥不可及的梦想，只需努力实现每一个阶段目标，一直朝前走才会遇到更优秀的自己。只有越努力的人，才会越幸运。

二、《精品购物指南》员工韩梦珊的《莫以成败论英雄》

莫以成败论英雄

考研虽然已经过去一段时间了，但我却一直没有勇气去回顾那段经历，打开 word 文档的一瞬间，记忆的洪流倾泻而出，那段考研的时光历历在目。

确定要考中国传媒大学研究生的这一目标是在刚升入大一时，因为深知“笨鸟先飞”的道理，所以我在这四年里一直努力着，英语四、六级的顺利通过也让我更加自信。在升大三的暑假，我报了一个考研英语的辅导班，开始准备考研，大三一年的主攻方向还是集中在英语方面，并将专业课的书籍看了两遍。在大三暑假参加过专业课的辅导班后，我的全面复习也正式展开了。

在复习过程中一定要注意劳逸结合，把握复习的节奏。制定自己的阶段性复习计划，并将其细化到每天、每个小时。

2014 年 1 月 4 日，我跨入了研究生的考场，这次考试对于我来说意义非常。临近考试的时候，我们都会有这样的“高原反应”——发现自己不会的还有很多，学过的也似乎全忘光了，但事实上当我看到试卷题目的时候，所有平时的学习和积累的知识全部清晰地出现在大脑中。走出考场的一瞬间，我突然觉得轻松了好多。之后便是漫长的等待分数的日子，中传研究生初试成绩、复试、录取结果出来的都比较慢，所以这个过程很煎熬。从 2 月 25 日初试成绩公布到 3 月 27 日复试分数线公布，悬着的心才稍稍平复，开始抓紧准备 4 月 5 日开始的复试。4 月 17 日，录取结果公布，看着“未录取”三个字，难过之余其实更多了满足和释然。

这便是我首先要说的，对于考研，很多人都在名校和普通学校之间摇摆不定。在我准备考研的时候，遭受过周围很多人的怀疑和不屑，也有不少人劝我考个稍微次一点的学校，但是我从未有过一刻的动摇。不是因为太自负觉得自己很优秀，而是因为对于我，考研究生不是为了单纯的获得一个文凭，对过去和自我的超越才是最重要的。在我走上复试考场，发现我的竞争对手几乎全部来自重点大学时，那一刻我便知道自己已经成功了。能以第九名的成绩从三本学校走进中国传媒大学王牌学院、王牌专业的复试，我为自己骄傲。“欲戴王冠，必承其重”，保守固然可取，但随心而择也许会让你看到一个更努力更优秀的自己。就像现在的我仍然相信，所有的坎坷和挫折都是人生的历练，狭路相逢终有一天勇者胜。

在考研复习中，踏实、努力和坚持是最重要的。不管你选择了哪个学校，都要付出才行，没有艰辛，便无所得。很多人眼高手低，心系名校，却没有付出相应的努力，结果自然不理想。既然选择了远方，便只顾风雨兼程。考研过程中压力是不可避免的，进入十二月，你会发现很多身边的小伙伴已经开始松懈，自己也会有一种坚持不下去的感觉，这时你必须及时调整自己的心态，不要因为路程遥远就忘记为什么出发，坚持下去，越是黑暗的地方，便越靠近光明。“当你打算放弃梦想时，告诉自己再多撑一天、一个星期、一个月，再多撑一年吧，你会发现，拒绝退场的结果令人惊讶；最大的失败就是放弃。今天很残酷，明天更残酷，后天很美好，绝大部分的人死在明天晚上，看不到后天的太阳。”

下面来点“干货”，说说我各科的复习心得和进程安排。

一、英语

我考的是英语一，67 分，发挥欠佳。

英语的关键是词汇量。我不赞成去花大量时间背单词书，特别是背某教育机构出的一红一绿两本考研单词书，单词的学习应该放在语句和情境中。在做真题的时候，我会把所有自己不认识的单词摘抄在一个本子上，之后每做一份真题，都要查缺补漏，重复的单词可以标注一下，这样当你做完真题时，你就知道哪些单词是高频词汇，这样既缩小了背诵单词的范围，又让你记得更快更牢。

对于做真题，关注别人做了多少多少遍是毫无意义的，就拿我来说，从大三开始就每天不间断地做真题，但到考研时，我的真题只做了三遍，但是我可以自信地说，每套题我不认识的单词不超过三个。速度不重要，重要的是“吃透”，每次做真题都要让自己有个质的飞跃。单词、长难句、整篇翻译、文章结构、选项的对错原因、干扰思路这些都是在做真题时要循序渐进研究的，这样一步步做下来工程量是极为庞大的，我做一篇真题阅读至少要花费四五个小时，但这也是最踏实的提高方法。关于这几点，并不是要一步到位，在我第一遍做真题时，我主要攻克单词、长难句和整篇翻译，第二遍对文章结构、对错原因、干扰思路进行初步把握，在第三遍时就要在总结前两遍的基础上更深入地理解。在平时做真题中，要注意各部分时间的分配，预留两三套最近的真题以便进行考前的模拟测试。

另外，模拟题的含金量是无法和真题相较的，所以不要把时间浪费在模拟题上，做十篇模拟的阅读都远远抵不上细心钻研一篇真题阅读。

作文是我的弱项，应该也是这次失分比较重的地方。作文还是应该早点准备，光靠背模板是不行的，多背诵优秀作文、多动手写作才是作文提高之道。

二、政治

众所周知北京地区压分，所以对于自己67分的政治成绩还是比较满意的。政治报辅导班完全没有必要，大纲解析搭配模拟题再加上考前预测题就已经足够，对热点的记忆也是必不可少的。政治的复习不必太早，我是从大纲解析出来才开始的，先把大纲解析看了两遍，并做完了整整一本模拟题，考前狂做各种机构的预测题。

做预测题那会儿，我的错误率几乎是身边考研小伙伴中最高的，虽然很绝望还是硬着头皮做了下去，但是在考试时就会发现原来考试的题目要比平时做的简单得多，其实你在平时的学习中已经积累了很多。所以我一直不会过于纠结做题的错误率，相反每一道错题都为我发现存在的漏洞和不足。考前的各种状况都是为了考验你的内心，关键在于你能不能顶住压力，坚持下来。

三、专业课

因为每个人选的学校和专业不同，我在这里就不赘述了。文科考研记忆为基础，像中传这样的好学校一般出题很灵活，没有固定的答案，特别是对于学硕，需要你关注电视现象、热点节目，广泛阅读学术论文，并形成自己独立的见解，光靠埋头苦读是不行的。

对于各科的复习，应该形成真正适合自己的方法，才能事半功倍。

四、进程安排

(1) 2013年6月底之前，英语真题第一遍，单词记忆；
专业书看两遍。

(2) 2013年7—10月，英语真题第二遍完成。
专业课笔记总结，背诵；
复习政治大纲解析。

(3) 2013年10—12月，英语真题三遍完成；
专业课背诵，热点关注；
模拟题做完，大量做预测题，重要知识点记忆。

在每天复习时，我会大致按照各科考试的时间安排，上午复习政治，下午英语，晚上专业课。在复习过程中一定要注意劳逸结合，把握复习的节奏。制定自己的阶段性复习计划，并将其细化到每天、每个小时。

考研没有成与败之别，失败的唯一注解只能是未尽其力，每一个肯吃苦肯努力能够咬紧牙关坚持到底的人都是英雄，其实人生也是如此。感谢能有这样一个机会，让我静下心来好好梳理这段考研经历，它让我遇到了最好的自己，是我一生享之不尽的财富。勇敢向前，不畏将来，相信梦想会在不久的某天绚丽绽放。

考研是一场修行，愿你用毅力、耐力和努力与书籍相伴，与梦想相拥。“今天尽力做的，虽然辛苦，但未来发生的，都是礼物。”与大家共勉。

本章思考题

1. 为什么会坚持？想一想当初！

附：

关于手机对成都市高中生影响的调查问卷

各位同学：

首先感谢你阅读这份调查问卷，我们是四川传媒学院新闻系2012级广播电视新闻学专业的学生。我们为了解目前手机使用对成都市高中生的影响而做此问卷调查。本次调查对我们了解成都市青少年手机使用情况，以及研究手机这一传播媒介对成都市青少年的影响有着重要作用，希望得到你的理解和配合。请你仔细阅读后，选择符合你情况的选项。对于耽误了你的学习时间，我们致以诚挚的歉意，我们也会在填写问卷的同学中抽取10位，并对其送上非常精美的礼物。另外，每位参与调查的同学也可获赠小礼品一份，你们的个人信息只用于此次调查，我们将严格保密，请放心填写，谢谢你的合作！

（以下题目均为单选）

一、手机的使用情况

1. 你拥有自己的手机吗？（　　）

A. 有　　B. 没有

2. 你拥有的手机类型是？（没有手机的同学请选择你理想的，或曾经拥有的机型）（　　）

A. 智能机　　B. 非智能机

3. 在校期间，你在什么时段用手机的次数最多？（　　）

A. 晨起　　B. 午休

C. 晚上睡前　　D. 课间

E. 课上

4. 非在校期间，你在什么时候用手机的次数最多？（　　）

A. 与父母家人在一起
B. 与朋友在一起
C. 与男/女朋友在一起
D. 独处
5. 你每天使用手机的时间在哪个范围？（　　）
A. 半小时及以下
B. 半小时到一小时
C. 一小时到三小时
D. 三小时以上
6. 你在课堂上使用手机吗？（　　）
A. 用　　B. 不用
7. 在一堂45分钟的课上，你平均玩多少次手机？（　　）
A. 一次到五次　　B. 五次到十次
C. 十次到二十次　　D. 二十次以上

二、使用手机的目的

1. 你使用最多的手机功能是（　　）
A. 打电话发短信　　B. 上网
C. 游戏　　D. 看视频听音乐
E. 拍照、闹铃、备忘录等日常应用　F. 看小说
2. 你为什么使用手机？（　　）
A. 为了保持和他人的联系
B. 为了获取更多的信息
C. 娱乐休闲
D. 在现代社会的实用性
3. 周围同学更换了新手机，你会跟着换吗？（　　）
A. 会　　B. 不会

三、使用手机的态度

1. 你每个月从家长那里得到多少零用钱？（　　）
A. 两百元以下　　B. 两百元到五百元

C. 五百元到一千元　　D. 一千元以上

2. 你每个月投入到手机上的花费有多少？（　　）

A. 两百元以下　　B. 两百元到五百元

C. 五百元到一千元　　D. 一千元以上

3. 手机的花费主要在哪些方面？（　　）

A. 话费　　B. 流量套餐

C. 维修维护　　D. 更新换代

4. 你能马上放下手机投入学习并决不在学习途中拿起使用吗？（　　）

A. 能　　B. 不能

5. 睡前你会玩多长时间手机？（　　）

A. 不玩　　B. 五分钟到十分钟

C. 十分钟到半小时　　D. 半小时到一小时

E. 一小时以上

6. 你的同学，外校朋友中有多少使用手机？（　　）

A. 三分之一及以下　　B. 一半

C. 三分之二　　D. 全部

7. 你校有明确规定禁止在校内使用手机吗？（　　）

A. 有　　B. 没有

8. 老师发现你在校使用手机时会（　　）

A. 提醒或口头警告　　B. 没收保管

C. 没收损毁　　D. 向上通报

E. 无视

9. 你在家使用手机父母会（　　）

A. 近距离关注你在用手机做什么

B. 时不时提醒你（如注意眼睛，不许玩太久）

C. 严厉制止、指责、呵斥

D. 做自己的事

10. 如果上课期间你的同学手机响了，你会觉得（　　）

A. 被打扰了　　B. 这是不应该的行为

C. 可以理解，但我不会　　D. 无所谓，是我也没关系

E. 无视

四、使用手机的影响

1. 使用手机前，你的视力水平是（　　）

A. 2.0～1.0（近视 100 度以下）

B. 0.8～0.4（近视 100 度～250 度）

C. 0.3～0.15（近视 300 度～500 度）

D. 0.12 及以上（近视 550 度以上）

2. 使用手机后，你的视力水平是（　　）

A. 2.0～1.0（近视 100 度以下）

B. 0.8～0.4（近视 100 度～250 度）

C. 0.3～0.15（近视 300 度～500 度）

D. 0.12 及以上（近视 550 度以上）

3. 使用手机前，你的科目总平均分是（　　）

A. 400 分以下　　B. 400 分～450 分

C. 450 分～500 分　　D. 500 分～550 分

E. 550 分～600 分　　F. 600 分以上

4. 使用手机后，你的科目总平均分是（　　）

A. 400 分以下　　B. 400 分～450 分

C. 450 分～500 分　　D. 500 分～550 分

E. 550 分～600 分　　F. 600 分以上

5. 使用手机前，你是否常常出现颈椎、脊椎疼痛现象？（　　）

A. 是　　B. 不是

6. 使用手机后，你是否常常出现颈椎、脊椎疼痛现象？（　　）

A. 是　　B. 不是

7. 使用手机后，你的精神状态一般是（　　）

A. 精神饱满，认真听课　　B. 偶尔感到疲倦

C. 经常在课堂上打瞌睡　　D. 总是疲倦，无法集中注意力

8. 使用手机前，和父母每周的交流时间为（　　）

A. 一小时以下　　B. 一小时到三小时

C. 三小时到六小时　　D. 六小时以上

9. 使用手机后，和父母每周的交流时间为（　　）

A. 一小时以下　　B. 一小时到三小时

C. 三小时到六小时　　D. 六小时以上

10. 使用手机前，你进行体育锻炼的频率为（　　）

A. 一天一次　　B. 三天左右一次

C. 一周一次　　D. 半月一次

E. 一个月一次

11. 使用手机后，你进行体育锻炼的频率为（　　）

A. 一天一次　　B. 三天左右一次

C. 一周一次　　D. 半月一次

E. 一个月一次

12. 你和朋友的主要交流方式是（　　）

A. 面对面，实际接触　　B. 书信

C. 电话、短信　　D. 手机网络

E. 电脑网络

13. 你通过什么方式结交新朋友？（　　）

A. 现实生活中的接触　　B. 手机平台如微博微信等

C. 他人介绍　　D. 书信

14. 你选择以下哪种方式看一本书？（　　）

A. 实体店购买阅读　　B. 借阅

C. 手机等电子设备下载　　D. 电脑浏览

15. 你认为手机交际可以代替现实交际吗？（　　）

A. 可以代替　　B. 不能代替

C. 可以代替一部分

16. 你认为手机拓宽了你的见识吗？（　　）

A. 是的　　B. 不是

17. 你可以接受多长时间不用手机？（　　）

A. 一天到一周　　B. 一周到半个月

C. 半个月到一个月　　D. 一个月以上

E. 不接受

18. 在和家人在一起时，你最常做的是？（　　）

A. 倾诉、聊天拉家常　　B. 共同聚会、游玩、外出

C. 日常相处，但不会多说　　D. 玩电脑

E. 玩手机

19. 你认为大学生卖肾买 iphone 的行为是（ ）

A. 不可理喻　　B. 可以理解

C. 形势所迫　　D. 个人的虚荣心作祟

E. 无所谓，这世上无奇不有

20. 你会用手机关注每天的新闻吗？（ ）

A. 会，每天看　　B. 会，偶尔看

C. 手机能看，但不会看　　D. 手机不能看

21. 对于含有不良信息的网页，你的看法是（ ）

A. 没有兴趣，不会点开　　B. 好奇

C. 见怪不怪　　D. 看过很多次

E. 不会点开

22. 对于文章出轨事件，你的看法是（ ）

A. 难以置信，再也不相信爱情了

B. 并不奇怪，娱乐圈的事都难以预料

C. 意料之中的事，不相信这个圈子

D. 与我无关

23. 对于那些标着“不转是不中国人”的日志或信息，你会（ ）

A. 信息不可靠，不看不转　　B. 看看，不转

C. 一定会转　　D. 一笑了之

E. 深信不疑

24. 你认为现实中的交流和虚拟中的交流，哪个对你更重要？（ ）

A. 现实中的交流　　B. 虚拟中的交流

C. 一样重要　　D. 都不重要

25. 对这则新闻：北京一母亲买不起“苹果三件套”，女儿大喊“太丢脸”，你的看法是（ ）

A. 不能理解女儿的做法

B. 苹果三件套确实重要，可以理解

C. 和女儿感同身受，觉得母亲不对

26. 昆明火车站恐怖袭击事件之后，成都曾流传“春熙路发生砍人事件”的谣言，你当时的态度是（ ）

A. 相信，并转告身边的人　　B. 将信将疑，但为安全起见转告他人

C. 将信将疑，没有转告　　D. 根本不信，没有散布

27. 最近恐怖事件在国内频发，如果你在手机上看到身边有恐怖事件发生的信息，你会（　　）

A. 通过电视、电台、报纸等其他媒介确认信息真实后，再进行转告

B. 马上通过手机转告他人

C. 马上在手机上仔细查看相关信息

D. 不相信信息的真实度，置之不理

28. 台湾反服贸事件发生后，一系列台湾对大陆的“误解”开始成为网上热门话题，其中以“大陆人吃不起茶叶蛋”最热，对此，你会发布怎样的观点呢？（　　）

A. 调侃类，比如“对啊，茶叶蛋那么贵，我二十年来只在电视上见过”

B. 严肃认真类，比如正经地澄清茶叶蛋只是普通廉价的平民食物

C. 无所谓类，看看就是，不发布观点

D. 义愤填膺类，可能会发一些偏激的言论

29. 凤凰网微博客户端报道“内地夫妇让女儿在香港街头便溺”一事引发热议，但事后却爆出该报道对部分事实进行隐瞒，使舆论一边倒地指向内地，你的看法是（　　）

A. 内地人的素质确实堪忧

B. 报道不全，事实并不完整，不会妄下定论

C. 情有可原

D. 有失偏颇

30. 现在，你还在关注马航 MH370 的动态吗？（　　）

A. 是的，一直在关注

B. 偶尔，还是有点在意

C. 没有，新闻更新得太快太多了

D. 一直都没有关注

31. 你觉得手机对你是不可或缺的东西吗？（　　）

A. 是　　　　B. 不是

32. 如果用在手机上的花费会让你的家庭背负一定程度上的经济负担，你会（　　）

A. 继续用这个手机

B. 换一个便宜点的机型

C. 缩减投入在手机上的费用

D. 不再使用手机

五、个人信息

请在以下表格内填写你的基本信息：

性别	年龄	年级、班级	监护人职业	手机使用时间长度	手机品牌、型号

问卷填写结束，再次感谢你给予我们工作的大力支持与帮助，你的意见和建议是我们做好新闻报道工作和电视节目的最大支持。我们对耽误你宝贵的时间表示歉意，在此送上真诚的祝福，祝你和家人身体健康，学业有成！

四川传媒学院新闻系2012级广播电视新闻学制作

该问卷是我们传播学课程讲述实地调查法过程中必须要涉及的部分。在我的指导下，刘瀚俊同学做出了以上问卷，虽然问卷不一定是最标准的，但是至少可以给大家参看一下问卷的基本格式。

本章思考题

该问卷的问题在什么？如何修正？

后 记

《实用传播学教程》终究还是如期完成了。虽然我的工作已然告一段落，但回忆写作期间的日日夜夜，不免有些伤感，只因苦作多年，“为伊消得人憔悴”却未必见得“灯火阑珊处”。但不管如何，在斗室里艰苦奋斗，我要感谢所有人。

感谢院长冉光泽先生。与其说他是我的领导，不如说他是我的人生导师。先生对年轻老师的教诲更体现了他作为中国知识分子那份独有的真诚，先生治学严谨的态度是我们所有年轻老师学习的榜样，先生为学术呕心沥血的精神更是我辈学子效法的典范。若不是先生建议年轻人脚踏实地地走好每一步，也不可能有本书。所以，在此，我向先生致以崇高的敬意。

感谢我的老师康庆良先生、乐树林先生。先生们十几年来的培养之恩，我没齿难忘。先生们对学生的严格要求是学生不断保持前进的保障；先生们对学生的爱护是学生能够完成本书的动力；先生们日日夜夜坚守岗位的精神是学生奋斗的榜样。所以，在此，我向两位先生致以崇高的敬意。

感谢新闻系党支部书记吴红先生，副系主任胡晓阳先生、周建华先生，教务办主任何芳女士。先生们、女士们作为领导，团结各位同仁为新闻系的发展不懈努力，实属我们的榜样。同时，还要感谢新闻系的同事们对我的帮助与支持，正是你们所营造的自由、民主的氛围才使得我生活得如鱼得水。

本书要特别感谢传播心理学专家林之达先生。先生十几年前的知遇之恩，让我以传播的眼光看待世界各种各样的现象，着实改变了我的人生。此次，先生又在百忙之中抽出宝贵时间为本书提出修改意见，对晚生进行指导和培养，实在是感激不尽。

本书还要感谢一些传播学专家，包括美国威尔伯·施拉姆先生、E. M. 罗杰斯先生、丹尼尔·里夫先生、斯蒂文·赖斯先生、弗雷德里克·G. 菲克先生；英国的丹尼斯·麦奎尔先生；瑞典的斯文·温德尔先生；中国的郭庆光先生、胡正荣先生、陈力丹先生、殷晓蓉女士、祝建华先生等，正是基于你们的研究和大量翻译工作，我才能汲取精华完成本书的基础理论部分，对你们辛苦的研究工作致以最高的敬意。

本书还要感谢中国社会科学院的王晓燕女士，她为本书的编写提供了一些参考意见和资料，感谢我的高中同学黄光剑花大量的时间帮我绘制传播学诸模式，感谢毕业生刘婷和韩梦珊同学为本书提供了考研心得，感谢编导专业的高正瀚同学和辛慰同学为本书查阅大量文献，感谢广播电视新闻学专业的刘瀚骏同学为本书提供问卷模板，感谢杨茜同学为本书做了文字校对工作。四川大学出版社徐燕和宋颖女士为本书做了许多出版方面的专业性解释，在此一并感谢。

最后，还要特别感谢我的家人，若没有你们全心全意带好我的孩子，我也不会有足够的时间完成本书。为此，我在这里向你们道一声：辛苦了！

现在，书稿已经完成，我却感到一种无形的压力，一则本书没有采用传统教材的体例，二则书中表达的某些观念或有诸多未尽如人意之处。即便如此，我依然决定出版该书，其原因主要在于我所执教过的七届不少于8000个的学生。他们中的大部分已经在一线工作数年或者还在读硕士研究生。那些年，看着他们为了做好传播学领域的各项工作，为了考取研究生，不停奔走，我实在不忍心。为此，我希望本书的编写能给以后的学子们提供些许帮助，包括基础理论及对这些理论的实践运用、考研的基本技巧等，使他们最终能够进入更高的平台。当然，本书只是做了一些浓缩工作，对于书中所提到的人物、事件、书籍等，如果想要更深层次的掌握，就需要大家做进一步的查阅与研究。